K-포맷 바이블

방송문화진흥총서 241

K-포맷
바이블

| 손태영 지음 |

글로벌 미디어 시장의 새 강자 K-포맷의 모든 것

한울
아카데미

차 례

들어가며

2019년 1월, 〈복면가왕〉 미국판 〈더 마스크드 싱어(The Masked Singer)〉
가 방영된 이후 언론에서 쏟아지는 각종 기사를 보며 이게 꿈인지 생시인지 의
아해했던 기억이 난다. 〈더 마스크드 싱어〉는 미국에서 〈더 보이스(The
Voice)〉 이후 7년 만에 가장 높은 시청률을 기록했다는데 이게 과연 무슨 소리
인가 했다. 〈더 보이스〉는 전 세계 수십 개국에 수출된 역대급으로 성공한 포
맷 중 하나인데 〈복면가왕〉이 거기에 비견된다고?

이후 한 주 한 주 회차가 거듭되어도 계속해서 뜨거운 반응을 뉴스로 접하고
시즌2 편성이 확정되었다는 소식까지 듣자 그제야 실감이 났던 것 같다. 대박이
났구나. 그 뒤로는 모두가 알고 있는 것처럼 〈복면가왕〉은 한국 포맷 산업 역
사상 전무후무하게 50여 개국에 포맷이 수출되고 미국에서도 시즌이 계속 갱신
되면서 그야말로 전 세계에 〈복면가왕〉 신드롬을 일으켰다. 내가 처음 포맷
분야 사업을 맡았던 2015년만 해도 상상도 하지 못할 일이었다.

"포맷이 뭔가요?" 2015년 3월, 갑작스레 한국콘텐츠진흥원 방송산업팀으로
발령 난 내게 '방송영상콘텐츠 포맷 제작지원'이라는 업무가 주어졌을 때 내가
팀장에게 물었던 말이다. 나는 어릴 때부터 드라마에 심취해 있었으므로 그 팀
에서 드라마 제작을 지원하는 사업을 맡기를 내심 바랐지만, 회사 일이라는 것
이 내 바람대로 되는 적이 어디 있던가. '포맷'과의 인연은 그렇게 '잘못된 만남'

으로 시작했지만, 사업을 전담했던 3년, 다른 사업과 함께 담당했던 4년을 포함해 총 7년간 포맷을 담당하면서 나는 한국콘텐츠진흥원 직원 중 역대 최장수 담당자가 되었고, '포맷'은 내 인생의 주요 터닝 포인트 중 하나로 '매우 잘된 만남'으로 바뀌었다.

이 책을 쓰게 된 데에는 크게 세 가지 이유가 있다. 첫째, 공공기관에서 오랜 기간 포맷 분야 지원을 담당하면서 두 눈으로 보고 온몸으로 겪은 한국 포맷 산업의 역동적인 순간들을 정리하기 위해서이다. 우리나라 포맷 산업이 기지개를 켜기 시작한 시기부터 포맷 산업이 한한령(限韓令)으로 위기에 처하고 〈복면가왕〉으로 다시 비상하고 있는 지금까지, 지원 사업을 직접 설계하고 운영하면서 업계 전문가들과 밀착해서 같이 일했던 경험을 객관적이고 현장감 있게 풀어내는 작업은 의미가 있을 것이다.

둘째, 한국 포맷 산업이 기대만큼 성장하지 못하고 있는 아쉬움 때문이다. 따라서 포맷 산업이 앞으로 더 성장하려면 어떻게 개선해야 할지에 대해 짚어보고 싶었다. 포맷은 방송콘텐츠 IP로, 비즈니스가 활성화되면 방송사뿐 아니라 독립제작사도 크게 성장할 수 있는 분야이다. 하지만 내가 이 업계에 발을 들인 후 10여 년간 기대만큼 포맷 비즈니스가 활성화되지도, 저변이 넓어지지도 않아 안타까웠다. 특히 〈복면가왕〉과 〈너의 목소리가 보여〉로 인해 K-포맷의 위상이 세계에서 크게 높아진 상황이라 더욱 그렇다. 또한 이제는 OTT로 인한 최근 미디어 시장의 변화가 향후 포맷 산업에 미칠 영향까지도 고려해야 한다. 따라서 이 책을 통해 한국 포맷 산업을 성장시키기 위한 방안을 고찰하려 한다.

셋째, 공공기관에서 포맷 분야를 담당해 오면서 시도했던 정책적 지원에 대한 성과를 측정하고 정리하기 위해서이다. 하나의 산업이 발전하는 데는 분명 산업계 전문가와 관계자들의 기여가 가장 크게 작용한다. 하지만 정책적 지원도 일정 부분 기여한다고 생각하므로, 현장에서 필요한 사업을 만들고 개선하면서 업계를 지원해 온 결과를 토대로 전체적인 성과를 검증하려 한다.

포맷 산업은 방송콘텐츠 산업에서 대중적인 영역이 아니다. 그렇다 보니 관련된 서적을 찾아보기 어렵다. 2024년 5월 기준 한 온라인 서점에서 '포맷'으로 검색을 해보니 서강대 황인성 명예교수가 2005년 번역한 『아시아의 텔레비전: 텔레비전 산업과 프로그램 포맷, 그리고 세계화』, 전 한예종 홍순철 교수가 디지털미디어콘텐츠포맷팅랩의 연구결과를 바탕으로 연구진과 2010년 집필한 『텔레비전 프로그램 포맷 창작론』, 2012년 순천향대 정윤경 교수가 번역한 『텔레비전 포맷의 세계』, 2013년 은혜정 박사가 집필한 『텔레비전 프로그램 포맷』 등 단 몇 권뿐이었다.

포맷 산업 관련 서적이 한정적이라는 것은 한국 포맷 산업의 저변이 아직 넓지 않다는 것을 보여주는 하나의 단면일 것이다. 따라서 이 책은 한국 포맷 산업과 더불어, 포맷과 포맷 비즈니스의 개념 및 유형, 글로벌 포맷 산업 현황 등 포맷 산업에 대한 기본적인 이해를 돕기 위한 내용도 담아 진입장벽을 낮추고자 했다. 모쪼록 포맷 산업 또는 포맷 비즈니스에 대해 알고 싶거나 이 분야에 진입하고 싶은 작가, 연출가, 프로듀서, 마케터 등 업계 관계자는 물론, 이 분야로 진로를 고민하는 청소년이나 대학생 모두에게 이 책이 도움이 되기를 바란다.

포맷 산업의 이해

1. 포맷이란 무엇인가?

1) 포맷의 의미

'포맷'이라는 용어를 들어본 적이 있는가? MBC의 〈복면가왕〉 포맷이 2019년에 미국에서 아주 큰 성공을 거두고 그 뒤로 50개가 넘는 나라에 이 포맷이 수출되면서 간간이 보도되는 뉴스를 통해 포맷이라는 용어를 접했을 수도 있을 것이다. 하지만 포맷, 정확히는 TV 포맷(TV format)이라 불리는 이 용어는 방송 산업계에 몸담고 있는 현직자나 학자가 아니라면 대부분의 사람에게 생소할 것이다. 대학에서도 포맷에 대해서 하나의 과목으로 개설해 가르치거나 관련 강의의 커리큘럼에 포맷이 포함되는 경우가 드물기 때문에 미디어커뮤니케이션이나 콘텐츠와 관련된 학과에 다니는 학생들도 포맷에 대해 제대로 알거나 이해하고 있는 경우가 드물다. 따라서 이 책에서는 포맷의 개념에 대해 먼저 알아보고자 한다.

TV 포맷(TV format)은 텔레비전 포맷(television format) 또는 텔레비전 프로

그램 포맷(television program format)의 축약어로, 국내에서는 '방송 포맷'으로 불리기도 한다. TV 포맷에 대해 살펴보려면 먼저 포맷의 사전적 의미에서 출발하는 것이 맥락을 파악하는 데 도움이 된다.

우리나라 표준국어대사전에 따르면 포맷은 ① 일정한 모양이나 형식, ② (정보·통신) 데이터를 기억하거나 인쇄하기 위해 설정하는 일정한 형식이라는 의미를 가지고 있다. 옥스퍼드 사전에서는 포맷을 ① 어떤 것의 일반적인 배치, 계획, 디자인 등, ② 책, 잡지 등의 모양과 크기, ③ (컴퓨팅) 컴퓨터에서 작업하기 위해 데이터를 저장하거나 보관하는 방식이라고 설명하고 있다. 즉, 포맷이라는 용어는 어떠한 것의 생김새나 구성, 형태나 형식을 뜻한다고 할 수 있으며, 방송 산업계에서는 이러한 뉘앙스를 차용해 'TV 포맷'이라는 용어로 사용하고 있다.

포맷은 1920년대에 생겨나기 시작한 개념이다. 방송 프로그램의 가장 일반적인 거래 형태는 '완성된 텔레비전 프로그램(finished television program / ready-made television program)'(이하 완성 프로그램)을 거래하는 것인데, 이즈음 영미권에서 특정 방송 프로그램의 콘셉트를 각색해 자국 프로그램으로 만들고자 하는 니즈가 생기기 시작한 것이 포맷의 출발점이다. 포맷이 하나의 용어로 자리 잡기 시작한 시기는 이러한 형태의 프로그램 거래가 활발해지기 시작한 1990년대로, 이때부터 포맷은 라이선싱 계약에서 실용적인 거래 지식이라는 의미가 축약된 약어로서 업계 전문가들에 의해 널리 통용되기 시작했다.[1]

포맷이 방송 프로그램 비즈니스에서 새로운 거래 형태의 필요에 따라 생겨난 개념이다 보니 그동안 명확한 정의가 존재하지 않은 채 시대적 흐름이나 관점에 따라 그 특성을 중심으로 다양한 학자나 전문가에 의해 여러 형태의 정의가 제안되었다.

일반적으로는 앨버트 모란(Albert Moran)의 정의, 즉 '일련의 계속되는 시리즈물 프로그램에서 각각의 에피소드를 구성하는 요소 중에서 변화하지 않고 꾸

---

1   A. Moran, "Global television formats: Genesis and growth," *Critical Studies in Television*, 8(2)(2013), p.10.

준히 유지되는 요소들의 집합'이라는 정의가 많이 통용되었다.[2] 이는 포맷의 내용적 측면에서 접근한 것이다. 한편 마티아스 라우젠(Matthias Lausen)은 포맷을 하나의 방송 프로그램이 지닌 모든 특성의 복합체 또는 매회 반복되는 제작 특성으로 정의했고,[3] 배진아는 포맷을 제작자가 프로그램을 통해 전달하고자 하는 내용을 구체적으로 표현하는 방식으로서 매회를 관통하면서 일관되게 유지되는 요소라고 정의했다.[4]

하지만 이는 주로 포맷의 내용과 형식적 특징에만 집중한 것으로, 이것만으로는 포맷의 본질을 설명하기에 부족했다. 그래서 포맷의 상품성과 교역의 측면을 다룬 의견도 제시되었다. 미셸 로드리그(Michel Rodrigue)는 포맷이란 단순히 프로그램 자체를 뜻하는 것이 아니라 일종의 이동수단(vehicle)이라고 분석했다. 즉, 국제 시장에서 포맷이 지니는 의미는 아이디어가 국경과 문화를 넘어 어느 곳에서든지 현지화될 수 있다는 것이라고 설명했다.[5] 또한 다니엘 슈미트(Daniel Schmitt)는 포맷에 대해 프로그램 또는 프로그램 콘셉트로 제작된 시장 밖에서 재제작을 위해 제작사나 방송사에 수출되거나 라이선스를 부여할 수 있는 특수한 요소를 지닌다고 했고, 카자 란치(Katja Lantzsch)는 포맷에 대해 글로벌 콘텐츠 시장에서 거래 가능한 교역물 및 이와 관련된 서비스의 복합물이라고 정의했다.[6]

종합적으로 볼 때 포맷은 단순히 TV 프로그램 자체에 국한된 개념이 아니라 프로그램에 대한 기본 콘셉트나 아이디어에서부터 제작과정, 그리고 이후의 유통 단계까지를 포괄하는 개념이라 할 수 있다.[7] 또한 상업적인 속성을 띠고 있

---

2 앨버트 모란, 『텔레비전 포맷의 세계』, 정윤경 옮김(서울: 커뮤니케이션북스, 2012), 92쪽.
3 Matthias Lausen, "Der Rechtsschutz von Sendeformaten"(1998).
4 배진아, 「방송 시장의 포맷 거래에 관한 연구」, ≪방송과 커뮤니케이션≫, 9(2)(2008), 6~36쪽.
5 J. K. Chalaby, *The format age: Television's entertainment revolution*(Cambridge: Polity Press, 2016), p.11.
6 앨버트 모란, 『텔레비전 포맷의 세계』, 92쪽.
7 U. Klement, "Protecting Television Show Formats under Copyright Law: New Developments in Common Law and Civil Law Countries," *European Intellectual Property Review*, 29(2) (2007), p.52.

어 기획, 제작, 저작권 배급, 프로그램 브랜딩 모두를 고려한 국제화 전략으로도 정의할 수 있다.[8]

한편 이러한 포맷의 속성은 포맷이 일종의 IP임을 나타내기도 한다. 이는 매츠 뉠룬드(Mats Nylund)가 "포맷은 IP를 사고파는 것"이라고 말하고,[9] 장 K. 셜라비(Jean K. Chalaby)가 "포맷 혁명이 글로벌 IP 마켓을 만들었다"[10]라고 언급한 것에서 확인할 수 있다. 안드레아 에서(Andrea Esser)는 조금 더 구체적으로 포맷 비즈니스를 프랜차이즈(franchises)로 정의했다. 그는 포맷 보유자를 라이선서(licensor), 포맷 구매자를 라이선시(licensee), 포맷 구매비용을 라이선스 피(license fee) 또는 포맷 피(format fee)라고 칭하며 라이선싱 관점에서 포맷 비즈니스를 분석함으로써[11] 포맷 비즈니스를 IP 비즈니스로 인식했다.

국제 포맷 인증 및 보호 협회인 FRAPA[12]에서는 포맷에 대한 이 같은 다양한 의견을 하나의 정의로 정리하기 위해 노력했다. 그 결과 2019년에 FRAPA 공동회장 필 구린(Phil Gurin)이 포맷의 정의를 사전적 의미의 형태로 아래와 같이 발표해 포맷 개념화의 기틀을 다졌다.[13]

포맷(명사)

미디어, 플랫폼 및 지역에 걸쳐 지속적으로 반복되는 오리지널 아이디어의 복제를

8   A. Fung, "The globalization of TV formats," in K. Oakley and J. O'Connor(eds.), *Cultural Industries*(London: Routledge, 2015), p.133.

9   M. Nylund, "Television format as a transnational production model," in K. Aveyard(ed.), *New Patterns in Global Television Formats*(Bristol: Intellect Books, 2016), p.21.

10 J. K. Chalaby, "Producing TV content in a globalized intellectual property market: The emergence of the international production model," *Journal of Media Business Studies*, 9(3)(2012), p.29.

11 A. Esser, "The format business: Franchising television content," *International Journal of Digital Television*, 4(2)(2013), p.143.

12 국제 포맷 인증 및 보호 협회(Format Recognition and Protection Association: FRAPA)는 포맷의 법적 권리 보호를 추구하기 위한 비영리 단체로 2000년에 발족했다. 방송 제작과 관련된 100여 개 기업의 쟁쟁한 포맷 제작자, 유통업자 등이 포함되어 있으며 활발한 활동을 통해 국제적으로 인정받고 있다.

13 Phil Gurin, "What is a format?" FRAPA(https://www.frapa.org).

〈그림 1-1〉 FRAPA 공동회장 필 구린과 FRAPA 로고

자료: FRAPA

허용하고 안내하는 특정한 지식재산(IP).

• 텔레비전(또는 오디오 및/또는 비디오 매체)에서 프로그램의 제작을 가능하게 하는 명확하고 반복 가능한 요소들의 집합. 이 같은 요소에는 서술 구조, 캐릭터 설명, 세트 및 조명 계획, 그래픽 및 오디오 디자인, 음악 및 음향 효과, 규칙, 제작 절차 등 후속 사용자가 원래 콘셉트를 재현할 수 있도록 하는 기타 모든 것이 포함됨.

• 고유한 특징과 소유권을 확보할 수 있는 요소들과 지침들이 반영되어 상업적으로 제작할 수 있도록 창작된 오리지널 아이디어.

포맷(동사)

기존의 지식재산(IP)(픽션, 논픽션, 노래, 영화 등)을 반복적으로 구현하고 배포할 수 있는 요소가 포함된 독특하고 독창적인 가이드로 바꾸는 행위.

지금까지 포맷의 의미에 대해 알아보았는데, 포맷, TV 포맷, 방송 포맷 등의 용어가 혼용되다 보니 다소 혼란스러울 것이다. 그래서 이 책에서는 '포맷'으로 통일해 지칭하기로 한다. 그동안에도 접두어를 생략하고 포맷이라고 부르기도 했지만, 요즘처럼 OTT(Over The Top, 스트리밍 서비스라고도 부른다)에서 볼 수 있는 영상콘텐츠는 방송 프로그램이라고 부르기 어렵기 때문이다. 2005년에 유튜브가, 2007년에 넷플릭스가 등장한 이후 성장해 온 OTT 시장은 2020년대

들어 코로나19를 기점으로 급성장하고 있다. 실제로 향후 세계 방송 시장 규모
는 2022년 5298억 달러에서 2027년 6077억 달러로 연평균 2.8% 성장할 것으
로 전망되는데, OTT 매출은 연평균 8.4% 증가할 것으로 기대되는 반면, TV 매
출은 연평균 0.8% 감소할 것으로 예측된다.[14] 이처럼 이제 영상콘텐츠를 TV에
서만 시청하는 시대가 저물어가는 만큼 TV 프로그램뿐 아니라 OTT 프로그램
도 포맷이 될 수 있다. 따라서 'TV'나 '방송'이라는 접두어를 빼고 '포맷'으로 지
칭하는 것이 타당하다고 할 수 있다.

2) 포맷의 유형과 장르

일반적으로 포맷은 대본이 없는 언스크립티드 포맷(unscripted format)과 대
본이 있는 스크립티드 포맷(scripted format) 두 가지 유형으로 구분된다. 언스
크립티드 포맷은 논스크립티드 포맷(non-scripted format)이라고도 하는데, 우
리말로 의역하면 언스크립티드는 '비드라마'로, 스크립티드는 '드라마'로 해석
할 수 있다. 하지만 보통 '포맷'이라고 하면 언스크립티드 포맷으로 받아들이는
경우가 많은데, 이는 포맷 비즈니스가 스크립티드 분야에 비해 언스크립티드
분야에서 훨씬 활발하게 이루어지기 때문이다. 그 이유는 우선 스크립티드 포
맷은 문화적 민감도가 높아 대본을 각색하기가 쉽지 않고, 게임쇼처럼 프로그
램의 구성과 형태를 재현해서 재미를 담보하기도 훨씬 어렵기 때문이다. 그리
고 전통적으로 스크립티드 분야는 할리우드를 중심으로 완성 프로그램이 글로
벌 유통을 주도해 왔으며 현지화의 어려움으로 인해 이러한 경향이 더욱 심화
되어 왔는데, 이 또한 하나의 원인으로 볼 수 있다.[15]

포맷의 유형을 명확하게 구분 짓는 특정한 기준이 있는 것은 아니다. 하지만

---

14 한국콘텐츠진흥원, 『2023 방송영상 산업백서』(2024), 170쪽.
15 J. K. Chalaby, "Drama without drama: The late rise of scripted TV formats," *Television &*
    New Media, 17(1)(2015), pp. 4~5.

장르의 개념을 적용하는 것이 합리적인 기준점이 될 수 있다. 에드워드 스태셰프(Edward Stasheff)와 루디 브레츠(Rudy Bretz)는 프로그램을 비드라마와 드라마로 분류하고, 비드라마는 뉴스, 인터뷰 토론, 경쟁, 여성, 어린이, 청소년, 교육, 정보, 종류, 버라이어티, 음악 포맷 등으로 구분했다.[16] 정윤경·전경란은 소재와 전개 방식을 기준으로 비드라마에 해당하는 오락 프로그램 포맷을 게임, 리얼리티, 토크쇼, 엔터테인먼트, 매거진, 기타로 분류했다.[17] 홍원식·성영준은 대본이 없는 포맷을 '리얼리티 프로그램'이라 부르며 뉴스, 토크 쇼, 게임 쇼 등을 제시했고, 대본이 있는 포맷을 '픽션 포맷'이라 칭하며 드라마와 시트콤을 예로 들었다.[18] 이렇듯 학자마다 포맷 유형에 포함하는 장르에 차이가 있고 또 시청률 경쟁으로 인해 새로운 혼종 장르가 지속적으로 발생하고 있기 때문에 특정 장르를 고정해서 분류하는 것은 적절하지 않다. 다만 전체적으로 볼 때 '비드라마'와 '드라마' 장르로 구분하는 것이 일반적이므로 포맷의 유형을 언스크립티드 포맷과 스크립티드 포맷으로 구분하는 것이 타당한 것으로 보인다.

단, 언스크립티드 포맷에 다큐멘터리를 포함할지에 대해서는 갑론을박이 있을 수 있다. 국가, 방송사, 플랫폼마다 기준이 달라서 다큐멘터리는 언스크립티드 포맷에 포함되기도 하고 별도 장르로 구분되기도 하기 때문이다. 방송 프로그램의 유형이나 장르는 시대에 따라 변하기도 하고 산업의 발전에 따라 경계가 모호해지기도 하므로 절대적인 기준으로 판단하기는 어렵다. 따라서 포맷으로서 자국이나 해외에서 재생산될 수 있는가를 기준으로 봤을 때 재생산할 수 있다면 언스크립티드 포맷으로, 재생산할 수 없다면 하나의 작품이나 장르로서

16 E. Stasheff and R. Bretz, *The Television Program is Direction and Production*(1968), NY: Hill and Wang. 한국콘텐츠진흥원, 『한국 방송포맷(K-포맷) 글로벌 경쟁력 강화를 위한 비즈니스 전략방안 연구』(2022), 9쪽에서 재인용.

17 정윤경·전경란, 「프로그램 포맷의 절합과 변형 : 해외 오락 포맷의 분석을 중심으로」, ≪한국방송학보≫, 제24권, 제1호(2010), 197~232쪽. 한국콘텐츠진흥원, 『한국 방송포맷(K-포맷) 글로벌 경쟁력 강화를 위한 비즈니스 전략방안 연구』(2022), 9쪽에서 재인용.

18 홍원식·성영준, 「방송콘텐츠 포맷 유통에 관한 탐색적 연구: 포맷 유통 실무진 심층인터뷰를 중심으로」, ≪방송문화연구≫, 제19권, 제2호(2007), 151~179쪽. 한국콘텐츠진흥원, 『한국 방송포맷(K-포맷) 글로벌 경쟁력 강화를 위한 비즈니스 전략방안 연구』(2022), 9쪽에서 재인용.

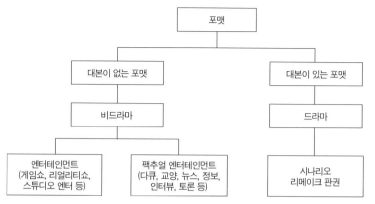

〈그림 1-2〉 포맷의 유형과 장르

```
                        포맷
            ┌────────────┴────────────┐
      대본이 없는 포맷            대본이 있는 포맷
            │                         │
        비드라마                    드라마
      ┌─────┴─────┐                  │
엔터테인먼트   팩추얼 엔터테인먼트   시나리오
(게임쇼, 리얼리티쇼, (다큐, 교양, 뉴스, 정보,  리메이크 판권
스튜디오 엔터 등)   인터뷰, 토론 등)
```

자료: 한국콘텐츠진흥원, 『한국 방송포맷(K-포맷) 글로벌 경쟁력 강화를 위한 비즈니스 전략방안 연구』(2022), 9~10쪽.

의 다큐멘터리로 보면 될 것이다. [19]

한편 포맷 유형에 명확한 기준이 존재하지 않는 것과 마찬가지로 포맷 장르에 대해서도 특별히 정해진 기준은 없다. 누가 보더라도 특정 장르로 인지할 수 있는 포맷도 있고, 여러 장르가 복합적으로 섞인 프로그램도 있으며, 프로그램을 바라보는 관점에 따라 장르를 다르게 구분할 수도 있기 때문이다. 언스크립티드 포맷에는 게임쇼, 리얼리티, 데이팅 같은 장르가 있고 스크립티드 포맷에는 시트콤, 스릴러, 메디컬 같은 장르가 있지만, 이 외에도 다양한 장르명을 가진 포맷이 존재하고 이에 대한 구분은 매체나 나라마다 다른 경우가 많다. 따라서 이 책에서도 장르에 대한 구분은 참고한 자료에 따라 표현이 혼재되거나 차이가 있을 수 있음을 미리 밝힌다. 다만, 기본적으로 포맷의 장르 구분이나 설명은 영국의 대표적인 미디어 산업 리서치 기업인 K7 미디어(K7 Media)가 2018년부터 매년 발간하고 있는 「트래킹 더 자이언츠(Tracking the Giants)」 리포트를 기반으로 했다.

---

19 한국콘텐츠진흥원, 『OTT환경에서의 방송영상콘텐츠 기획개발 지원정책 개선방안 연구』(2022), 7~8쪽.

(1) 언스크립티드 포맷 장르

K7 미디어는 언스크립티드 포맷 장르를 크게 게임쇼(game show), 리얼리티 컴피티션(reality competition), 라이트 엔터테인먼트(light entertainment), 팩추얼 엔터테인먼트(factual entertainment), 라이프스타일(lifestyle), 코미디(comedy)로 구분한다. 그리고 각 장르에는 하위 장르도 존재하는데, 게임쇼는 퀴즈(quiz), 챌린지(challenge), 피지컬(physical) 등으로, 리얼리티 컴피티션은 탤런트(talent), 챌린지(challenge), 서바이벌(survival), 쿠커리(cookery), 데이팅(dating), 메이크오버(makeover) 등으로, 라이트 엔터테인먼트는 버라이어티(variety), 패널쇼(panel show) 등으로, 팩추얼 엔터테인먼트는 릴레이션십(relationships), 소셜 엑스페리먼트(social experiment), 휴먼 인터레스트(human interest) 등으로, 라이프스타일은 패런팅(parenting) 등으로, 코미디는 세타이어(satire) 등으로 구분한다.[20]

1990년대 이전에는 글로벌 포맷 시장의 주류 장르가 게임쇼였다. 하지만 1990년대 들어서는 〈빅 브라더(Big Brother)〉, 〈서바이버(Survivor)〉 같은 포맷이 리얼리티 컴피티션이라는 장르를 개척하고 인기를 끌었다. 이러한 경향은 게임쇼에도 영향을 미쳐 〈피어 팩터(Fear Factor)〉, 〈포트 보야르(Fort Boyard)〉 같은 피지컬적 요소를 수행하는 것이 포함된 게임쇼 포맷이 대중의 관심을 받았다. 2000년대에는 〈아이돌즈(Idols)〉 포맷이 전 세계적으로 흥행하면서 스튜디오 기반의 탤런트 컴피티션 장르가 인기를 끌었는데, 〈갓 탤런트(Got Talent)〉, 〈더 엑스 팩터(The X Factor)〉도 이 시기에 등장한 대표적인 성공사례다. 이후에도 리얼리티나 탤런트 포맷이 여전히 강세를 보이긴 했지만, 리얼리티 컴피티션 장르의 무대가 스튜디오를 벗어나는 경향을 보이거나 탤런트 장르에서 〈마스터셰프(MasterChef)〉, 〈베이크 오프(Bake Off)〉처럼 요리 경연을 하는 쿠커리 장르 포맷이 인기를 끄는 등 변화의 물결이 나타났다.[21]

---

20 K7 Media, *TRACKING THE GIANTS: The Top 100 Travelling Unscripted Formats 2017-2018*(2018), pp. 2~6.

2010년대 글로벌 포맷 시장에서 나타난 장르 경향에 대해서는 2018년에 나온 「트래킹 더 자이언츠」 리포트에서 세부적으로 살펴볼 수 있다. 글로벌 시장에서 활발히 거래되고 있는 상위 100대 포맷 순위를 바탕으로, 출시된 지 15년이상 된 포맷이 여전히 거래가 활발하면 파워하우스 포맷(powerhouse formats)으로, 6년 이상 15년 이하인 포맷의 거래가 활발하면 더 뉴 파워하우스(the new powerhouse)로, 15년 이상 된 포맷이 어느 정도 거래되고 있으면 골든 올디즈(golden oldies)로, 15년이 안 된 포맷이 어느 정도 거래되고 있으면 스트롱 스타터스(strong starters)로, 5년도 안 된 포맷의 거래가 활발하면 원즈 투 워치(ones to watch)로 그룹을 분류했다.[22] 이들 그룹의 거래 경향을 살펴보면 다음과 같다.

2000년대 이전에는 골든 올디즈 그룹에 속한 게임쇼 포맷이 오랜 기간 잘 팔렸고 지속적인 성공을 거두었다. 하지만 2010년대 들어서는 더 뉴 파워하우스 그룹에 속한 탤런트, 비즈니스, 서바이벌 같은 리얼리티 장르 포맷이 시장을 주도하고 있다. 스트롱 스타터스 그룹에서는 바이어들의 흥미를 끄는 게임쇼 포맷이 많이 있는데, 이들 포맷은 거래가 잘되고는 있지만 게임 규칙에서 대중성이 다소 떨어져 포맷의 수명이 짧을 수도 있다. 한편 2010년대 중반을 넘어서부터는 원즈 투 워치 그룹의 포맷이나 새로 시작하는 뉴비기닝 포맷의 경우 팩추얼 엔터테인먼트 장르의 비중이 늘어나고 있음을 확인할 수 있다.[23]

언스크립티드 포맷 장르에서는 2022년에 나온 「트래킹 더 자이언츠」 리포트부터 분류체계에 변화가 생겼다. 게임쇼, 리얼리티 컴피티션, 라이트 엔터테인먼트, 팩추얼 엔터테인먼트, 라이프스타일, 코미디 등 6개의 대분류에서 엔터테인먼트, 팩추얼 엔터테인먼트, 리얼리티, 팩추얼 등 4개의 대분류로 조정되었다. 장르와 하위 장르 간에 다소 혼동이 생길 수 있는 부분을 고려하고 하

21 같은 책, p.9.
22 같은 책, p.10.
23 K7 Media, *TRACKING THE GIANTS: The Top 100 Travelling Unscripted Formats 2018-2019*(2019), p.9.

〈그림 1-3〉 언스크립티드 포맷의 거래빈도에 따른 그룹 구분과 그룹별 장르 비중

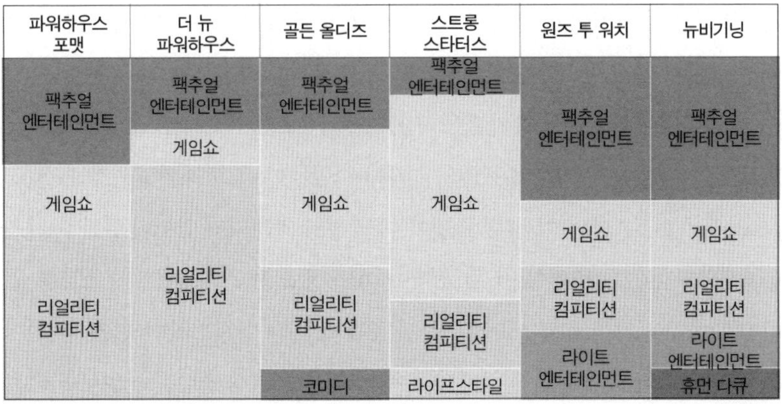

파워하우스 포맷	더 뉴 파워하우스	골든 올디즈	스트롱 스타터스	원즈 투 워치	뉴비기닝
팩추얼 엔터테인먼트	팩추얼 엔터테인먼트	팩추얼 엔터테인먼트	팩추얼 엔터테인먼트	팩추얼 엔터테인먼트	팩추얼 엔터테인먼트
	게임쇼				
게임쇼		게임쇼	게임쇼	게임쇼	게임쇼
리얼리티 컴피티션	리얼리티 컴피티션	리얼리티 컴피티션		리얼리티 컴피티션	리얼리티 컴피티션
			리얼리티 컴피티션		라이트 엔터테인먼트
				라이트 엔터테인먼트	
		코미디	라이프스타일		휴먼 다큐

자료: K7 Media, *TRACKING THE GIANTS: The Top 100 Travelling Unscripted Formats 2018-2019* (2019), p.9.

위 장르는 복합장르까지 고려해 조정한 것으로 보인다. 새로운 기준에 따라 최근 2년간 상위 100위 포맷의 거래 비중을 살펴보면, 엔터테인먼트 장르가 가장 큰 비중을 차지하고 있으며, 그다음이 팩추얼 엔터테인먼트, 그다음이 리얼리티이다. 엔터테인먼트 장르의 인기는 음악에 추리를 가미한 참신한 포맷으로 평가받는 〈복면가왕〉과 〈너의 목소리가 보여〉와도 연관이 있으며, 추리 요소에 의해 하위 장르는 게임쇼로 분류된다. 리얼리티 장르의 경우 2022년에 5% 증가했는데, 이는 최근의 가장 성공적인 포맷인 〈더 트레이터스(The Traitors)〉와 〈더 브리지(The Bridge)〉의 영향이 큰 것으로 보이며, 〈서바이버〉나 〈더 베츨러(The Bachelor)〉 같은 스테디셀러 포맷도 기여한 것으로 분석된다.[24]

---

24 K7 Media, *TRACKING THE GIANTS: The Top 100 Travelling Unscripted Formats 2022-2023*(2023), pp. 22~23.

〈그림 1-4〉 글로벌 언스크립티드 포맷 거래 상위 100위의 장르 비중(2021~2022년)

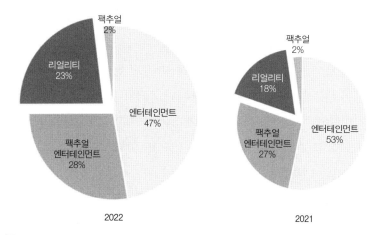

자료: K7 Media, *TRACKING THE GIANTS: The Top 100 Travelling Scripted Formats 2022-2023*(2023), p.22.

〈그림 1-5〉 글로벌 언스크립티드 포맷 거래 상위 100위의 하위 장르 비중(2022년)

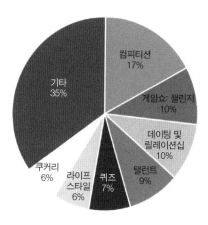

자료: K7 Media, *TRACKING THE GIANTS: The Top 100 Travelling Scripted Formats 2022-2023*(2023), p.23.

(2) 스크립티드 포맷 장르[25]

글로벌 포맷 시장에서 포맷 거래는 게임쇼나 리얼리티로 대표되는 언스크립티드 포맷이 전체의 70~80%에 달할 정도로 대다수를 차지한다. 드라마나 시트콤 같은 장르의 스크립티드 콘텐츠는 포맷 형태보다 완성 프로그램 판매에 중점을 두기 때문이다. 하지만 시간이 지날수록 스크립티드 포맷도 거래 비중이 높아지고 있어 주목할 만하다. 2000년대 초반에는 게임쇼가 글로벌 포맷 거래의 2/3를 차지하고 리얼리티 장르는 1/3 정도였던 반면, 스크립티드 포맷 거래는 6.6% 정도에 불과했다. 그러나 그로부터 10년 후에는 게임쇼가 1/3 수준으로 하락한 대신 스크립티드 포맷의 비중이 거의 2배 이상 증가한 15%를 기록하는 등 스크립티드 포맷도 글로벌 포맷 비즈니스에서 중요도가 점점 증가하고 있다.[26]

스크립티드 포맷은 드라마(drama), 코미디(comedy), 코미디 드라마(comedy drama), 시트콤(sitcom), 크라임(crime), 릴레이션십(relationship), 텔레노벨라(telenovela), 메디컬(medical), 스릴러(thriller), 콘스트럭티드 리얼리티(constructed reality), 리걸(legal), 사이콜로지컬(psychological) 등의 장르로 구분된다.

1990년대 이전에는 미국 스튜디오 주도로 오랫동안 방영된 〈비위치드(Bewitched)〉 같은 시트콤이 스크립티드 포맷 거래를 주도했다. 1990년대 들어서는 텔레노벨라나 코미디 등 더 많은 장르가 두각을 드러내기 시작했고 특히 〈러브 벅스(Love Bugs)〉 같은 코미디의 리메이크 거래 비중이 가장 높았다. 드라마에 대한 세계적인 수요가 증가하기 시작하면서 거래되는 스크립티드 포맷의 장르도 다양해졌다. 2000년대에도 코미디가 여전히 강세이긴 했지만 릴레이션십 장르의 〈미스트리스(Mistresses)〉 같은 드라마나 콘스트럭티드 리얼리티

---

25   K7 Media, *TRACKING THE GIANTS: The Top 100 Travelling Scripted Formats 2019-2020* (2020), pp. 10~11.
26   J. K. Chalaby, "Drama without drama: The late rise of scripted TV formats," p. 4.

〈그림 1-6〉 장르별 스크립티드 포맷의 거래 추이

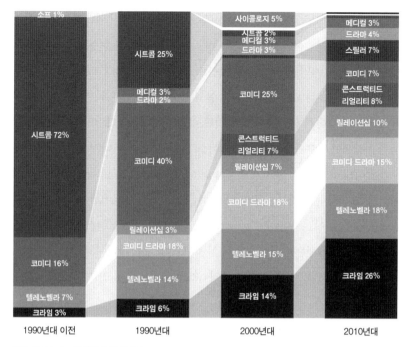

소프 1%
시트콤 25%
사이콜로지 5%
시트콤 2%
메디컬 3%
드라마 3%
메디컬 3%
드라마 4%
스릴러 7%
코미디 7%
콘스트럭티드 리얼리티 8%
릴레이션십 10%
코미디 드라마 15%
텔레노벨라 18%

메디컬 3%
드라마 2%
코미디 25%
콘스트럭티드 리얼리티 7%
릴레이션십 7%

시트콤 72%
코미디 40%
코미디 드라마 18%

릴레이션십 3%
코미디 드라마 18%
텔레노벨라 14%
텔레노벨라 15%

코미디 16%
텔레노벨라 7%
크라임 3%
크라임 6%
크라임 14%
크라임 26%

1990년대 이전   1990년대   2000년대   2010년대

자료: K7 Media, *TRACKING THE GIANTS: The Top 100 Travelling Scripted Formats 2019-2020*, p.10.

장르의 〈패밀리즈 앳 더 크로스로즈(Families at the Crossroads)〉 같은 드라마의 리메이크도 늘어났다. 2010년대부터는 크라임 장르의 리메이크가 지속적으로 성장했는데 이는 노르딕 느와르(Nordic Noir) 드라마의 인기에 힘입은 것으로, 유명한 작품으로는 〈더 브리지〉, 〈블랙 위도우스(Black Widows)〉 등이 있다. 크라임 장르와 비슷한 스릴러 장르도 〈리벤지(Revenge)〉 같은 작품처럼 충격적인 내용과 반전을 바탕으로 시청자들을 끌어들이는 매력이 있어 리메이크 수요가 늘어나고 있으며, 변호사가 주인공인 〈슈츠(Suits)〉나 간호사가 주인공인 〈너시스(Nurses)〉 등 법조계나 의학계 같은 전문직 분야를 소재로 한 스크립티드 포맷 거래도 증가했다.

한편 2020년대 들어서는 〈노 액티비티(No Activity)〉 같은 코미디 장르의 리메이크가 다시 늘어나는 추세를 보인다. 코미디는 문화적 측면에서 지역에 상관없이 보편적으로 받아들이기 어려운 코드를 갖고 있어 일반적으로는 현지화하기 어려운 장르이다. 하지만 팬데믹 이후 시청자들의 현실 도피성 콘텐츠 선호가 증가한 데다 비교적 저렴한 예산으로 제작이 가능하기 때문에 어려운 경제 상황과 맞물려 수요가 늘어났다고 볼 수 있다. 크라임은 두 번째로 리메이크가 활발한 장르이긴 하지만 과거에 비해 비중은 줄어들었다. 이 분야는 노르딕 지역이 강세인 장르였지만 최근에는 이스라엘의 〈유어 아너(Your Honor)〉가 두각을 나타내고 있고, 한국의 〈악의 꽃(Flower of Evil)〉도 여러 국가에서 리메이크되고 있다. 그리고 이전과 달리 최근 집계에서는 로맨스(romance)와 패밀리(family)도 장르 범주에 포함되었는데, 2020년 이후 로맨스 장르의 스크립티드 포맷 거래에서는 한국이 72%를 차지했으며, 주요 바이어가 중동권인 튀르키예와 태국, 필리핀 같은 동남아 지역이라는 점이 이목을 끈다.[27]

3) 포맷의 단계별 주요 개념[28]

포맷이 상품으로서 가치를 가지기 위해서는 새로운 포맷을 개발하고, 개발된 포맷이 하나의 방송 프로그램으로 방영되며, 포맷으로서 판매될 수 있게 패키징하는 작업이 필요하다. 포맷 비즈니스는 일반적으로 기획 단계, 제작 단계, 유통·배급 단계로 구분하고, 각각의 결과물로서 페이퍼 포맷(Paper Format), 프로그램 포맷(Program Format), 포맷 패키지(Format Package)가 창출된다. 이러한 단계와 개념은 큰 틀에서는 스크립티드 포맷과 언스크립티드 포맷 모두에 적용된다. 하지만 아래에서 다루는 내용은 언스크립티드 포맷에 초점을 맞춘 것임을 미리 밝힌다. 앞서 언급했듯이 스크립티드 분야보다 언스크립티드 분야

---

27   K7 Media, *TRACKING THE GIANTS: The Top 100 Travelling Scripted Formats 2022-2023* (2023), pp. 30~31.
28   홍순철 외, 『텔레비전 프로그램 포맷 창작론』(파주: 한울아카데미, 2010), 34~36쪽.

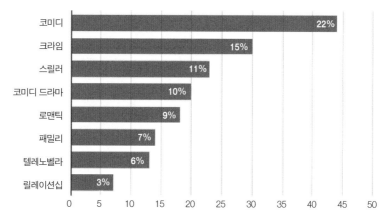

〈그림 1-7〉 장르별 글로벌 스크립티드 포맷 수출(현지화) 건수(2020~2022년)(단위: 건)

자료: K7 Media, *TRACKING THE GIANTS: The Top 100 Travelling Scripted Formats 2022-2023*(2023), p.31.

에서 포맷 비즈니스가 훨씬 활발하기 때문이다.

포맷 기획 단계는 포맷 고안자의 아이디어와 콘셉트를 구체화하기 위한 토론과 브레인스토밍을 거쳐 새로운 프로그램의 개념과 프로그램의 주요 구성 성분, 그리고 그러한 성분의 결합 방식을 비롯해 프로그램의 진행 방법, 출연자의 역할 등 프로그램 기획의 모든 요소가 담긴 내용을 문서화하는 과정이다. 그리고 이러한 무형의 포맷 아이디어 창작물을 10쪽 전후로 문서화한 것을 페이퍼 포맷이라 부른다. 한편 페이퍼 포맷은 단순히 문서라고 한정 짓기에는 애매한 면이 있다. 페이퍼 포맷은 프로그램 제작을 편성받기 위한 방송사 피칭에 활용되는데 이때 사진이나 이미지, 영상물 같은 시청각 자료도 첨부하기 때문이다. 실제로 프랑스의 방송 트렌드 전문 매체 더 위트(The Wit)는 한 보고서에서 페이퍼 포맷을 콘셉트나 아이디어에 대한 피칭 자료, 개발된 기획안, 아이디어를 구체적으로 보여주는 무드 테이프(mood tape) 및 3D 애니메이션 등의 시청각 자료를 포괄하는 개념으로 제시했다.[29]

포맷 제작 단계는 페이퍼 포맷으로 구체화된 포맷 아이디어를 실제 프로그램

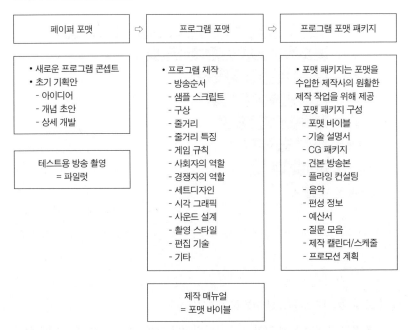

〈그림 1-8〉 포맷 개발 개념도

| 페이퍼 포맷 | ⇨ | 프로그램 포맷 | ⇨ | 프로그램 포맷 패키지 |

페이퍼 포맷
- 새로운 프로그램 콘셉트
- 초기 기획안
  - 아이디어
  - 개념 초안
  - 상세 개발

테스트용 방송 촬영
= 파일럿

프로그램 포맷
- 프로그램 제작
  - 방송순서
  - 샘플 스크립트
  - 구상
  - 줄거리
  - 줄거리 특징
  - 게임 규칙
  - 사회자의 역할
  - 경쟁자의 역할
  - 세트디자인
  - 시각 그래픽
  - 사운드 설계
  - 촬영 스타일
  - 편집 기술
  - 기타

제작 매뉴얼
= 포맷 바이블

프로그램 포맷 패키지
- 포맷 패키지는 포맷을 수입한 제작사의 원활한 제작 작업을 위해 제공
- 포맷 패키지 구성
  - 포맷 바이블
  - 기술 설명서
  - CG 패키지
  - 견본 방송본
  - 플라잉 컨설팅
  - 음악
  - 편성 정보
  - 예산서
  - 질문 모음
  - 제작 캘린더/스케줄
  - 프로모션 계획

자료: 유럽방송연합, 『TV 포맷 거래 가이드북』, 한국콘텐츠진흥원 옮김(서울: 한국콘텐츠진흥원, 2010), 139쪽.

으로 제작하고 방영해 구현하는 단계이다. 포맷 업계에서 일반적으로 말하는 포맷이란 바로 하나의 프로그램으로 구현된 '프로그램 포맷'을 의미한다. 포맷이 프로그램으로 방영되는 것은 포맷 비즈니스에서 매우 중요한 일인데, 이는 완성 프로그램과는 그 의미에서 차이가 있다. 완성 프로그램은 프로그램 자체가 최종 상품으로 거래되지만, 포맷은 프로그램의 콘셉트 및 현지 프로그램으로 제대로 이식하기 위한 제작 노하우가 거래 대상이기 때문이다. 따라서 프로그램 제작 단계에서 제작 노하우를 담은 포맷 바이블(Format Bible)을 제대로 만드는 것이 중요하다. 포맷 바이블은 종종 수백 페이지에 달하는 세부 내용을

---

29   The Wit, *The Definitive Guide How to Create a Hit Format in 10 Lessons*(2016), p.6.

담고 있는 제작 매뉴얼로, 프로그램의 콘셉트, 제작 가이드라인, 출연자 역할, 카메라 메이킹, 스튜디오 플랜, 세트 도면 등이 포함된다. 더불어 이미 한 번 이상 수출된 포맷은 현지 시장의 방영 기록을 토대로 타깃 시청자, 시청률, 인구통계 자료 등을 제공하기도 한다.

성공한 포맷에 대한 신뢰는 포맷 구매를 결정하는 데 중요한 요인이므로 바이어가 현지판으로 제작할 때 포맷의 성공 요인을 제대로 반영할 수 있게 하는 것이 매우 중요하다. 따라서 포맷 유통·배급 단계에서는 프로그램화된 포맷의 패키지를 제대로 갖추어야 바이어에게 어필할 수 있다. 포맷 패키지는 바이어에게 전달되는 포맷 구성 품목으로, 포맷 패키지가 반드시 어떤 구성물을 포함해야 한다고 정의된 바는 없지만, 포맷 바이블을 포함해 견본 방송본(Screener), 플라잉 컨설팅(Flying Consultancy) 등이 포맷 패키지를 구성한다. 편성 정보나 예산서, 제작 스케줄, 프로모션 계획 같은 몇몇 구성물은 포맷 바이블에 포함되기도 하고 별도로 제공되기도 하는데, 글로벌 포맷 시장에서 포맷 거래 시 일반적으로 제공되는 포맷 패키지 구성 요소는 〈표 1-1〉과 같다.

2. 포맷이 왜 중요한가?

1) 콘텐츠 IP 시대, 그리고 포맷

방송 산업계에서 포맷을 중요하게 여기는 이유는 앞서 언급했듯이 포맷이 최근 콘텐츠 산업의 가장 큰 화두 중 하나인 콘텐츠 IP의 속성을 가지고 있기 때문이다. 콘텐츠 IP는 콘텐츠를 기반으로 다양한 장르로의 확장과 부가 사업을 가능하게 하는 일련의 지식재산권 묶음(portfolio)이다. 저작권과 상표권을 권리의 법적 기반으로 삼고 있지만, 이 외에도 다양한 지식재산권을 포괄하는 권리로 확대될 것으로 보인다.[30]

〈표 1-1〉 포맷 패키지의 구성 요소

구분	내용
포맷 바이블 (Format Bible)	포맷의 콘셉트, 제작 규칙, 제작 과정 등 포맷을 구성하는 요소와 제작 방법을 담은 문서. 포맷 패키지의 요소 대부분이 바이블에 기록되어 있으나 별도로 제공되기도 함
기술 설명서 (Technical Specs)	포맷 제작에 사용된 무대(세트), 조명, 음향 등 오리지널 프로그램 제작에 사용된 기술적 설명을 기록한 매뉴얼. 특정 포맷에 따라서 라이선스 비용과는 별도의 금액으로 판매되기도 함
CG 패키지 (CG Package)	포맷 제작에 사용되는 컴퓨터 그래픽 제작을 위한 구성물. 프로그램의 메인 톤, 스타일을 유지하는 데 도움을 줌. CG 패키지는 디자인 저작권이 존재하는 경우도 있어 라이선스 비용과는 별도의 금액으로 판매되기도 함
견본 방송본 (Screener)	포맷의 결과물을 확인할 수 있는 프로그램의 실제 방송영상으로, 영문 자막 혹은 영문 더빙을 수록한 상태로 제공됨
플라잉 컨설팅 (Flying Consultancy)	포맷의 브랜드를 보호하고 효과적인 현지판 제작을 위해 담당 프로듀서를 파견해 포맷의 전반적인 정보 및 유의사항 등을 바이어와 현지 제작진에게 설명하고 문의에 대응함
음악 (Sound & Music)	포맷 제작에 사용된 사운드 효과, 주제곡, 오리지널 스코어 등이 제공됨. 음악의 경우 해외 저작권 사용 허가가 반드시 진행되어야 함
편성 정보 (Programming Information)	포맷 파일럿 혹은 전체 시즌의 편성 정보를 담은 기록물. 시청률 자료를 중심으로 기록되며, 포맷에 대한 타깃 시청층의 반영 결과, 포맷 편성 이전 대비 비교 수치 등이 제공됨
대본 모음 (Script Samples)	포맷 제작에 사용된 프로그램의 각종 문서의 모음으로, 구성안, 회차별 소재, 출연자 대본, 시퀀스별 카메라 앵글 및 기법을 표시한 대본, 성우 대본 등이 제공됨
예산서 (Budget)	포맷 제작에 사용된 인건비, 장비, 소품비 등 일체의 내역을 담은 예산서. 제작 예산은 국가별 제작 환경에 따라 다르기 때문에 예산서에 구체적인 숫자가 제공되지 않을 때도 있으나, 회당 표준 제작비 혹은 총액은 반드시 제공됨
질문 모음 (Question Packs/FAQs)	포맷 제작, 편성, 현지화 과정에서 야기된 문의와 답변을 정리한 문서. 게임쇼의 경우 프로그램에 사용된 문제와 정답을 모은 문서도 포함해 제공함
제작 캘린더/스케줄 (Production Calendar/Schedules)	실제 포맷 제작에 소요된 기간과 일정별 제작 과정 등이 기록된 표
프로모션 계획 (Promotion Scheme)	포맷에 사용된 마케팅 계획, 홍보 방안 등을 기록한 문서

자료: 황진우, 「한국 방송포맷의 차세대 경쟁력 증진을 위한 글로벌 스탠더드 포맷 패키지에 관한 연구」(중앙대학교 신문방송대학원 석사학위 논문, 2017), 17~20쪽.

최근 콘텐츠 IP가 강조되는 이유는 재화적 특성과 그로 인한 산업적 가치 때문이다. 방송 프로그램, 음반, 영화, 게임, 책과 같은 대부분의 콘텐츠는 제품을

---

30 이성민·이윤경, 『콘텐츠 지식재산활용산업 활성화 방안 연구』(한국문화관광연구원, 2016), 10쪽.

경험한 후에 가격이나 품질에 대해 평가할 수 있는 '경험재(experience goods)'
이다.[31] 이러한 경험재의 특성으로 인해 소비자는 직접 상품을 경험하기 전까지
는 품질을 가늠하기 어려워 자신이 습득 가능한 범위 내에서 최대한 상품 정보
를 모아 구매 의사결정을 내리게 된다. 이때 소비자는 아직 직접 소비하지 않은
자신보다 먼저 경험해 본 타인의 결정을 더욱 신뢰하는 경향을 보이고,[32] 이는
특정 상품에 대한 수요가 생기면 타인의 수요에도 영향을 미치는 네트워크 효
과(network effect)로 연결된다. 즉, 어떤 콘텐츠에 대한 다른 사람들의 평가가
좋거나 소비한 사람이 많을 경우 본인도 그에 편승해 해당 콘텐츠를 소비할 가
능성이 높아지고 이것은 연쇄적으로 또 다른 소비자로 이어진다는 것이다.

이처럼 한번 성공을 경험한 콘텐츠는 그렇지 않은 콘텐츠에 비해 이후에도
성공할 가능성이 높아지고 하나의 IP로서 그 지위가 공고해질 수 있다. 이는 행
동경제학에서 말하는 '휴리스틱(heuristic)'이라는 개념으로 설명할 수 있는데,
휴리스틱이란 명확한 실마리가 없을 경우 의사결정에 사용하는 편의적·발견적
방법이다.[33] 소비자가 특정 콘텐츠 IP에 대해 만족했을 경우 이용가능성 휴리스
틱(availability heuristic)이 작용해 해당 콘텐츠의 새로운 시즌이나 장르 전환 콘
텐츠, 관련 부가 상품까지도 소비할 가능성이 높다. 이용가능성 휴리스틱에서
의사결정에 영향을 미치는 것은 이성적 판단보다 해당 사례나 유사 사례에 대
한 기억 또는 경험이기 때문이다. 한편 특정 콘텐츠 IP에 대한 경험이 없는 소비
자에게는 대표성 휴리스틱(representativeness heuristic)이 작용한다. 대표성 휴
리스틱은 특정 사례가 전체를 대표한다고 보고 이를 기반으로 의사결정을 하는
경향으로, 전형성이 중요한 판단 기준이 된다. 따라서 소비자가 소비를 고민하
는 콘텐츠가 과거에 흥행했던 이력이 있는 콘텐츠 IP를 활용한 것이라면 그 후
광효과로 인해 해당 콘텐츠는 물론 관련 상품까지 소비할 가능성이 높다.[34]

---

31 이진균, "상품으로서 미디어 콘텐츠", ≪홍대신문≫, 2023년 5월 23일 자.
32 김민정, 「경험재의 네트워크 효과」(고려대학교 석사학위 논문, 2013), 7쪽.
33 노리오 도모노, 『행동경제학: 경제를 움직이는 인간 심리의 모든 것』, 이명희 옮김(서울: 지형,
    2019), 69쪽.

<표 1-2> 웹툰 IP의 영상화 추이(단위: 건)

	2019	2020	2021	2022
네이버웹툰 IP 영상화 추이	6	12	13	26
카카오엔터 IP 판권계약 추이	10	20	50	50

자료: 박종진, "웹툰·웹소설 기반 영상콘텐츠 40편 '훌쩍'", ≪전자신문≫, 2022년 12월 14일 자.

　최근 국내에서 인기 있는 웹툰이나 웹소설이 드라마나 게임 같은 다른 장르의 콘텐츠로 확장되는 것, 팬덤이 강한 게임 또는 K-팝 아티스트 IP를 활용해 굿즈 같은 부가 상품을 만들고 공연, 이벤트, 팝업스토어를 개최하는 경향이 증가하는 것도 이러한 이유 때문이다.

　웹툰 원작을 기반으로 제작되어 드라마로 흥행한 콘텐츠는 2023년에 큰 인기를 끌었던 〈무빙〉을 비롯해 〈이태원 클라쓰〉, 〈D.P〉, 〈지금 우리 학교는〉 등 일일이 헤아리기 어려울 정도로 많으며, 〈신의 탑〉처럼 게임이나 애니메이션으로도 장르가 활발하게 전환되고 있다. 〈김비서는 왜 그럴까?〉, 〈재벌집 막내아들〉, 〈내 남편과 결혼해줘〉 같은 웹소설을 원작으로 한 드라마도 늘어나는 추세인데, 이러한 장르 전환 콘텐츠가 흥행하면 다시 웹툰이나 웹소설의 수익도 늘어나는 선순환 구조가 나타나고 있다. 근래 웹소설에서 시작해 웹툰, 애니메이션, 게임 등 다양한 장르로 전환해 나가면서 글로벌 팬덤을 확장시키고 있는 〈나 혼자만 레벨업〉은 2024년 1월 넷플릭스에 공개된 한일합작 애니메이션이 트렌드 지수 1위에 오르기도 했고, 5월에 출시된 게임은 한 달여 동안 누적 매출이 1000억 원에 달한 것으로 추정된다. 이 작품의 글로벌 누적 조회수는 143억 뷰이다.[35]

　강한 팬덤이 나타나는 엔터테인먼트나 게임 업계는 장르 전환 외에도 K-팝 아티스트나 게임 IP 기반 부가 상품, B2C 이벤트 등을 통해 팬덤을 더욱 활성화

34　곽준식, 『브랜드, 행동경제학을 만나다』(고양: 갈매나무, 2019), 30~75쪽.
35　오동현, "넷마블 '나혼자만 레벨업' 한 달 매출만 1000억원 추정", ≪뉴시스≫, 2024년 6월 19일 자.

〈그림 1-9〉 애니메이션 〈나 혼자만 레벨업〉(왼쪽)과 드라마 〈재벌집 막내아들〉(오른쪽)

자료: 디앤씨미디어, 카카오엔터테인먼트, 넷마블: 래몽래인, JTBC

하고 수익성도 강화하고 있다. 넥슨은 자사 게임 IP의 OST 콘서트나 자사 IP 종합 이벤트인 네코제를 열고 이마트24와 같은 유통사와 제휴 마케팅을 벌이고, 스마일게이트는 이디야에 팝업스토어를 열고, 펄어비스는 편의점 제품을 제작하고, 크래프톤은 롯데월드에 어트랙션을 만드는 등[36] 그 형태도 다양화되고 있다. BTS나 블랙핑크 같은 글로벌 K-팝 아티스트가 나오기 시작한 엔터테인먼트 업계는 다른 어떤 업계보다 강력한 팬덤을 바탕으로 아티스트 IP를 활용한 수익이 크게 늘어나고 있다. 특히 하이브, SM, YG, JYP 같은 메이저 엔터사들의 IP 매출은 수년간 증가세를 보이고 있다. 게다가 최근에는 이세계 아이돌, 플레이브 같은 버추얼 아이돌도 인기를 끌고 있으며, 이들의 팝업스토어를 진행한 더 현대 서울은 10만 명이 넘는 고객이 방문해 매출이 평소보다 7배 이상 오른 70억 원을 기록했다.[37]

콘텐츠 산업이 일찌감치 발달해 오랜 역사를 자랑하는 미국과 일본은 콘텐츠 IP로 높은 수익을 거두고 있다. 타이틀맥스(Titlemax)에서 집계한 결과에 따르면 전 세계에서 가장 많은 수익을 거둔 슈퍼 IP는 일본의 〈포켓몬스터〉로 1996년 비디오게임이 출시된 이후 애니메이션, 모바일 AR 게임, 부가 상품 등으로 다양하게 확장되며 지금까지 120조 원 넘게(920억 달러 이상) 벌어들였다

---

36 원태영, "게임사들이 'OSMU'에 집중하는 이유[이코노Y]", 《이코노미스트》, 2023년 8월 25일 자.
37 김민우, "가상 아이돌 보려고 10만명 '우르르'···70억 매출 대박난 백화점", 《머니투데이》, 2024년 3월 18일 자.

〈그림 1-10〉 국내 메이저 엔터사의 매출액 및 손익 추이(2017년 1분기~2023년 1분기)(단위: 10억 원)

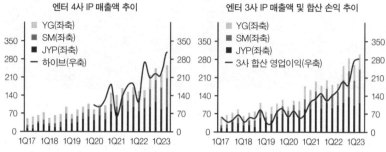

자료: 지인해, "통계로 본 한류 스토리", ≪한류NOW≫, 56호(한국국제문화교류진흥원, 2023).

〈그림 1-11〉 더 현대 서울의 플레이브 팝업스토어(왼쪽)와 버추얼 아이돌 플레이브(오른쪽)

자료: 현대백화점; 블래스트(VLAST)

고 한다. 통계가 집계된 총 25개의 슈퍼 IP 대부분이 미국과 일본산으로 이들의 위상을 다시금 확인할 수 있었다.

이처럼 콘텐츠 IP 경쟁력은 산업의 지속 가능성을 위한 핵심적인 요소로, 팬덤을 통해 흥행의 불확실성을 줄여주고 공유와 확장을 통해 상호 소비가 증가하는 선순환 구조를 가능하게 한다. 따라서 산업계에서는 콘텐츠 IP의 기획-제작-유통에 이르는 전 과정에 대한 연계와 협력을 강화함으로써 IP의 활용 가치를 극대화하는 비즈니스 전략을 추구하고 있다.[38] 한편 아직 한국은 미국이나

---

38 한창완 외, 『아이피, 모든 이야기의 시작』(서울: 커뮤니케이션북스, 2021), 211~221쪽.

〈그림 1-12〉 세계적인 슈퍼 IP의 누적 수익 상위 5위(2019년 기준)(단위: 10억 달러)

포켓몬스터(1996)	92,121
헬로키티(1974)	80,026
곰돌이 푸(1924)	75,034
미키마우스(1928)	70,587
스타워즈(1977)	65,631

자료: Carly Hallman, "The 25 Highest-Grossing Media Franchises of All Time," *Titlemax*, August 10, 2019.

일본처럼 콘텐츠를 활용한 IP 비즈니스 기반이 탄탄하지 않아 정부에서도 정책적 지원을 강화해 업계의 IP 비즈니스를 활성화하려고 한다. 실제로 한국콘텐츠진흥원은 2023년 11월에 개최된 K-콘텐츠 IP 글로벌 포럼에서 'K-콘텐츠 IP 비즈니스 지원 전략'을 발표해 슈퍼 IP를 배출하고 다양한 연관 산업이 K-콘텐츠 프리미엄 효과를 통해 더 큰 부가가치를 만드는 방향으로 지원하겠다고 밝혔다.[39]

IP 비즈니스가 활성화되어 K-콘텐츠 산업이 성장하면 견인효과로 연관 산업에도 영향을 미쳐 궁극적으로 한국 경제에 새로운 활력을 줄 수 있다. 콘텐츠와 유사하게 네트워크 효과로 성장하는 산업인 플랫폼 비즈니스의 성공 사례를 통해 이것의 타당성을 가늠해볼 수 있다.

플랫폼 비즈니스의 대표 기업인 아마존은 플라이휠(flywheel) 전략[40]을 통해 먼저 제품 수를 늘려 고객 경험을 증가시켰고, 그로 인해 플랫폼의 고객 트래픽이 증가하면 다양한 판매자가 입점해서 제품 수가 더욱 늘어나고 고객 경험도

---

39 윤선영, "'슈퍼 IP 나오도록 지속 지원… 韓경제 새 활력 되도록 최선 다할 것'", ≪디지털타임스≫, 2023년 11월 28일 자.
40 플라이휠 전략이란 기업의 성장을 일련의 순환과정으로 인식해 개선된 고객 경험과 고객 증가를 통해 트래픽, 판매자, 상품군을 늘리는 선순환을 만드는 것이다. 자료: 네이버 지식백과 '시사상식사전'.

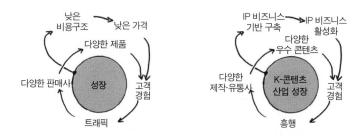

〈그림 1-13〉 아마존 플라이휠(왼쪽)과 K-콘텐츠 플라이휠(오른쪽)

더욱 증가하는 선순환 구조를 구축했다. 그리고 한 차원 높은 성장을 위해 고객을 유인하는 요인 중 낮은 가격을 핵심동력으로 채택해 이것을 실현하기 위한 기반 구축에 투자하고 저가정책을 실현함으로써 압도적으로 성장할 수 있는 확장 선순환 구조를 확립했다. 현재 한국 콘텐츠 산업은 다양한 우수 콘텐츠로 고객들에게 어필해 세계적인 흥행을 거두고 있으며 많은 제작·유통사가 시장에 들어와 있다. 따라서 우수 콘텐츠가 지속적으로 나올 수 있는 선순환 구조는 어느 정도 구축되었다고 할 수 있다. 이제는 IP 비즈니스를 핵심동력으로 설정해 기반을 구축하고 IP 비즈니스를 활성화해서 더 큰 수익을 창출할 수 있게 확장된 선순환 구조를 만들어내는 K-콘텐츠 플라이휠 전략을 추진해야 할 시기이다.

콘텐츠 IP 비즈니스는 〈그림 1-14〉와 같이 콘텐츠 IP를 보유하는 방식과 활용하는 방식에 따라 구분할 수 있는데, 공통적으로는 라이선싱(licensing)이 중요한 비즈니스 모델이라 할 수 있다. 여기서 IP 소유권자로서 권리사용을 허락하는 자는 라이선서(licensor), 제한적인 사용 권리를 양도받는 자는 라이선시(licensee), 콘텐츠 IP를 사용할 수 있는 권리는 라이선스(license)라 한다. 라이선싱은 기업의 경쟁력 확보와 수익 극대화에 중요한 비즈니스 수단이기 때문에 라이선싱으로 콘텐츠 IP의 활용 가치를 극대화하는 것은 매우 중요하다. 콘텐츠 IP를 활용한 라이선싱 거래는 한계비용을 거의 들이지 않고도 추가적인 경제적 가치를 창출할 수 있는 특징을 지니고 있기 때문이다.[41]

<그림 1-14> 콘텐츠 IP의 보유 및 활용 방식

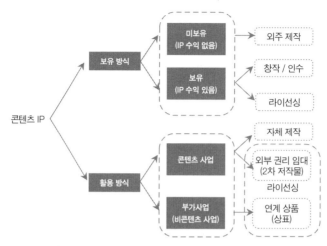

자료: 이성민·이윤경, 『콘텐츠 지식재산활용산업 활성화 방안 연구』(한국문화관광연구원, 2016), 42~45쪽.

이러한 콘텐츠 IP 비즈니스의 특성과 장점에 따라 국내 방송콘텐츠 산업에서는 원작 IP를 활용하는 것뿐 아니라 방송콘텐츠 스스로 IP로서의 가치를 강화해나가는 전략도 중요해지고 있다. 그리고 그 중심에는 대표적인 방송콘텐츠 IP인 포맷이 있다.

2) 방송콘텐츠 IP로서의 포맷의 비즈니스적 가치

포맷 비즈니스는 1990년대 후반 들어 슈퍼 포맷(super-formats)이 등장하면서 글로벌 비즈니스로 성장했다. 슈퍼 포맷은 그 이전만 해도 몇몇 국가에서 현지화되는 정도에 머물던 포맷 수출의 범위를 전 세계 수십 개국으로 넓히면서 포맷이 가진 IP로서의 가치를 본격적으로 보여주기 시작했다. 그 결과 독립제작사로 출발해 포맷 IP를 바탕으로 국경을 넘나드는 거대 방송콘텐츠 기업으로

---

41 김숙·장민지, 「모두 IP의 시대: 콘텐츠 IP활용 방법과 전략」, ≪코카포커스≫, 17-02호(한국콘텐츠진흥원, 2017), 11쪽.

까지 성장한 엔데몰(Endemol), 프리맨틀미디어(FremantleMedia) 같은 슈퍼 인디도 등장하면서 포맷 산업의 글로벌화를 가속화시켰다.[42]

　일반적인 콘텐츠 IP 비즈니스와 마찬가지로 포맷 비즈니스의 수익 구조 또한 라이선스 수익(license fee)과 부가 상품(merchandising)이나 전화투표(phone voting) 같은 부수적인 권리에 대한 수익 배분을 기본으로 한다. 라이선스 수익은 시즌이 갱신되면 그 비율을 올려서 수익을 얻을 수 있다. 따라서 해당 지역의 시즌이 꾸준히 갱신되고 판매 지역이 늘어나면 수익도 기하급수적으로 늘어날 수 있다. 또한 포맷 비즈니스는 제작 노하우를 판매하는 것이기도 해서 거래 시 바이블을 제공하는 것이 일반적이다. 이때에는 컨설팅을 제공하는 플라잉 프로듀서(flying-producer)가 현지 제작 현장에 파견을 가기도 하고 그에 따른 체재비나 컨설팅 비용(consulting fee)을 받기도 한다.[43]

　부가 수익의 경우 어떻게 수익 구조를 짜느냐에 따라 다양하게 파생될 수 있다. 대표적인 슈퍼 포맷인 〈후 원츠 투 비 어 밀리어네어?(Who wants to be a Millionaire?)〉의 경우 보드게임부터 크리스마스 크래커까지 140여 가지 관련 상품을 제작해 판매하기도 했는데 그 수익이 전체 포맷 수익의 40%를 차지했다.[44] 〈빅 브라더〉는 사각을 없애는 촬영 기법, 다채널 음향을 확보하기 위한 녹음 기술, 녹화 테이프의 실시간 현장 편집, 생방송 송출을 위한 시스템 개발 같은 기술적인 부분에서 독창적인 노하우를 개발한 포맷이다. 여기서 개발된 기술 중 하나인 다매체 '비디오 일지 포맷(video diary format)'은 상품화되기도 했다. 시청자들은 방송과는 별도로 인터넷을 통해 출연자들을 다양한 앵글로 담은 실시간 영상 자료(live video feed)를 볼 수 있었는데, 엔데몰은 나중에 이 스트리밍 서비스를 유료화한 뒤 별도의 모바일 어플리케이션이나 SNS 서비스

42　J. K. Chalaby, *The format age: Television's entertainment revolution*, pp. 50~61. 4대 슈퍼 포맷은 〈Who wants to be a Millionaire〉, 〈Survivor〉, 〈Big Brother〉, 〈Idols〉이다.

43　A. Esser, "The format business: Franchising television content," p. 143.

44　J. K. Chalaby, "The making of an entertainment revolution: How the TV format trade became a global industry," *European Journal of Communication*, 26(4)(2011), p. 299.

〈표 1-3〉 유럽의 수익 창출 포맷 상위 8위(단위: 100만 달러)

순위	포맷명	제작·배급사	2012	2013
1	Come Dine With Me	ITV Studios	209.5	205.6
2	Money Drop	Endemol	224.7	197.5
3	Deal or No Deal	Endemol	141.7	140.5
4	The Voice	Talpa	128.1	140.1
5	Dancing with the Stars	BBC Worldwide	129.1	117.3
6	Be My Guest	All3Media	11.1	60.2
7	Shopping Monsters	Global Agency	17.4	49.1
8	Survivor	CBS Studios	63.8	11.0

자료: Madigan Cluff and Michael Cluff, "Europe's most valuable formats," *TBI*, July 16, 2013.

로 확대시켜 부가적인 수익을 창출했다.[45]

그 결과 포맷 하나가 아주 높은 부가가치를 창출하게 되었고 기업들도 포맷 비즈니스로 막대한 수익을 올리게 되었다. 2013년 기준 엔데몰은 그해에 약 5억 9000만 달러를 벌어들였으며, 프리맨틀미디어는 4억 4000만 달러를, ITV 스튜디오(ITV Studios)는 3억 달러의 수익을 올렸다. 포맷 비즈니스로 성장한 이들 글로벌 기업은 근래에도 자사의 인기 포맷을 기반으로 여전히 막대한 수익을 창출하고 있는데, 2021년 프리맨틀의 매출액은 15억 유로였고,[46] ITV 스튜디오는 글로벌 포맷 및 디스트리뷰션(Global Formats and Distribution) 부문에서만 매출액이 3억 파운드에 달했다.[47] 게다가 샤인과 합병해 덩치를 키운 엔데몰 샤인 그룹(Endemol Shine Group)은 2022년 바니제이 그룹(Banijay Group)에 인수되었는데 이때 평가받은 기업가치는 22억 유로였다.[48] 한편 2013년 가장 높은 수익을 창출한 〈컴 다인 위드 미(Come Dine With Me)〉는 포맷 하나로 한 해에 약

---

45 황진우, 「한국 방송포맷의 차세대 경쟁력 증진을 위한 글로벌 스탠더드 포맷 패키지에 관한 연구」, 47~51쪽.

46 Naman Ramachandran, "Fremantle Owner RTL Group Posts $1.6 Billion Profits for 2021," *Variety*, March 17, 2022.

47 ITV, *ITV plc Annual Report and Accounts for the year ended 31 December 2021*(2022), p.37.

48 Richard Middleton, "Endemol Shine Group's CEO Sophie Turner Laing to exit as Banijay completes $2.2bn deal," *TBI*, July 3, 2020.

〈그림 1-15〉〈더 트레이터스〉온라인 게임(왼쪽)과 보드게임(오른쪽)

자료: BBC; Amazon UK

2억 달러를 벌어들였다. 이 해 상위 100개 포맷의 경제적 가치는 무려 29억 달러로 2024년 3월 환율 기준으로 약 4조 원에 달한다.

한편 성공한 포맷으로 부가 수익을 창출하는 사례는 최근에도 찾아볼 수 있다. 2021년 네덜란드 RTL4에서 처음 방영된 올스리미디어(All3Media)의 〈더 트레이터스〉는 2022년에만 영국을 비롯해 7개국에 수출되었고 올해의 포맷(Format of the Year)에 선정될 정도로 인기 있는 포맷이다.[49] 추리 기반의 리얼리티 포맷이다 보니 게임적 요소를 지니고 있어 보드게임으로는 진즉 출시되었으며, 2024년 1월에는 BBC에서 시즌2 방영에 맞춰 온라인 게임으로도 출시되었다.[50]

최근 몇 년간 나온 포맷 중 가장 성공한 포맷으로 평가받는 〈복면가왕〉도 예외는 아니다. 이 포맷은 수십 개국에 수출되었으며, 미국에서는 2024년 9월 말부터 시즌12가 방영될 포맷답게 다양한 형태의 부가 사업이 전개되고 있다. 유명인들의 노래 경연이 주요 콘셉트이지만 다양한 캐릭터를 앞세운 화려한 코스튬 같은 볼거리도 제공하는 포맷이라서 이러한 특성이 머천다이징에 반영되어 있다. 〈복면가왕〉미국판인 〈더 마스크드 싱어〉의 브랜드 로고나 코스튬

49 K7 Media, *TRACKING THE GIANTS: The Top 100 Travelling Unscripted Formats 2022-2023*, p.7.
50 Jamie Stalcup, "BBC Launches The Traitors Online Game," *World Screen*, January 6, 2024.

〈그림 1-16〉〈더 마스크드 싱어〉전시 포스터(왼쪽)와 굿즈숍(오른쪽 위), 보드게임(오른쪽 아래)

자료: The Paley Center; themaskedsinger.shop; Amazon

디자인이 활용된 의류, 텀블러, 머그컵, 다이어리 같은 다양한 형태의 굿즈는 물론, 캐릭터성이 강조된 보드게임도 시중에 판매되고 있으며, 화려하고 개성 강한 코스튬을 활용한 패션도 전시되고 있다. 이처럼 포맷은 단순히 방송 프로그램으로서만 가치를 지닌 것이 아니라 다양한 IP 비즈니스로 확장할 수 있는 하나의 브랜드로서 잠재적인 부가가치가 아주 높다.

3) 현지화를 통해 지역적·문화적 장벽을 넘는 포맷

일반적으로 해외 영상물을 수용할 때에는 해당 지역이나 권역의 특성을 반영해 지역화 혹은 권역화 경향을 보이거나 문화적 유사성 혹은 근접성의 영향을 받는다. 일례로 1980년대 이후 멕시코, 브라질, 호주, 일본 등이 방송 프로그램을 수출하는 중심 국가로 부상한 것이나, 1990년대 후반부터 한국 드라마를 중심으로 아시아에 한류 현상이 확산되고 있는 것을 들 수 있다. 이는 해외 영상물이 수용되는 과정에서 수용자의 정체성, 사회적 경험, 주관적 수용의지 등이 반영되기 때문이다.

따라서 문화를 지역화하는 데 있어 중요한 사항은 수용자가 받아들이기 편안하도록 자국의 문화와 유사함을 지니는지 여부이다. 실제로 수용자들은 해외에서 수입된 프로그램보다 자국에서 제작한 프로그램을 우선적으로 선호하며, 이러한 욕구가 충족되지 않을 경우 가능하면 문화적으로 유사하거나 지리적으로 가까운 지역에서 제작된 프로그램을 선택하는데, 이를 '근접성(proximity)의 원리'라고 한다. 또는 이와는 반대로 영상물이 국경을 넘어 유통될 때 그 가치가 하락하는 '문화적 할인(cultural discount)'이라는 개념도 있다. 문화적 할인은 수용자들이 자국의 언어로 제작된 영상물 또는 자국의 문화적 가치가 포함된 영상물을 선호한다는 것을 설명하는 개념이다. 즉, 외국에서 제작된 영상물의 경우 문화적인 이질감이나 언어적 차이로 인해 소구력이 떨어지기 때문에 자국에서 제작된 영상물을 더욱 선호한다는 것이다. 이는 근접성의 원리와도 연계되는데, 영상물의 문화적 근접성이 떨어질수록 문화적 할인율이 높아져서 수용자들로부터 멀어지게 된다.[51]

포맷 비즈니스는 이러한 점에서 기존의 완성 프로그램을 유통하는 것에 비해 장점을 지니고 있어 1990년대 들어서부터 글로벌 시장에서 포맷 거래가 확장되기 시작했다. 포맷 거래의 장점은 바로 현지화라고 불리는 재제작 과정이다. 포맷의 재제작 과정은 일종의 지역화(glocalization) 과정으로, 세계적으로 인기 있는 프로그램을 지역의 사회적·문화적·산업적 맥락에 맞게 개작할 수 있어 시청자들의 수용성을 높일 수 있다. 또한 각국의 실정에 맞게 제작할 수도 있고, 자국에서 제작된 프로그램으로 간주될 수도 있어 해외 방송물에 대한 편성 비율의 제약을 받지 않는다. 따라서 완성된 프로그램이 갖는 문화적 할인을 최소

---

51 은혜정, 「국제적 유통상품으로서의 TV 포맷의 최근 경향과 한국 포맷의 해외진출 가능성에 대한 연구」, ≪한국방송학보≫, 22(6)(2008), 322~334쪽.

<표 1-4> 포맷 산업의 지식 네트워크

과정	포맷 제작	포맷 거래	포맷 재제작
네트워크 공간	국내 시장	포맷 라이선스 계약 →	국제 시장
네트워크 참여자	- 방송사 - 제작자 - 작가 - 기술진 등	- 포맷 제작사 혹은 포맷 거래업자 - 방송사 - 제작자	- 방송사 - 제작자 - 작가 - 기술진 등
포맷 지식 매개자		플라잉 프로듀서, 포맷 바이블, 관련 자문 자료집 등 ← 노하우 전수 →	

자료: 홍순철 외, 『텔레비전 프로그램 포맷 창작론』, 57쪽.

화하면서 정책적 제약이나 문화적 거부감도 피할 수 있다.

　포맷의 현지화는 프로그램 수용자에 대한 접근성을 높이는 것과 더불어 현지 방송 산업과의 상호작용을 통해 포맷을 진화시키는 선순환 체계를 구축한다. 한 지역에서 개발된 포맷이 포맷 라이선스 계약을 통해 다른 지역에서 재제작될 경우 플라잉 프로듀서의 컨설팅과 포맷 바이블, 관련 자문 자료집 등이 포맷이라는 문화 기술과 지식을 전수하는 매개자 역할을 하게 되고, 현지 실정에 맞게 포맷을 재제작하는 과정에서 얻은 지식은 다시 포맷 지식 자본의 일부가 되어 또 다른 지역에서 포맷을 재제작할 때 참고 대상이 된다. 따라서 제작 노하우를 전수하는 과정은 일방적이라기보다 현지의 조건을 반영하며, 또한 여기서 이루어지는 재제작의 결과는 다시 제작 노하우의 일부를 구성한다. 이를 통해 각 지역에서 구현된 포맷 프로그램은 차별화된 각 지역의 버전이면서 다른 지역의 포맷 제작물과도 상호 연관성을 갖는다. 포맷은 전 지구적으로 네트워크화된 문화, 기술, 혹은 지식이고, 지역의 제작자들은 이러한 문화 기술 및 지식 구성 과정에 관여하게 된다.[52]

　한편 포맷이 전 세계 여러 나라로 진출해 현지화되는 성공한 포맷이 되기 위

52　홍순철 외, 『텔레비전 프로그램 포맷 창작론』, 56쪽.

〈표 1-5〉 포맷의 성공 요소

구분	내용
단순성	포맷에 대해 단 몇 문장으로 설명할 수 있을 정도로 단순하고 직관적이어야 함
유연성	편성 시간, 에피소드 수 등을 현지 채널의 성격, 스타일, 톤 등에 맞게 조정할 수 있어야 함. 방송사는 자신과 빠르게 협력하고 자국 시청자에게 어필하도록 조정할 수 있는 포맷을 선호함
확장성	현지 시장 규모에 맞게 제작할 수 있도록 예산 규모를 조정할 수 있어야 함. 몇몇 메이저 서구 시장에서는 매우 큰 예산으로 제작할 수 있지만, 아주 적은 예산으로 제작해야 하는 시장도 있음
스토리텔링	시청자들은 놓칠 수 없는 순간을 목격하고 출연자들의 숨겨진 뒷이야기를 듣고 그들과 관계 맺기를 기대하기 때문에 스토리텔링이 포맷의 성공 열쇠가 될 수 있음(예: 〈러브 아일랜드〉)
진화	변화가 없는 고정된 포맷은 진화하지 못하고 장수할 수 없으므로 변화에 대해 열린 자세가 필요함. 방송사들은 장기적으로 발전하고 흥행할 수 있는 강력한 브랜드를 찾고 있음(예: 〈복면가왕〉 태국판)
동조성	남녀노소 누구나 자연스럽게 함께 즐길 수 있어야 함. 인위적으로 상호작용을 강요하는 것은 효과가 낮을 수 있음

해서는 여러 요소가 필요하다. 글로벌 포맷 배급사나 플라잉 프로듀서 같은 업계 전문가들은 단순성(simplicity), 유연성(flexibility), 확장성(scalability), 스토리텔링(storytelling), 진화(evolution), 동조성(playalong)을 핵심 요소로 꼽는다. 포맷은 단순하고 직관적이어야 어떤 나라에서도 시청자들이 쉽게 받아들일 수 있으므로 널리 수출되기 위해서는 단순성이 아주 중요하다. 유연성과 확장성, 진화는 현지화 과정에서 필요한 요소이다. 현지에서 성공하려면 USP(Unique Selling Point)는 유지하면서 내용적, 형태적, 규모적으로 변형할 수 있는 포맷이어야 하기 때문이다. 스토리텔링은 모든 콘텐츠가 갖추어야 할 가장 기본 요소로, 포맷에서도 예외는 아니다. 마지막의 동조성의 경우 포맷의 성공은 결국 얼마나 대중적인지에 달려 있으므로 남녀노소 누구나 함께 즐길 수 있는 요소를 지니는 것이 중요하다.[53]

---

53   K7 Media, *TRACKING THE GIANTS: The Top 100 Travelling Unscripted Formats 2019-2020*(2020), p. 14.

3. 포맷 비즈니스

1) 포맷 비즈니스의 범위와 구조, 형태

앞서 언급한 대로 포맷은 좁게는 하나의 방송 프로그램을 구성하는 콘셉트, 구성, 형태를 의미하지만, 넓게는 프로그램 자체에 한정된 개념이 아니라 포맷을 기획하고 제작하고 유통하는 각 가치사슬의 모든 단계를 포괄하는 개념이다.

보다 세부적으로 살펴보면, 방송통신위원회에서 제작한 『방송콘텐츠 포맷 표절 대응메뉴얼』에서는 포맷을 초기 기획 단계인 1유형, 제작 단계인 2유형, 제작 완료 이후 단계인 3유형으로 구분했다.[54] 즉, 포맷이라는 개념을 단순히 리메이크를 위해 완성된 방송 프로그램의 형태를 거래하는 유통에만 국한하는 것이 아니라, 포맷 아이디어의 기획·개발 단계, 그리고 이를 실현하는 제작 단계까지 포함하는 개념으로 인식하고 있는 것이다. 또한 더 위트에서 만든 국제 포맷 비즈니스 가이드도 포맷과 관련해 기획과 개발에서부터 판매까지 전반에 걸쳐 다루고 있으며,[55] 설라비도 글로벌 시장에서 포맷을 제작하고 방송하는 과정에서 기획, 제작, 배급, 편성 등 가치사슬별로 전문화된 비즈니스가 이루어진다고 언급한 바 있다.[56]

따라서 포맷 비즈니스는 포맷 가치사슬 전 영역에서 나타나는 부가가치 창출 활동이라 할 수 있다. 국제적으로 거래가 이루어지는 포맷 비즈니스는 기획, 배급(판매 및 구매), 제작과 재제작(각색), 방송 등 가치사슬별 단계가 반복적으로 이루어지는 과정으로, 국제 TV 시장의 포맷 가치사슬은 〈그림 1-17〉과 같다. 국제 TV 시장의 포맷 가치사슬을 보면 먼저 자국 시장은 각각 아이디어 및 콘셉

---

54 방송통신위원회, 『방송콘텐츠 포맷 표절 대응메뉴얼』(2018), 3쪽.
55 The Wit, *The Definitive Guide How to Create a Hit Format in 10 Lessons*, p. 2.
56 J. K. Chalaby, "Can a GVC-oriented policy mitigate the inequalities of the world media system? Strategies for economic upgrading in the TV format global value chain," *International Journal of Digital Television*, 8(1)(2017), p. 12.

<그림 1-17> 국제 TV 시장의 포맷 가치사슬

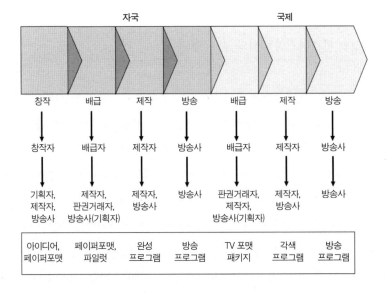

트 개발, 구매 및 배급, 제작, 방송의 네 단계로 이루어진다. 국제 시장이 지닌 요소들은 기획 단계만 제외하고 자국 시장의 각 가치사슬 요소에 대응되며, 국제 구매 및 배급, 해외 현지 재제작 및 각색(변용), 방송으로 확장된다.[57] 그리고 이 과정에서 가치사슬 각 단계에 적합한 비즈니스가 국내외에서 이루어지며 부가가치가 발생한다.

이 같은 개념을 토대로 실제로 어떤 형태의 거래가 이루어지는지 살펴보자. 포맷 비즈니스의 기본은 라이선스 거래인데, 그중 가장 일반적인 거래 형태는 방송된 프로그램 포맷을 라이선스 거래하는 것이다. 포맷이 자국 시장에서 방송되어 성공하면 포맷 라이선스 보유자는 이를 글로벌 시장에 판매하고 라이선스 구매자는 자국판 프로그램으로 만들기 위한 권리를 사들이는 포맷 거래가 이루어진다. 여기서 라이선스 보유자는 IP 오너(IP owner) 또는 IP 홀더(IP holder)라

---

57   앨버트 모란, 『텔레비전 포맷의 세계』, 100~102쪽.

〈그림 1-18〉 포맷 거래에서의 행위자 및 조직

고 지칭하고, 라이선스 구매자는 바이어(Buyer)라고 지칭한다. IP 오너가 글로벌 시장에서 직접 바이어에게 판매하기 어려울 경우 포맷 거래를 중개하는 배급사(Distributor)를 통해 거래가 진행되기도 한다. 이처럼 포맷 거래는 크게 세 종류의 행위자나 조직에 의해 이루어진다. 라이선싱 비즈니스 용어로는 IP 오너는 라이선서(Licensor), 바이어는 라이선시(Licensee), 배급사는 라이선싱 에이전트(Licensing Agent)에 대응된다.

포맷이 거래되는 메커니즘에서 각 행위자나 조직이 반드시 별도로 구분되는 것은 아니다. 포맷 창작자는 작가나 프로듀서가 될 수도 있고, 해당 포맷을 개발한 제작사나 방송사가 될 수도 있다. 또한 포맷을 배급하는 일도 전문 배급사뿐만 아니라 제작사나 방송사가 할 수도 있다. 바이어의 경우도 마찬가지여서 현지 제작사가 자국 방송사를 대신해 포맷 권리를 구매할 수도 있고 현지 방송사가 직접 구매할 수도 있다. 즉, 행위자나 조직이 보유한 역량과 자원에 따라 행위자나 조직은 포맷 거래에서 한정된 역할부터 다양한 역할까지 담당할 수 있다.

따라서 포맷 비즈니스에는 가장 일반적인 프로그램 포맷 라이선스 거래 외에도 다양한 형태가 존재한다(〈그림 1-19〉 참조). 먼저 라이선스 거래에서는, 배급사가 포맷 판매를 대행하기도 하고, 일반적이지는 않지만 페이퍼 포맷 단계에서 라이선스 계약이 성사되기도 한다. 페이퍼 포맷의 경우 프로그램 포맷과 달리 성공 가능성이 검증되지 않았으므로 라이선스를 거래하기 전에 다른 국내외 제작사와의 공동개발을 통해 리스크를 관리하기도 한다. 또한 포맷 피만으

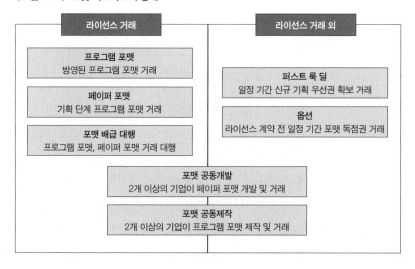

로는 수익을 극대화하는 데 한계가 있어 공동제작에 참여하기도 한다. 제작에 참여한다는 것은 그만큼 많은 투자를 통해 다양한 수익원에 대한 권리를 확보할 수 있다는 것을 의미하며, 실패에 대한 리스크는 크지만 성공했을 경우 더 높은 수익을 거둘 수 있다.

한편 포맷 비즈니스에는 라이선스 거래 외에도 가능성 있는 포맷 기획안을 선점하기 위한 퍼스트 룩 딜(First-Look Deal), 라이선스 계약 전에 일정 기간 시간을 두고 포맷의 성공 가능성을 확인하고 제작 준비를 할 수 있는 옵션(Option) 등의 거래 형태도 존재한다. 퍼스트 룩 딜의 경우 우수 기획에 대한 선점효과를 노리는 거래 특성상 업계에서 인지도가 높은 유명 창작자나 제작사와 계약하는 경우가 많다. 옵션 계약은 바이어가 리스크 관리를 위해 라이선스 계약 전 일정 기간 포맷에 대한 독점권을 가지는 거래로, 포맷 라이선스 계약 전에 반드시 거쳐야 하는 사전 단계이다.

지금부터는 가장 기본인 프로그램 포맷 라이선스(TV Format License)를 시작으로 다양한 거래 형태에 대해 살펴보자.

2) 프로그램 포맷 라이선스[58]

글로벌 방송 시장에서 프로그램 포맷을 거래한다는 것은 IP 오너가 현지 시장에서 재제작할 수 있는 리메이크 권리, 즉 포맷 라이선스를 직접 또는 배급사를 통해 바이어에게 판매한다는 것을 의미한다. 포맷 라이선스를 구매한 바이어는 자국 TV 시장의 실정에 맞게 오리지널 포맷을 리메이크할 수 있다. 현지화를 위해 오리지널 포맷을 각색하는 것을 허용하는 것은 포맷 거래에서 가장 중요한 항목 중 하나로, IP 오너 입장에서는 오리지널 포맷의 브랜드 가치를 유지하기 위해 무분별한 각색은 지양되어야 하지만 현지에서 성공하기 위해 각색은 바이어에게 일정 부분 허용해야 하는 권리이기도 하다.

(1) 포맷 라이선스의 가격과 주요 조건

포맷은 판매한 기존 프로그램이 현지에서 그대로 방영되는 것이 아니라 현지 프로그램으로 재제작되어 방영되는 독특한 상품이다. 그렇기 때문에 라이선스 계약을 할 때 여러 가지 조건을 협상해야 하고 조건에 따라 가격도 차이 난다. 현지판의 제작예산은 어느 정도 규모인지, 몇 개의 에피소드로 제작할 것인지, 방송 시간대는 낮 시간대인지 아니면 프라임 타임[59]인지 등 현지 시장의 규모, 방송 채널, 시간대 같은 다양한 요인이 라이선스 가격에 영향을 미친다.

포맷 라이선스 계약에 영향을 미치는 요인이 많은 만큼 포맷 피(format fee)에 절대적인 기준이 있는 것은 아니다. 하지만 일반적으로 현지 제작예산의 4~10%가 포맷 피로 책정되며 평균은 7~8% 정도이다. 라이선스 비용이 현지 제작예산을 기준으로 책정되다 보니 제작단가가 높거나 에피소드 수가 많으면 전체 제작비 규모가 커져 산술적으로 더 유리하다고 할 수 있다. 따라서 제작단

---

58 유럽방송연합, 『TV 포맷 거래 가이드북』, 한국콘텐츠진흥원 옮김(서울: 한국콘텐츠진흥원, 2010), 5~36쪽을 전반적으로 인용.
59 방송 시간 중 시청률이 가장 높은 시간대로 대개 오후 7~9시이다. 자료: 네이버 지식백과 및 '매일경제'.

가가 높은 서구권은 포맷 피가 5~6%, 제작단가가 낮은 아시아권은 10% 수준으로 책정되기도 한다.

제작예산이 포맷 피의 가장 중요한 척도이다 보니 IP 오너는 제작비를 보다 높게, 바이어는 제작비를 보다 낮게 책정하고 싶어 한다. 일례로 포맷을 구매하려는 프로듀서가 인기 사회자나 연예인 섭외비를 제작단가에 반영하지 않으려 할 수 있는데(일반적으로 단가에 반영되지는 않는다), 이러한 경우를 대비해 IP 오너는 최저가격(floor) 제한을 두고 라이선스 비용을 협상해야 한다. 한편 바이어는 반대로 제작비가 과도하게 책정되지 않도록 최고가격(ceiling) 제한을 두고 라이선스 비용을 협상해야 한다.

포맷이 제작에 들어가지 못할 경우 발생하는 손해를 방지하기 위해 IP 오너는 제작 여부와 관계없이 일정한 에피소드 수에 대해 비용을 전액 지불하는 보증금액(guaranteed amount)을 확보하는 것도 중요하다. 이 경우 바이어는 낮은 시청률로 인해 포맷 현지판이 제작·방송을 중단하더라도 합의한 보증금액을 IP 오너에게 지불해야 한다. 또한 포맷 현지판이 성공할 경우를 대비해 갱신 옵션도 고려해야 하는데, 후속 시리즈에 대한 포맷 피를 적정한 수준으로 인상할 수 있도록 바이어와 협상해 증가분을 갱신 옵션에 명시해야 한다.

포맷 비즈니스는 성공한 콘텐츠의 이력과 노하우를 바탕으로 현지 시장의 특색까지 반영해 불확실성을 최소화하려는 거래 형태이지만, 하나의 시장에서 성공했다고 해서 다른 곳에서도 성공하리라고 누구도 보증할 수 없다. 현지 시청자가 실제로 그 프로그램을 접하기 전까지는 그 콘텐츠의 상업적 가치를 측정하기가 매우 어렵기 때문이다. 그러나 비록 성공을 예측하기 어렵더라도 라이선스를 계약할 때 향후 성공에 대비하여 조건을 협상하고 반영하는 것은 매우 중요하다. 그렇지 않으면 얻을 수 있는 재정적인 보상을 놓치고 만다.

이를 위해 IP 오너나 바이어는 성공에 비례하는 보상을 결정하기 위해 더욱 세부적으로 논의할 필요가 있다. 먼저 시청률 성공 여부에 따라 포맷 피를 조정할 수 있는 시청률 보너스가 있다. 보너스 지급(bonus compensation)은 IP 오너와 바이어에게 실패와 성공에 따르는 위험과 보상을 공유할 수 있는 유용한 수단이다. IP 오너는 더 높은 포맷 피를 책정하려 하고 바이어는 그 반대이므로 분명 치열하게 협상이 진행될 것이고, 어느 한쪽이 과도한 요구를 한다면 협상이 결렬될 수도 있을 것이다. 한편 현지의 세금 정책에도 관심을 기울여야 한다. 일부 나라에서는 자국 밖으로 나가는 돈에 송금세(remittance tax)를 부과한다. 거래당사자들의 정부 간 이중과세 조약이 있는지 확인하고, 감면 대상에 해당하는지 살펴보아야 하며, 가능하다면 세금 공제를 반드시 신청해야 한다. 이 점과 관련해 세금 공제 또는 환급 신청 절차에 필요한 모든 조치도 상호 지원해야 한다.

구매한 포맷 라이선스에 대한 실제 비용을 지급하는 일정도 계약서에 명시해서 관리해야 한다. 옵션, 옵션 갱신, 라이선스, 시청률 보너스, 그 밖의 포맷 사용에 대한 비용이 이에 해당된다. 라이선스 비용은 합의한 지급 스케줄에 따라 분할로 납부(set installment)해야 한다. 예를 들어, '라이선스 계약을 맺을 때', 혹은 '주요 촬영이 시작될 때', '첫 에피소드의 첫 방송이 시작될 때', '시리즈의 마지막 에피소드가 처음 방송될 때' 등을 기점으로 분할납부할 수도 있고 총비용을 모두 납부할 때까지 나눠서 낼 수도 있다. 라이선스를 계약할 때 선금에 해당하는 최소한의 비용을 책정하기도 하는데, 이를 '계약금(signing fee)'이라고 부른다. 바이어는 IP 오너에게 계약금을 지급하기 전에 주요 촬영을 시작해서는 안 된다.

(2) 수익 참여

포맷 비즈니스의 주된 시장은 방송 시장이긴 하지만 그 외의 시장도 존재한다. IP 오너는 다양한 매체를 통해 웹, 모바일, DVD, 음악, 출판, 상품 등 다양한 2차 시장에서 포맷을 거래하거나 관련된 수익을 창출할 수 있다. 각 시장은 각자의 시장 법칙을 따르지만, 그중에서도 TV는 광범위한 마케팅(mass marketing) 도구이다. 주류 방송에서 인기를 끈 포맷은 공동의 시청 경험을 통해 수많은 시청자에게 노출되며 인지도를 높일 수 있다. 이를 통해 형성된 인지도와 충성도는 시청자를 2차 시장의 소비자로 불러 모을 수 있는 힘을 가지고 있어 파급효과가 더욱 크다.

포맷이 TV뿐 아니라 웹사이트 혹은 모바일에도 활용된다면 시청자들은 다양한 매체를 통해 포맷의 독특한 오락적 요소를 즐길 수 있다. 웹에서 서비스되는 포맷 관련 영상을 통해 광고 수익을 얻을 수 있는 것은 물론, 쌍방향 참여, 전화, 메시지, 게임 등을 통해 추가적인 수익을 낼 수도 있다. 성공한 포맷의 독특한 오락적 요소는 다양한 수단과 결합되었을 때 새로운 수익을 창출하는 금광이 될 수 있다.

바이어가 이 같은 2차 시장에서 포맷을 사용할 수 있는 종속적·부수적 권리를 획득할 경우, 계약서에 이런 권리를 사용할 때 IP 오너가 적절한 보상을 받을 수 있도록 명시해야 한다. 수익에 대한 배분은 포인트(point)라고도 하는 일정 퍼센트를 사용해서 정하는데, 포인트는 순익(net)과 총수익(gross)에 따라 계산한다. 일반적으로 바이어는 자신이 포맷의 사용과 관련된 모든 재정적 위험을 안고 있기 때문에 투자한 비용을 회수하기 위해 수익 가운데 상당한 지분을 요구한다.

IP 오너는 총수익 참여(gross participation)를 통해 더욱 큰 수익을 배분받을 수 있지만 수익을 요구할 수 있는 영향력과 협상 능력을 지닌 기업은 많지 않다. 따라서 다수의 IP 오너는 모든 비용을 공제하고 남은 수익을 배분받는 순익 참여(net participation) 수준에 그친다. 순익의 개념은 이론적으로는 간단해 보이지만 실제로 계약할 때에는 서로에게 유리한 내용으로 얼마든지 다르게 정의할 수 있다. 해석의 여지가 있는 기준에 대해서는 각자 본인에게 유리하게 정의하고자 하기 때문이다. IP 오너들은 순익의 범위를 조금이라도 넓히기 위해 순익에 대해 정의하면서 '조정된 총수익 수령' 또는 '손익분기 후 총수익'과 같이 '총수익'이라는 표현을 포함하기도 한다. 어떤 표현을 쓰든지 간에 수익 참여 조항의 모든 용어는 계약서가 정의하는 바에 따른다.

따라서 수익 참여 조항은 수익 분담에 얼마나 많은 관계자가 참여하는지, 언제 어디서 어떻게 수익이 발생하는지 등 본질을 파악하고 그에 따라 정의하는 것이 중요하다. 거래당사자 서로가 자신의 몫을 더 책정하기 위해 복잡한 회계 수단을 사용해 자신에게 유리한 내용으로 적용할 수 있기 때문이다. 총수익은 수익의 출처와 관계없이 포맷을 사용해서 창출된 모든 수익을 포함해야 하고, 순익은 총수익으로부터 공제되는 비용의 상한(cap)을 두어 이를 초과하지 않게 하는 등 업계의 표준에 따라 정의하고 계산해야 한다.

참고로 할리우드에서는 이러한 수익을 백엔드(Backend)라고도 표현한다. 콘텐츠에 대한 사업권은 스튜디오로 일원화되어 있어 스튜디오가 TV 시리즈를 통해 얻은 해외 판매 등 총수익에서 배급 수수료와 배급 비용, 간접비용 등을 제한 금액을 각 기여자에게 배분한다. 스튜디오의 배급 수수료는 백엔드에서 가장 중요하고 치열하게 협상하는 요소 중 하나로, 보통 10~25% 수준으로 책정된다. 간접비용은 실제 시리즈 제작비용을 기준으로 책정되며 일반적으로 제작비의 10~15% 수준이다.[60]

(3) 포맷 라이선스 계약의 주요 조항

FRAPA에서는 멤버십 회원들에게 포맷 라이선스 계약서 템플릿을 제공하고 있다. 2021년에는 최근 방송 시장 상황을 반영한 계약서 템플릿이 업데이트되었다. 해당 템플릿을 그대로 공개할 수는 없지만, 계약서에 들어가는 일반적인 주요 조항은 〈표 1-6〉과 같다.

3) 그 외 포맷 비즈니스의 다양한 거래 형태

(1) 퍼스트 룩 딜(First-Look Deal)

신규 프로젝트를 진행하려는 제작사나 스튜디오, 방송사 등의 유통 주체가

---

60   K. Basin, *The Business of Television*(London: Routledge, 2018), p.163.

《표 1-6》 포맷 라이선스 계약의 주요 조항

구분		주요 내용
Commercial Terms	Format	포맷 제목
	Local Series	현지판 최대 방영 횟수 등 현지판에 대한 기본 정의
	Number of Episodes	전체 에피소드 수, 회당 방송 분량, 방송 분량 초과 시 포맷 라이선스 비용 조정 필요
	Territory	현지판 방영 국가
	Authorized Language	현지판 언어
	License Term	포맷 라이선스 기간
	License Fee	포맷 라이선스 비용(비율, 공제 여부 등), 제작 예산표 사전 제출 의무 등
	Payment terms	포맷 라이선스 비용 지급 기한
	Subsequent Series	라이선시가 포맷 계약을 성실히 이행할 시 후속 시리즈 갱신에 대한 독점 옵션 확보 가능
	Materials	라이선서가 제공해야 하는 자료: 포맷 바이블, 홍보 자료, 전체 에피소드, 성과 자료, 마케팅·세일즈 자료 등
	Consultancy	플라잉 프로듀서의 컨설팅 비용, 왕복 교통비, 체재비, 컨설팅 기간 등
	Obligatory Credits	라이선시가 현지판 각 에피소드에 라이선서 크레딧을 명기해야 함(명기 범위, 방식 등 포함)
Granted Rights	Production Rights	라이선스 기간 동안 허가된 언어와 국가의 포맷 현지판을 제작할 수 있는 독점적 권리
	Broadcast Rights	라이선스 기간 동안 허가된 언어와 국가의 포맷 현지판을 승인된 횟수만큼 지상파, 케이블, 인터넷 등 채널과 매체에 방영할 수 있는 독점적 권리
	Distribution Rights	라이선스 기간 동안 TV 프로그램으로 제작할 목적으로 포맷을 배급할 수 있는 독점적 권리
	Ancillary Rights	라이선스 기간 동안 포맷 및/또는 현지판에 기반한 후원과 간접광고, 출판, 홈엔터테인먼트, 디지털, 인터랙티브, 무선과 모바일 등의 권리를 포함하되 이에 국한되지 않는 모든 관련 부수적 권리에 대한 독점적 권리(수익배분 조건·비중 등 명시)
	Merchandising Rights	라이선스 기간 동안 포맷에 기반해 개발되고 만들어진 모든 상품 및 서비스에 대한 권리(수익배분 조건·비중 등 명시)
	Product Integration Rights	라이선스 기간 동안 현지판 제작비 조달과 관련해 제3자의 후원, 간접광고 등의 계약을 체결할 수 있는 권리(수익배분 조건·비중 등 명시)
	Promotion Rights	가능한 최선의 방법으로 현지판을 홍보할 권리와 의무
	VOD Rights	라이선스 기간 동안 비독점적으로 FVOD, AVOD, SVOD, TVOD, CVOD의 임시 다운로드를 제공할 수 있는 권리
	Catch Up Rights	라이선스 기간 동안 현지판의 각 에피소드 첫 방송 후 정해진 기간 동안 후속 전송을 제공할 수 있는 권리
	Online Rights	라이선스 기간 동안 현지판이나 그 일부를 IPTV나 OTT, 그 외 유사한 플랫폼에 배포할 수 있는 비독점적 권리(수익배분 조건·비중 등 명시)
Reserved Rights	Intellectual Property Rights	포맷 IP에 대한 라이선서와 라이선시의 기본 권리관계, 라이선서의 포맷 제목 소유권, 포맷에 대한 라이선서의 변형 승인권 및 가이드 존중 의무 등
Production		현지판 제작에 대한 라이선시의 의무(제작비 부담, 현지화를 위한 포맷 변용 시 라이선서 승인 필수, 현지판 시리즈 제작예산의 라이선서 사전 공유, 기타 변경사항에 대한 라이선서 협의 및 승인 필수 등)
Financial and Reporting Statements		비용지불 방식, 국가별 세법에 따른 세금공제 방식, 포맷 전체 수익에 대한 명세서 제출의무 등
Termination		라이선스 계약 종결 조건(계약 위반, 파산 등)

창작력과 기획력이 뛰어난 감독, 프로듀서, 작가, 제작사 등 창작 주체의 아이디어나 기획안을 선점하기 위한 계약이다. 프로젝트를 개발하는 기간 동안 창작 주체에게 재정적 지원을 제공함으로써 유통 주체가 창작 주체의 프로젝트에 대해 우선권을 가지게 된다.[61]

한국의 경우 〈복면가왕〉의 크리에이터로 유명한 박원우 대표의 회사 디턴이 폭스 얼터너티브 엔터테인먼트(Fox Alternative Entertainment)와 2021년 11월에 퍼스트 룩 딜을 체결한 바 있다. 이 계약을 주도한 폭스의 앨리슨 왈라치(Allison Wallach) 대표는 "박원우 대표는 독특하지만 보편적으로 어필할 수 있는 콘셉트를 개발하는 능력을 지니고 있어 포맷 업계에서 가장 혁신적인 창작자 중 한 명이라서 이 계약을 추진했다"라고 밝혔다.[62]

(2) 옵션(Option)[63]

옵션 계약은 바이어가 구매를 원하는 포맷에 대해 나중에 일정한 조건으로 라이선스 계약을 할 수 있는 독점권을 부여하는 계약이다. 옵션 기간 동안에는 해당 바이어만 방송사에 해당 포맷을 피칭하는 등의 거래 활동을 하거나 현지화를 위한 준비를 할 수 있으며, 편성을 받으면 그때 라이선스 계약을 체결한다. 일반적으로 옵션 계약은 바이어가 리스크를 감소시킬 수 있는 방법으로 이용된다. 라이선스를 구매했는데 방송사에서 편성(commission)을 받지 못하면 제작 자체가 무산되어 큰 손실을 입을 수 있기 때문이다.

옵션 기간은 관례상 3개월에서 9개월을 넘기지 않는 것이 대부분이나 경우에 따라 1년으로 설정하기도 한다. 포맷이 현지 프로그램으로 제작되기 위해서는 방송사로부터 편성을 받아야 하는데, 바이어가 편성을 받으려면 방송사를 설득할 자료를 준비하고 피칭하는 등의 활동을 하는 데 시간이 소요되기 때문

61 Ed Farley, "Celebrity Appeals and First-Look Deals: A new studio system?" April 11, 2023.
62 Joe Otterson, "'Masked Singer' Creator Wonwoo Park Signs First-Look Deal With Fox Alternative Entertainment," *Variety*, November 4, 2021.
63 유럽방송연합, 『TV 포맷 거래 가이드북』, 14~18쪽.

이다. 시간이 부족할 경우 바이어는 갱신(renewal) 권리를 요구할 수도 있다. 이 권리는 추가 비용을 지불하고 옵션 기간을 연장하는 것이다. 이 경우 IP 오너는 옵션 기간을 연장했을 때 바이어가 실제로 방송사의 편성을 받아올 수 있을지에 대해 신중히 검토해야 한다. 편성을 받지 못하면 시간이 너무 많이 경과해 해당 지역에서 포맷의 상업적인 가치가 사라질 수 있기 때문이다. 따라서 보통 옵션의 갱신은 1회 이상 허락하지 않는다.

옵션 계약의 비용은 일반적으로 3개월 옵션 시 주간 프라임 타임의 에피소드 한 편을 제작하는 데 소요되는 라이선스 비용과 대략 비슷하다. 하지만 옵션의 가격은 바이어와의 협상에 따라 달라질 수 있다. 인기가 높은 포맷은 일반적인 가격보다 높아질 수 있지만, 그렇지 않은 포맷일 경우 바이어는 가능한 낮은 가격을 요구하기도 한다. 게다가 방송사 편성을 위한 바이어들의 노력과 투자를 바탕으로 무료로 옵션 권리를 요구하는 경우도 있다. IP 오너가 직접 비즈니스를 하기 어려울 때에는 배급사를 통해 대리 계약(representation agreement)으로 옵션 계약을 진행하기도 하는데, 이 경우 배급사는 IP 오너를 만족시키기 위해 바이어와 옵션 조건을 협상한다.

옵션 계약을 할 때 중요한 것 중 하나는 라이선스 조건을 협상하는 것이다. 라이선스 조건을 옵션 단계에서 미리 협상하지 않고 계약했다면 바이어는 다소 '느슨한' 옵션을 구매한 것이다. 양 계약자가 중요한 판매 조건을 협의하지 않은 이상 그 바이어가 구매한 것은 협상할 권리일 뿐이다. 이 경우 바이어가 라이선스를 구매하기로 선택하더라도 IP 오너는 바이어가 제안하는 조건에 따라 거래할 의무가 없기 때문에 이 '느슨한' 옵션을 지켜야 하는 의무가 없다. 따라서 '강한' 옵션이 아닌 모든 계약은 바이어 입장에서 단지 시간과 돈을 낭비하는 것일 수 있다. 정리하자면 바이어는 중요한 라이선스 조건을 협상하길 원하고, 시간이 허락한다면 옵션의 시행과 함께 효력이 발생하는 라이선스 계약을 체결하길 원한다.

IP 오너가 옵션 계약을 할 때 유의해야 할 사항은 포맷 바이블을 쉽게 보여줘

<표 1-7> 포맷 옵션 계약 시 협상이 필요한 조건

주요 내용
a. 라이선스 계약에 따른, 프로덕션 및 방송 라이선스 확보를 위한 독점적이고 취소 불가능한 옵션
b. ____에 시작해 ____에 끝난다는 옵션 기간 ('최초 옵션 기간')
c. 최초 옵션 기간을 ____동안 연장시킬 수 있는 갱신 권리 ('두 번째 옵션 기간')
d. 최초 옵션 기간에 대한 옵션 비용 _____
- 옵션을 채택할 경우, 대개 옵션 비용은 라이선스 구매 비용에서 공제 가능하다. 그러므로 라이선스 계약이 온전하게 체결된다는 조건하에 라이선스 비용에서 공제 가능하다.
e. 두 번째 옵션 기간에 대한 옵션 갱신 비용 _____
- 이 비용은 대개 최초 옵션 기간에 대한 비용보다 높으며 라이선스 구매 비용에서 공제 불가능하다.
f. 구매자에게 제공되는 자료
- 프로그램 포맷의 방송용 에피소드 비디오테이프
- 피칭 및 쇼케이스를 위한 파일럿과 트레일러
- 방송 스케줄, 시장 점유율 및 시청자 분석 자료를 포함한 시청률 등의 방송 기록
- 포맷의 개요, 샘플 제작 예산, 제작 시간표(미니 바이블)
g. 옵션 비용을 지불하기 전까지는 절대로 자료를 넘기지 않는다.
h. 옵션 기한이 다한 경우에는 모든 자료의 반환을 요구한다.
i. 포맷 제작을 위한 어떠한 경과가 있는지 월별 보고서를 요구한다.
j. 구매자가 제작을 위해 언제 어떤 방송사와 접촉해 어떤 자료를 제출했는지에 대한 보고서를 요구한다.

서는 안 된다는 것이다. 포맷 바이블에는 화면상으로 보이는 것 외에도 제작에 필요한 기술이나 전문지식 등 여러 제작 노하우가 담겨 있어 포맷의 성공과 실패를 판가름할 수 있다. 바이어는 포맷 제작 과정에 대한 IP 오너의 축적된 지식을 가능한 많이 얻고 싶어 하므로 제작 노하우는 협상 카드로 남겨두어야 한다. 궁극적인 목적은 포맷이 방송사로부터 편성을 받고 현지판으로 제작되는 것이므로 옵션 계약을 협상할 때 제작 노하우는 단계적, 선별적으로 공유하는 등 유연하게 대처할 수 있어야 한다. 이 경우 미니 바이블을 준비하는 것이 하나의 방법이 될 수 있다. 미니 바이블에는 피칭자료, 방송기록, 포맷의 개요, 샘플 제작예산 등이 포함될 수 있다. 이때 저작권을 보호하기 위해 중요한 자료에는 기밀자료 표시를 해야 하며, 모든 자료에 저작권 표시를 명기하는 것이 좋다 ('copyright' 혹은 '©', '첫 완성연도', '포맷 소유권자 이름', 'all rights reserved' 등). 제출한 모든 자료에 대한 복사본을 준비하고 수령인과 날짜를 기록해야 하며, 모

든 회의의 자세한 일지도 기록해 시간을 적어두어야 한다. 우편물과 이메일도 잘 보관해서 정리해야 한다.

(3) 포맷 배급 대행(Format Distribution Agency)

IP 오너에게 가장 이상적인 포맷 비즈니스 형태는 자사의 포맷을 직접 바이어와 적절한 조건에 협상해 판매하는 것이다. 그래야 중간 수수료 없이 포맷으로 파생되는 수익을 최대한 많이 확보할 수 있다. 글로벌 포맷 시장에서 배급 수수료는 일반적으로 30% 수준이다.[64] 하지만 IP 오너가 직접 비즈니스를 하는 것은 어디까지나 이상적인 형태로, 대부분의 IP 오너는 규모와 협상력에서 글로벌 포맷 시장을 대상으로 직접 거래하기 어려운 여건에 처해 있다. 여러 나라에 판로를 직접 뚫으려면 많은 비용과 시간을 투자해야 하기 때문이다.

그래서 글로벌 포맷 비즈니스를 추진하기 위해서는 역량 있는 배급사 네트워크를 확보하는 것이 중요하다. 배급사는 규모에 따라 장단점이 있으므로 IP 오너는 자신이 판매하고자 하는 포맷의 특성을 고려해 적합한 배급사와 계약해야 한다. 가령 규모는 작지만 풍부한 경험과 높은 역량을 보유한 중소 배급사는 포맷을 보다 적극적으로 관리하고 판매해 줄 수 있는 반면 협상력이나 유통 가능한 지역적 범위에서는 한계가 있다. 한편 대형 배급사는 판매해야 할 포맷 카탈로그가 많아 하나의 포맷을 집중적으로 관리해 주기는 어렵지만, 높은 협상력과 광범위한 글로벌 유통망을 바탕으로 포맷을 보다 많은 지역으로 판매할 가능성이 높다.

대형 배급사는 중소 배급사에 비해 IP 오너의 계약 조건이 다소 불리할 수 있다. 하지만 만약 대형 배급사 판매 카탈로그의 우선순위에 들어간다면 대형 배급사와 계약하는 것이 포맷 수출을 확대하는 데 유리할 수 있다. 실제로 K7 미디어에 따르면, 2022년 글로벌 시장에서 포맷을 배급해서 신규로 론칭시킨 배

---

64   한국저작권위원회, 『방송프로그램 포맷의 보호방안 연구』(2014), 16쪽.

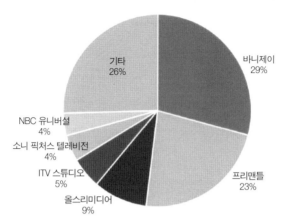

〈그림 1-20〉글로벌 시장에서 포맷을 신규 론칭한 배급사 비중(2022년 기준)

자료: K7 Media, *TRACKING THE GIANTS: The Top 100 Travelling Unscripted Formats 2019-2020*, p.19.

급사는 대부분 대형 배급사로, 바니제이 그룹, 프리맨틀, 올스리미디어, ITV 스튜디오, 소니 픽처스 텔레비전(Sony Pictures Television), NBC 유니버설(NBC Universal) 등 6개사가 전체의 74%를 차지했다(〈그림 1-20〉참조).

(4) 페이퍼 포맷 라이선스(Paper Format License)

일반적으로 포맷 비즈니스는 검증된 프로그램의 콘셉트를 각색하는 것으로, 신규 프로그램 개발에 들어가는 비용을 절감하고 이미 성공한 프로그램의 브랜드 영향력에 기대어 실패 확률을 줄이는 것을 목적으로 한다. 하지만 페이퍼 포맷은 시장에서 검증하는 단계가 없어 리스크가 높은 편이며 프로그램 포맷에 비해 IP 보호도 어려워서 선호되는 거래 형태는 아니다. 그럼에도 페이퍼 포맷이 거래되는 이유는 투자비용이 낮고 참신한 아이디어를 신속하게 포맷화해 시장에 선보일 수 있다는 장점 때문이다. 즉, 페이퍼 포맷 거래는 트렌드 변화의 속도가 빠르고 늘 새롭고 신선한 것이 요구되는 최근 포맷 시장에서 유연하고 빠르게 대응하는 대안으로 가치 있다고 볼 수 있다.[65]

<그림 1-21> 단계별 피치 테이프 구성도

자료: N. Lees, *Greenlit: Developing Factual/reality TV Ideas from Concept to Pitch*(London: Bloomsbury Publishing, 2010), p.211.

페이퍼 포맷을 판매하기 위해서는 포맷이 세부적으로 기술되어 있는 롱폼 (long-form) 형태의 페이퍼 포맷을 구비하는 것이 중요하다. 또한 이 포맷이 얼마나 흥미로운지와 예산은 얼마인지에 대해 설명할 준비를 갖추고 방송사나 프로듀서에게 피칭하는 것이 필요하다. 그렇게 피칭을 하면 방송사나 프로듀서가 해당 포맷의 독창적인 아이디어에 대해 구체적으로 알 수 있으므로 편성을 따내는 데 유리하다. 따라서 효과적인 피칭을 위해서는 포맷을 보다 명확히 이해할 수 있는 사진이나 이미지, 영상물 같은 시청각 자료를 갖추는 것이 좋다.[66]

피칭을 위한 시청각 자료의 형태나 범위에 대해서는 니콜라 리스(Nicola Lees)가 피치 테이프(Pitch Tape)라는 개념을 도입해 보다 명확하게 구분해 제시했다 (<그림 1-21> 참조). 여기서는 포맷을 크게는 설명하는 영상과 파일럿 영상으로 구분했으며, 세부적으로는 무드(Mood), 탤런트 릴(Talent reel), 포맷 테이프 (Format tape), 논티엑스 파일럿(Non-Tx pilot), 티엑스 파일럿(Tx-pilot)으로 구분했다. 무드는 기존에 존재하는 다른 영상을 짜깁기해서 포맷의 콘셉트를 보여

65 손태영, 「방송 산업 내 페이퍼 포맷(Paper Format) 비즈니스 유효성 연구: 이스라엘과 한국의 성공사례 비교분석을 통해」(서강대학교 언론대학원 석사학위 논문, 2019), 52쪽.

66 A. Moran and J. Malbon, *Understanding the global TV format*(Bristol: Intellect Books, 2006), p.46.

주는 영상이고, 탤런트 릴과 포맷 테이프는 촬영까지 포함해 포맷의 콘셉트와 구성을 더욱 명확히 설명하는 영상이다. 그리고 파일럿 영상도 피치 테이프에 포함된다고 보았다. 파일럿 영상은 방영이 확정되지는 않았으나 사전에 프로그램의 품질을 확인하기 위한 비방용 파일럿인 논트랜스미션 파일럿[Non-transmission (Non-Tx) pilot]과 방영 이후 시청자들의 반응을 살피기 위한 방영용 파일럿인 트랜스미션 파일럿[Transmission(Tx) pilot]으로 구분했다.

페이퍼 포맷이 거래되는 것이 일반적이지는 않지만 높은 수준의 시청각 자료까지 갖출 경우 얘기가 달라진다. 세계 최대 포맷 기업 바니제이 그룹의 포맷 바이어 칼로타 로시 스펜서(Carlotta Rossi Spencer)는 2021년 6월 영국의 미디어 산업 전문 매체 C21 미디어(C21 Media)에 게재한 한 칼럼에서 페이퍼 포맷의 거래가 활발해지고 있다고 강조하고 이스라엘 모델을 사례로 들면서 페이퍼 포맷이 훌륭한 영상자료(promos)와 파일럿(pilots)을 갖추고 있으면 세계 시장에 팔릴 수 있다고 말했다.[67]

이스라엘 모델의 대표적인 사례로는 이스라엘의 선도적 포맷 기업인 아르모자 포맷(Armoza Formats)의 〈더 파이널 포(The Final Four)〉를 들 수 있다. 〈더 파이널 포〉는 프라임 타임 편성을 목적으로 개발한 싱잉 컴피티션(singing competition) 장르의 스튜디오 엔터테인먼트(studio entertainment) 포맷이다. 이 포맷은 아르모자 포맷에서 과감하게 투자를 진행해 비방용 파일럿을 제작하고 포맷 바이블까지 구비해 판매를 추진했다. 그 결과 2017년 4월 밉티비(MIPTV)에서 처음 선보인 후 바이어들에게 많은 관심을 받았고, 7월에 미국 지상파 폭스(FOX)에 편성을 받아 이듬해인 2018년 1월에 〈더 포(The Four)〉라는 제목으로 미국판이 방영되었다. 미국에서 첫 시즌부터 높은 시청률을 기록하며 시즌 2까지 방영되었고 이후 지금까지 12개국에서 현지판이 방영되는 성과를 거두었다. 아르모자 포맷의 대표 아비 아르모자(Avi Armoza)는 2018년 C21 미디어와

---

67   Carlotta Rossi Spencer, "Success on paper," *C21 Media*, June 1, 2021.

<표 1-8> 페이퍼 포맷의 구성 요소

구분	내용	비고
포맷 기획 초안 (Draft Paper)	제목, 일반적인 원칙, 대상 시청자층, 가능성 있는 진행자, 주요 무대 등이 포함된 A4 1~2장 분량의 간단한 기획안	숏폼(Short-form) 차용
포맷 상세 기획안 (Mini Bible)	초안 구성에 시간대, 분량, 간략개요, 전체 흐름, 포맷구조, 상세한 시놉시스	롱폼(Long-form) 및 리틀 바이블(Little Bible) 차용
포맷 설명 영상 (Sizzle Reel)	포맷의 구성과 내용을 효과적으로 설명하기 위해 기존 영상소스 짜깁기, 출연자 촬영, 규칙이나 특징 시범 촬영, 3D 애니메이션 등을 활용한 영상	세부 구분 없이 포맷 설명 영상으로 통일
비방용 파일럿 (Non-Tx pilot)	방영이 확정되지는 않았으나 사전에 프로그램의 품질을 확인하기 위한 파일럿 영상	
방송용 파일럿 (Tx pilot)	방영 이후 시청자들의 반응을 살피기 위한 파일럿 영상	

자료: 손태영, 「방송 산업 내 페이퍼 포맷(Paper Format) 비즈니스 유효성 연구: 이스라엘과 한국의 성공사례 비교분석을 통해」(서강대학교 언론대학원 석사학위 논문, 2019), 22쪽.

의 인터뷰에서 다음과 같이 밝혔다.[68]

아르모자 포맷은 새로운 포맷을 개발하는 데 중점을 두고 있으며, 새로운 아이디어를 신속하게 출시할 수 있는 능력을 갖추고 있다. 이를 위해 프로토타입을 개발하고 파일럿을 제작한 후 글로벌 시장에 출시하는 모델을 만든 최초의 기업이 아닐까 한다.

한편 페이퍼 포맷 단계는 포맷을 구성하는 요소의 범위가 불분명하고 지칭하는 용어도 다양하다. 또한 페이퍼 포맷의 시청각 자료를 뜻하는 용어나 정의도 다양하게 혼재되어 있는데, 이 책에서는 2019년 손태영의 연구에서 조작적으로 정의한 페이퍼 포맷 구성 요소를 따르기로 한다(<표 1-8> 참조).

(5) 포맷 공동개발(Format Co-Development)[69]
공동개발은 집단창작의 개념 중 하나로, 포맷 분야에서는 국내외 구분 없이

---

68   Avi Armoza, "Armoza's aims," *C21 Media*, June 19, 2018.
69   황진우, "글로벌 포맷 개발의 모든 것", ≪한류NOW≫, 56호(한국국제문화교류진흥원, 2023).

다양한 창작자가 참여해 하나의 포맷을 창작하는 국제적인 공동개발도 이루어진다. 이 같은 형태는 아이디어 단계부터 창작자나 제작사가 공동으로 개발하기도 하고 어느 한쪽의 기획안을 가지고 현지 시장이나 글로벌 시장에 적합하게 개발하기도 한다는 점에서 페이퍼 포맷 거래의 일종으로 볼 수도 있다.

공동개발의 강점은 우선 기획 단계부터 보편성을 기준으로 설정하기 때문에 서로 다른 문화권의 이질감을 해소하는 동시에, 집단 지성으로 이루어지는 창작 과정에서 독창성을 극대화할 수 있다는 것이다. 또한 공동개발을 하면 페이퍼 포맷의 해외 진출 가능성이 높아지는데, 이것은 공동개발에 참여한 현지 제작사가 오너십을 가지고 현지 방송사 편성에 적극적으로 임할 가능성이 높기 때문이다. 하지만 이러한 강점에 비해 미디어 사업에서 공동개발이 실제로 성공하기란 마냥 쉽지만은 않다. 왜냐하면 국가마다 제작비와 시장의 규모가 다르고 각국의 이해관계와 목표도 서로 달라서 복잡한 과정과 잠재적인 논쟁을 포함하고 있기 때문이다.

포맷 공동개발은 장점에도 불구하고 감수해야 할 단점도 크므로 쉬운 작업이 아니다. 하지만 최근 들어 공동개발의 중요성이 강조되고 있는데, 바로 오늘날 콘텐츠의 소비가 내수 중심이 아닌 글로벌을 지향하기 때문이다. OTT 시대가 되면서 콘텐츠는 더 이상 내수용으로만 소비되지 않는 경향이 두드러져 기획 단계에서부터 보편성을 강조하고 있으며 이와 더불어 탈(脫)로컬 이상의 글로벌 퀄리티를 요구받고 있다. 물론 한 국가의 방송 산업에 내수용 포맷은 중요하고도 필요하다. 하지만 포맷 사업은 내수 시장뿐만이 아니라 수출도 염두에 두는 사업이라는 점에서 글로벌 시장에서 통용되기 위한 준비는 필수적이다. 실제로 내수용으로만 준비된 포맷이 국경을 건너 해외로 수출되기는 쉽지 않으며 그러한 사례도 드물다. 따라서 글로벌 포맷 사업을 위한 공동개발을 진행하기 위해서는 반드시 전략 방향을 설정해야 하는데, 세부적인 내용은 〈표 1-9〉와 같다.

<표 1-9> 포맷 공동개발의 전략 방향

	구분	내용
1	명확한 목표 설정	공동개발을 통해 얻고자 하는 것이 무엇인지, 즉 결과물인지, 경험인지, 사업 기회인지 등 그 과정과 결과를 통해 달성하고자 하는 목표를 명확히 설정해야 함
2	명확한 파이낸싱 구조 수립	공동개발을 진행하는 당사자와 사전에 누가 어디에 얼마나 비용을 부담할지 등 정확한 파이낸싱 구조를 설정해야 함. 파이낸싱 구조에 따라 권리의 비율이 나뉠 수 있음
3	권리관계의 정확한 배분	파이낸싱 구조를 설정하는 과정에서 권리관계도 당연히 연결되는데, 어떤 부분의 권리와 수익 구조를 확보할 것인지를 반드시 구분해야 함
4	사업 지역 구분	유리한 사업 지역 확보는 비용과 권리관계 설정 과정에서 협상의 조건으로 작용함. 사업 지역을 파트너사에 전부 일임하고 수익만 배분받는 것보다 자신에게 유리한 사업 지역을 확보하고 비즈니스를 하는 것이 더 큰 수익을 얻을 수 있음
5	가치 공유	공동개발을 통해서 다양한 경험을 확보하고 파트너십, 비전 등 핵심 가치를 공유하게 되므로 가치 공유는 목표 설정만큼이나 중요함
6	참여 영역 설정	패키징, 세부 구성 개발, 트레일러 제작, 마케팅 등 공동개발의 다양한 영역 중 각자가 가장 효과적으로 담당할 수 있는 부분을 설정하고 진행하는 것이 유리함
7	모두가 합의할 수 있는 계약서 작성	향후 포맷 수출에서 발생할 수 있는 각종 수익 배분 구조에 대해 공동개발 이해 당사자 간에 세밀하게 검토하고 합의해 계약서를 작성해야 함
8	효율적 시간 활용	공동개발은 함께하는 사업자의 규모와 지역에 상관없이 완벽히 동등한 관계에서 진행해야 함. 만약 그렇지 못할 경우 효과적인 사업을 기대할 수 없으므로 더 이상 시간을 소모하지 않고 중단해야 함

자료: 황진우, "글로벌 포맷 개발의 모든 것", 《한류NOW》, 56호(한국국제문화교류진흥원, 2023).

(6) 포맷 공동제작(Format Co-Production)

공동제작은 하나의 작품에 대해 2개 이상의 기업이 서로 합의된 역할과 지분대로 자원을 투입해 제작하고 수익을 나누어 가지는 형태를 뜻한다. 포맷 분야에서는 포맷 IP 오너가 현지 바이어나 관련 기업과 함께 프로그램 포맷을 공동으로 제작하는 국제공동제작 형태도 찾아볼 수 있다.

일반적으로 국제공동제작은 서로 다른 국가의 제작 파트너들이 비용을 분담하거나 아이디어 개발, 연출, 기술 제공 등 각자의 노하우를 가지고 상호 협조하는 협력행위를 의미한다. 여기서 발생하는 수익 또는 손실도 계약서에 합의한 내용에 따라 공유하는데, 제작과정에 참여하는 정도에 따라 재원을 공동으로 마련해 제작하는 공동출자(Co-Financing), 재정적인 제휴관계이면서 기획, 제작 같은 과정도 공유하는 공동제작(Co-Production) 등으로 구분된다. 국제공동

〈표 1-10〉 포맷 비즈니스의 거래 형태

구분		내용
기본	프로그램 포맷 라이선스	방영된 프로그램 포맷을 거래하는 것으로 라이선스 수익은 현지 제작비의 4~10%(평균 7~8%) 수준이고 계약 조건에 따라 부가수익 창출이 가능함. 보통 옵션 계약을 먼저 체결하고 일정 기간 현지 방송사에 피칭한 후 편성이 결정됨
그 외	퍼스트 룩 딜	방송사나 스튜디오가 역량이 우수한 방송콘텐츠 기업(또는 창작자)이 기획한 프로젝트에 대해 우선권을 가지기 위해 일정 기간 동안 재정적 지원을 하는 거래 형태
	옵션	바이어가 원하는 포맷을 나중에 일정한 조건으로 라이선스를 구매할 수 있는 독점권을 주는 계약. 현지 제작 여부가 불확실한 상황에서 전체 라이선스를 구매하는 데 대한 리스크를 감소시킬 수 있음
	포맷 배급대행	전문 에이전시(제작·배급·방송사)를 통해 페이퍼 포맷, 프로그램 포맷을 거래함(대행수수료 발생). 주요 에이전시로 바니제이, 프리맨틀 같은 글로벌 포맷 기업이 있음
	페이퍼 포맷 라이선스	기획 단계의 포맷을 기획안 형태로 거래하는 것으로 포맷 설명 영상(Sizzle Reel)에 해당하는 콘셉트 트레일러나 미니 바이블 등이 포함된 패키지까지 갖추면 거래가 성사될 가능성이 높아짐
	포맷 공동개발	2개 이상의 방송콘텐츠 기업이 기획 단계부터 참여해 페이퍼 포맷을 개발하는 것(권리는 기여도에 따라 배분함). 공동개발 당사자의 국가나 지역권에 진출하는 데 용이하고 상대방의 노하우를 습득할 수 있다는 장점이 있음
	포맷 공동제작	2개 이상의 방송콘텐츠 기업이 공동개발한 포맷이나 어느 한쪽의 포맷을 현지 프로그램으로 공동으로 제작하는 것. 제작비를 투입하는 리스크를 부담하는 만큼 높은 수익을 기대할 수 있음

제작은 제작비 분담에 따른 위험부담을 줄이고 시장을 넓혀 자본을 회수할 수 있는 좋은 방법이며, 자국의 문화적·정책적 장벽을 뛰어넘어 해당국에 자연스럽게 스며들 수 있는 문화적 전략이기도 하다. 국제공동제작을 하면 제작에 참여하는 다양한 국가의 시각이 투영됨으로써 자국의 시각을 세계적 차원으로 확대시킬 수 있으며, 자국 제작으로 인해 제한될 수 있는 관점이 다양해진다. 또한 제작 단계에서부터 세계 시장을 염두에 둠으로써 국제화를 위한 발판을 마련할 수 있고 전 세계 전문가들과의 교류를 통해 이들의 경영 및 제작 노하우를 습득할 수 있다는 장점이 있다.[70]

포맷도 이러한 맥락에서 국제공동제작이 이루어진다. 단, IP 오너와 바이어

---

70   김은주, 「국제공동제작영화의 지원 정책과 현황 연구」, ≪영화연구≫, 제55호(2013), 129~130쪽.

의 자국 제작역량 수준과 시장 규모에 따라 서로의 니즈에서 차이가 나타난다. 가령, 바이어 국가의 제작역량이 높고 시장 규모도 클 경우 IP 오너 입장에서는 국제공동제작을 통해 선진 제작 노하우를 습득할 수 있으며, 제작 관여도를 높일 수 있다면 더 큰 수익도 기대할 수 있다. 바이어 국가의 제작역량이 낮고 시장 규모가 클 경우에는 제작 노하우 전수에 따른 자문과 매우 높은 제작 관여도를 통해 막대한 수익도 기대할 수 있다. 물론 포맷이 흥행에 실패할 경우에는 제작 관여도가 높을수록 더 큰 손실을 감수해야 한다.

4. 글로벌 포맷 산업 현황

1) 글로벌 포맷 산업의 시작과 발전[71]

국가 간 방송 포맷 거래는 1920년대 후반 BBC 라디오에서 미국 TV 프로그램을 각색한 것에서 시작되었다. 이후 몇몇 영연방 국가, 특히 캐나다와 호주의 상업 라디오 방송국에서 이들 국가 간 포맷 거래가 10여 년간 활성화되었다. 초창기에 가장 인기 있었던 프로그램은 〈메이저 보우시스 오리지널 아마추어 아워(Major Bowes's Original Amateur Hour)〉였다. 이 프로그램은 미국에서 1934년에 처음 방영되었으며 영국 BBC에 의해 1936년에 각색되었고 4년 후에는 호주의 상업방송에서 방송되었다. BBC는 또한 미국 NBC의 스펠링 콘테스트 프로그램인 〈스펠링 비스(Spelling Bees)〉를 1937년에 각색했다. 하지만 당시만 해도 스크립티드 분야에서는 대본 각색 비용을 지불하는 경우가 있었지만 언스크립티드 분야에서는 각색 비용을 별도로 지불하는 사례가 없었다.

1940년대 들어서는 언스크립티드 분야도 프로그램 각색 비용을 인정하고 거

---

71   J. K. Chalaby, *The format age: Television's entertainment revolution*, pp. 17~61.

래하기 시작하면서 포맷 비즈니스의 개념이 형성되기 시작했다. 그 시초는 라디오 포맷이 TV 포맷으로 리메이크된 최초 사례로 1942년 6월 미국 WOR 뉴욕에서 방송된 〈잇 페이즈 투 비 이그노런트(It Pays to Be Ignorant)〉라는 라디오 코미디 패널쇼였다. BBC 버라이어티 프로그램 담당자였던 마이클 스탠딩(Michael Standing)은 이 포맷을 영국판으로 각색하고 방영하기 위해 당시 미국 라디오와 TV 제작자의 에이전트 역할을 하던 모리스 위닉(Maurice Winnick)으로부터 권리를 구매하고 각색료를 지불했다. 이로써 포맷이 거래의 대상이라는 인식을 심어주었다. BBC는 이 포맷에 〈이그노런스 이즈 블리스(Ignorance Is Bliss)〉라고 새로 제목을 붙였다. 〈이그노런스 이즈 블리스〉는 1946년 7월 22일 처음 방송되었고 주목할 만한 인기를 얻으면서 1953년까지 방영되었다. 이후에도 〈트웬티 퀘스천스(Twenty Questions)〉라는 스무고개 형식의 미국 NBC의 퀴즈쇼가 BBC에서 라디오 프로그램으로 리메이크되는 등 포맷 거래가 점차 늘어나기 시작했다.

　TV 포맷으로 처음 국경을 넘은 언스크립티드 포맷은 〈왓츠 마이 라인?(What's My Line?)〉이다. 이 포맷은 4명의 패널이 질문을 던지고 이 질문에 '네', '아니오'로만 대답할 수 있는 게스트의 직업을 맞추는 프로그램으로, 미국 CBS에서 1950년 2월 2일 처음으로 방영되었다. 로버트 L. 바흐(Robert L. Bach)가 창작하고 마크 굿슨(Mark Goodson)에 의해 제작된 이 프로그램은 미국에서 17년 이상 방영될 정도로 큰 인기를 얻었다. 여기에 힘입어 모리스 위닉을 통해 영국 BBC에서도 영국판이 1951년 7월 16일부터 방송되었고, 영국 시청자들에게도 큰 인기를 얻어 BBC에서 1963년까지 1년에 2개의 시즌을 평균적으로 편성해 방영했다. 〈왓츠 마이 라인?〉 영국판은 1973년에 BBC2에서도 다시 방영되었고, 1984년부터 1990년까지 ITV의 템스 텔레비전(Thames Television)에서도 방영되었다.

　〈왓츠 마이 라인?〉은 포맷 산업의 역사에 있어 또 하나의 중요한 의의를 가지고 있다. 바로 포맷을 하나의 IP로 보고 포맷을 리메이크할 때 IP에 대한 로열티를 지불함으로써 포맷 거래도 라이선스 거래라는 인식의 전환을 가져온 것이다. 당시에는 대본이 없는 예능 프로그램 같은 무형적인 작품이 저작권을 가질 수 있다거나 이런 작품에 라이선스 비용을 지급한다는 데 대한 인식이 없었다. 이전에 리메이크된 〈잇 페이즈 투 비 이그노런트〉나 〈트웬티 퀘스천스〉의 경우에도 각색료 같은 비용을 지급하기는 했으나 프로그램에 대한 라이선스 계약을 정식으로 체결하지는 않았다. 하지만 위닉 측은 여기에 대해 BBC에 문제를 제기하며 논의를 시작했고, 결국 〈왓츠 마이 라인?〉을 영국판으로 리메이크할 때는 BBC가 위닉과 라이선스 계약을 체결했다. 대략적인 계약 내용은 다음과 같다.

> 본인[모리스 위닉]은 300파운드의 수수료(fee)로 영국령 제도에서 26회 단독 방영할 수 있는 권리를 BBC에 부여한다. TV 방영은 1951년 7월 셋째 주 또는 넷째 주에 시작될 예정이다. … 이는 본인이 제공하는 〈왓츠 마이 라인?〉이라는 제목의 프로그램 형태(form)와 관련된 영화권(film rights), 무대권(stage rights), 음향 방송권(sound broadcasting rights), 해외권(foreign rights), 번역권(translation rights), 출판권(the rights of publication) 등을 포함한 기타 모든 권리가 본인에게 있음을 의미한다.

이 계약은 포맷 산업의 법적 기반을 마련한 것으로, 이를 통해 방송사는 처음으로 대본과 같은 유형에 대해서가 아니라 프로그램의 포맷에 대해 아이디어와 패키지 비용을 지불하기로 합의했다. 포맷의 개념을 '프로그램 IP와 관련된 부가 권리도 포함한, 특정 지역에서 프로그램을 리메이크할 수 있는 권리'로 규정한 이 계약으로 인해 이러한 권리들이 거래되는 시장이 형성될 수 있었고 이것은 국제적인 포맷 거래가 성장하는 발판이 되었다.

〈왓츠 마이 라인?〉의 리메이크 계약 사례는 포맷 거래가 정식 비즈니스가 될 수 있는 단초는 제공했지만, 이는 미국과 영국 간 거래에만 해당하는 무역관행에 불과했을 뿐 다른 지역으로까지 확산되지는 않았다. 이러한 경향은 1970년대까지 이어졌으며, 미국과 영국을 제외한 다른 나라들은 여전히 인기 있는 프로그램의 포맷을 정식으로 구매하지 않고 표절했다. 하지만 1978년 프리맨틀 코퍼레이션(Fremantle Corporation)이 미국 제작사 굿슨-토드먼(Goodson-Todman)과 맺은 계약은 이러한 시장에 새로운 변화를 가져왔다. 굿슨 월드와이드 어그리먼트(Goodson Worldwide Agreement)라 불리는 이 계약은 프리맨틀 코퍼레이션이 굿슨-토드먼의 포맷들을 영국과 유럽, 중동에 배급하는 권리를 획득한다는 내용을 포함했다. 이는 더 광범위하고 합법적인 포맷의 국제 배급을 가능하게 한 것으로, 이 계약을 통해 포맷 비즈니스는 국제 시장에서 완전히 새로운 국면으로 접어들었다.

굿슨 월드와이드 어그리먼트 이후 미국 게임쇼 제작자들과 프리맨틀 코퍼레이션, 그런디(Grundy)와의 후속 계약은 국제 포맷 시장에 활력을 불어넣었고 전 세계에서 리메이크되는 포맷들이 등장하기 시작했다. 대표적으로 〈더 휠 오브 포춘(The Wheel of Fortune)〉은 25개의 현지판이 제작되고 방영되어 1980년대에 가장 널리 리메이크된 포맷이 되었다. 그 이후로도 12개 내외의 현지판이 제작된 〈더 프라이스 이즈 라이트(The Price is Right)〉나 여러 나라로 진출한 〈더 데이팅 게임(The Dating Game)〉, 〈패밀리 퓨드(Family Feud)〉, 〈제퍼디!(Jeopardy!)〉 등 많은 포맷이 포맷 산업의 글로벌화를 주도했다. 전 세계 포맷 수출의 75% 가량은 미국이 주도했으나 영국과 호주, 프랑스, 일본 같은 나라도 포맷 수출 국가로 국제 시장에서 부각되기 시작했다.

2) 글로벌 포맷 산업의 성장[72]

1990년대는 국제 포맷 제작자들에게 급격한 확장의 시기였다. 최초의 글로

---

72 주재원, 「방송포맷산업에 대한 연대기적 고찰: 영국 방송포맷산업의 사회역사적 배경을 중심으로」, 《디지털융복합연구》, 제12권 제6호(2014), 562~564쪽.

벌 제작사가 만들어졌고, 쉽게 포맷화될 수 있는 형태의 새로운 텔레비전 장르가 출현했으며 미국에서 유럽으로 거래의 중심이 옮겨가는 등 포맷 산업이 조직적으로 확장되었다. 게다가 상업적인 프로그램을 계속해서 다루는 방송사들이 늘어나 포맷 비즈니스에 대한 수요가 기하급수적으로 증가했다. 늘어나는 방송사들의 편성 슬롯을 매번 새로운 프로그램을 창작해 공급하기에는 각 나라의 창작 및 제작 역량과 규모에 한계가 있었기 때문이다. 이러한 변화가 1990년대에 나타나자 국제 포맷 시장이 급격히 확장되고 글로벌화되었다.

이 시기는 또한 2개의 글로벌 포맷 세력이 형성된 때이기도 하다. 그중 하나는 엔데몰로, 엔데몰은 요프 반 덴 엔데(Joop van den Ende)와 존 데 몰(John de Mol)이 1994년 자신들의 회사를 합병해 설립한 기업이다. 엔데몰은 당시 기업가치가 2억 2500만 달러로 세계에서 가장 큰 규모의 독립제작사로 평가받았다. 더욱 활발한 국제 포맷 비즈니스를 추진하기 위해 두 포맷 개척자가 합심해 설립한 엔데몰은 독일과 룩셈부르크, 그리고 포르투갈의 자회사들과 함께 사업을 시작했다. 〈빅 브라더〉가 1990년대 후반 끝자락에 출시될 무렵, 엔데몰은 10개 국가에 제작 자회사를 가지고 있었으며 20개가 넘는 나라에 포맷을 팔고 있었다. 포맷 비즈니스로 세계적인 성공을 거둔 대표 기업으로 손꼽히는 엔데몰은 이후 2015년에 영국 샤인 그룹(Shine Group)과 합병해 엔데몰-샤인 그룹(Endemol-Shine Group)이 되었고, 2020년에는 프랑스의 대표적인 다국적 TV 제작 및 배급 기업인 바니제이 그룹에 인수되었다.

다른 하나는 피어슨 텔레비전(Pearson Television)으로, 피어슨 텔레비전도 엔데몰과 비슷한 시기에 설립되었다. 파이낸셜 타임스(Financial Times)를 소유하고 있는 것으로 유명하지만 사실 미디어 자산에 특화되어 있는 헤지 펀드가 본질인 이 회사는 1990년대 초반에 방송 프로그램에 대한 투자를 시작했다. 피어슨 텔레비전은 1993년 4월에 영국의 가장 큰 독립제작사였던 템스 텔레비전을 합병했으며, 전 런던 위켄드 텔레비전(London Weekend Television: LWT)의 상무이사이자 훗날 BBC 사장으로 명성을 날리게 되는 그레그 다이크(Greg Dyke)

를 1995년 1월 TV 본부의 수장으로 임명했다. 다이크는 TV 본부의 대표가 되자마자 포맷 비즈니스 시장이 세계적으로 확장될 것을 직감하고 레그 그런디(Reg Grundy)가 운영하던 회사를 1억 7500만 파운드에 사들였다. 이 거래는 다이크의 신의 한 수로 평가받는데, 그 이유는 그런디가 1990년대 중반까지 아시아와 라틴아메리카, 그리고 미국과 몇몇 유럽 국가에 자회사를 가지고 있었으므로 피어슨 텔레비전이 해외로 포맷 비즈니스를 확장하기에 용이했기 때문이다. 2000년에 피어슨 텔레비전은 유럽 대형 미디어 기업인 RTL[RTL의 모기업은 독일 베텔스만(Bertelsmann)이다]에 인수되었으며, 2001년 프리맨틀 미디어(Fremantle Media)에서 2018년 프리맨틀(Fremantle)로 이름을 바꿔 세계에서 가장 큰 글로벌 포맷 기업 중 하나로 성장했다. 참고로 프리맨틀은 1958년에 설립되어 초창기부터 포맷 비즈니스를 해오던 프리맨틀 코퍼레이션과는 관련 없는 서로 다른 기업이다.

엔데몰과 피어슨이 성공을 거두자 많은 제작사가 포맷의 전략적 가치를 알아차리고 점차 이 산업으로 진입하기 시작했다. 이들 중 대다수는 민간사업자였지만 영국의 공영방송 BBC처럼 특수한 사례도 있었다. 사실 BBC는 〈앤티크스 로드쇼(Antiques Roadshow)〉, 〈지밀 픽스 잇(Jim'll Fix It)〉, 〈대츠 라이프 (That's Life)〉 같은 포맷을 해외로 수출한 경험은 있지만 특별히 포맷을 활발하게 거래하지는 않았다. 하지만 1990년대 들어 포맷이 높은 부가가치를 지닌 IP이자 비즈니스를 할 수 있는 수단이라는 사실을 깨닫고 적극적으로 포맷 산업에 뛰어들었다. BBC는 1994년 2월에 콜린 자비스(Colin Jarvis)를 포맷 라이선싱 책임자로 임명하고 두 달 뒤에 BBC 월드와이드(BBC Worldwide)를 출범해 글로벌 시장 진출을 본격화했다. 처음에는 〈애스크 더 패밀리(Ask the Family)〉, 〈컨페션(Confessions)〉, 〈노엘스 하우스 파티(Noel's House Party)〉 같은 포맷을 수출하는 데 주력했으며, 15개국에 리메이크된 〈더 제너레이션 게임(The Generation Game)〉과 〈페츠 윈 프라이지스(Pets Win Prizes)〉처럼 큰 성공을 거둔 포맷도 나오기 시작했다.

〈그림 1-22〉 엔데몰의 로고(왼쪽)와 피어슨 텔레비전의 로고(오른쪽)

자료: Banijay Group; Fremantle

　이처럼 1990년대는 포맷 산업이 본격적으로 성장하기 시작한 시기였다. 산업의 중심 또한 미국에서 유럽으로 옮겨가면서 시장이 확대됨에 따라 포맷 산업은 세계적인 비즈니스로 자리매김하기 시작했다. 특히 이 시기에는 영국이 글로벌 포맷 시장의 선두주자로 떠올랐는데, 여기에는 독립제작사들에게 우호적인 영국의 정책이 영향을 미쳤다. 액션 타임(Action Time), 바잘(Bazal), 피어슨 같은 선두그룹이 영국의 포맷 비즈니스를 주도했고, 이들을 뒤따르는 많은 독립제작사가 글로벌 포맷 산업의 성장 가능성을 보고 투자를 늘려갔다.

　한편 이 시기에는 게임쇼를 넘어 팩추얼 엔터테인먼트나 리얼리티 등으로 포맷의 장르가 확장되면서 포맷 혁명의 기반을 마련했다. 네덜란드의 엔데몰과 IDTV는 리얼리티 장르의 포맷을 만들어내며 새로운 장르의 시작을 알렸다. 특히 훗날 〈빅 브라더〉라는 대표적인 리얼리티 포맷을 만들어낸 엔데몰은 결혼을 소재로 한 〈러브 레터스(Love Letters)〉, 연인 간의 깨진 관계를 개선하는 내용의 〈올 유 니드 이즈 러브(All You Need Is Love)〉 같은 포맷을 통해 리얼리티 장르의 가능성을 시험했다. 영국에서도 바잘, MBC(Mentorn Barraclough Carey), RDF 미디어(RDF Media) 같은 몇몇 독립제작사가 〈레디 스테디 쿡(Ready Steady Cook)〉, 〈스크랩힙 챌린지(Scrapheap Challenge)〉처럼 메이크 오버, 코칭, 관찰 위주의 리얼리티나 팩추얼 엔터테인먼트 장르를 발전시키면서 포맷의 장르적 다양성을 확장시켜 나갔다.

3) 슈퍼 포맷이 이끈 글로벌 포맷 비즈니스 활성화[73]

2000년대 들어 글로벌 포맷 산업은 더욱 성장하고 활성화되었다. FRAPA의 보고서에 따르면, 2006~2008년은 전 세계적으로 총 445개의 오리지널 포맷이 유통되었는데, 이는 총 259개의 포맷이 유통된 2002~2004년에 비해 약 1.7배 증가한 수치였다. 게다가 글로벌 포맷의 시장 규모도 2002~2004년에 64억 유로에서 2006~2008년 93억 유로로 약 1.5배 증가해 시장이 확대되고 있다는 사실이 확인되었다.[74]

글로벌 시장에서 포맷 유통이 활발해지고 시장이 급격히 확대된 것은 〈후 원츠 투 비 어 밀리어네어?〉, 〈서바이버〉, 〈빅 브라더〉, 〈아이돌즈〉 같은 슈퍼 포맷이라 불리는 성공적인 작품이 있었기에 가능했다. 이들은 매년 31억 유로의 가치를 창출했으며[75] 뛰어난 독창성, 광범위한 수출지역, 막대한 수익 등 여타 포맷 수출 사례와는 차원이 다른 성과를 내면서 글로벌 포맷 산업의 패러다임을 바꿨다는 평가를 받는다. 운송비용 절감, 정보 기술 혁명, 개방적인 경제 정책 실시 등 세계 시장의 글로벌화가 가속화되는 흐름 속에서 이들 슈퍼 포맷도 이전에 비해 빠르게 수십 개국에 진출하고 각국의 현지판 시즌이 갱신되면서 막대한 부가가치를 창출하는 등 포맷 비즈니스의 잠재력이 만개하는 모습을 보였기 때문이다.

먼저 영국의 제작사인 셀라도르(Celador)에서 제작해 1998년 ITV에서 방영되기 시작한 〈후 원츠 투 비 어 밀리어네어?〉는 높은 시청률을 기록하며 인기 있는 프로그램으로 자리매김했다. 이후 호주를 시작으로 미국 등 다양한 나라에 진출했고 10년이 채 지나지 않아 100여 개 국가에 수출되었다. 또한 포맷의 브랜드 파워를 활용해 다양한 부가 수익도 올렸는데, 140개에 달하는 상품군을

---

73 J. K. Chalaby, *The format age: Television's entertainment revolution*, pp. 50~61, 91~106.
74 Elfi Jäger, *FRAPA Report 2009: TV Formats to the world*(2009), pp. 8~11.
75 J. K. Chalaby, "At the origin of a global industry: The TV format trade as an Anglo-American invention", *Media, Culture & Society,* 34(1)(2012), p. 36.

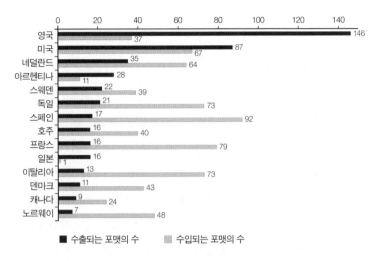

〈그림 1-23〉 주요 국가별 유통되는 포맷의 수(2006~2008년)(단위: 건)

자료: Elfi Jäger. *FRAPA Report 2009: TV Formats to the world*(2009), p.11.

판매하면서 세계 포맷 비즈니스 역사에서 벤치마킹할 만한 성공적인 IP 비즈니스 모델로 인정받고 있다.

영국 텔레비전 프로듀서인 찰리 파슨스(Charlie Parsons)가 1992년에 개발한 〈서바이버〉는 참가자들이 고립된 곳에서 생존을 위해 경쟁하는 모습을 담은 리얼리티쇼이다. 처음에 영국에서는 편성을 받지 못하다가 1997년 〈익스피디션 로빈슨(Expedition Robinson)〉이라는 스웨덴판이 성공을 거두면서 가능성을 인정받기 시작했다. 이후 노르웨이, 덴마크 등 북유럽에 진출했고 독일에도 수출되었는데, 2000년 CBS에서 방영된 미국판이 흥행하면서 글로벌 시장에서 본격적인 흥행가도에 오르기 시작했다. 그 결과 2009년까지 43개의 현지판이 제작되고 73개 국가에서 방영되는 등 대표적인 글로벌 포맷으로 자리매김했다.

포맷을 넘어 전 세계 방송 산업 역사에서 리얼리티쇼의 새로운 지평을 열었다고 평가받는 〈빅 브라더〉는 네덜란드의 제작자 존 데 몰이 운영하는 엔데몰에서 개발했으며 1999년 네덜란드의 케이블 채널 베로니카(Veronica)에서 방영되었다. 〈빅 브라더〉는 공개되자마자 큰 인기를 끌었고 미국에서도 CBS가 바로 포맷을 수입해 이듬해에 미국판을 방영했다. 이 포맷은 2000년대 중반까지 아프리카와 중동 지역을 포함해 약 30개 이상의 국가에 수출되었다. 〈빅 브라더〉는 시청자가 관찰 카메라를 통해 참가자들의 일거수일투족을 감시하고 탈락자 선정에도 관여하는 획기적인 기획으로 시청률 이상의 문화현상을 야기했다. 또한 기술적으로도 사각을 없애는 촬영 기법, 다채널 음향을 확보하기 위한 녹음 기술, 녹화 테이프의 실시간 현장 편집, 생방송 송출을 위한 시스템 개발 같은 독창적인 노하우를 개발해 미국이 유럽의 제작역량에 대해 처음으로 인정하게 된 포맷이기도 했다.

〈아이돌즈〉는 영국의 텔레비전 프로듀서 사이먼 풀러(Simon Fuller)가 운영하는 19엔터테인먼트(19 Entertainment)에서 개발한 〈팝 아이돌(Pop Idol)〉을 원조로 하는 대표적인 일반인 가수 오디션 포맷이다. 당시 〈팝스타즈〉라는 유사한 포맷이 있었으나 그다지 성공을 거두지 못했는데, 〈아이돌즈〉는 시청자와의 상호성 강화, 솔로 스타 발굴, 라이브 강화 등 〈팝스타즈〉의 단점을 보완해 2001년 ITV에서 방영했다. 〈아이돌즈〉는 영국에서 높은 시청률을 기록하면서 성공적인 출발을 보였고, 2002년 미국판인 〈아메리칸 아이돌(American Idol)〉이 폭스에서 방영된 이후에는 더 큰 흥행을 기록하면서 5년간 41개의 현지판이 제작되었고 50여 개의 국가에 수출되었다. 미국판은 완성 프로그램 자체로도 전 세계적인 인기를 누리며 180개가 넘는 나라에 수출되기도 했다.

이들 슈퍼 포맷은 단기간 반짝 흥행하는 데 그치지 않고 오랜 시간이 흐른 지금도 전 세계에서 지속적으로 인기를 이어가고 있다. 2017년 기준 〈후 원츠 투 비 어 밀리어네어?〉는 100개국에, 〈서바이버〉는 55개국에, 〈빅 브라더〉는 48개국에, 〈아이돌즈〉는 55개국에 수출되었으며, 2022년에는 각각 178개국, 76개국, 78개국, 55개국에 수출되었다. 〈아이돌즈〉를 제외한 나머지 포맷은 지금도 계속해서 새로운 지역에서 현지판이 론칭되고 있다.[76]

〈그림 1-24〉 〈후 원츠 투 비 어 밀리어네어?〉, 〈서바이버〉, 〈빅 브라더〉, 〈아이돌즈〉의 프로그램 타이틀 로고

자료: Sony Pictures Television; Banijay Group; Fremantle

슈퍼 포맷이 장기간 소구되는 이유에 대해 업계 전문가들은 브랜드화, 성공 가능성, 경제성을 꼽는다. 일단 슈퍼 포맷은 이미 하나의 강력한 브랜드이므로 포맷의 구성이나 참신성을 떠나 브랜드 파워에 대한 신뢰가 높다. 따라서 일종의 대표성 휴리스틱이 작용해 바이어들이 구매하는 경향을 보인다. 그리고 다른 검증되지 않은 포맷에 비해 성공 가능성에 대한 확신을 바이어에게 안겨준다는 것도 장점이다. 여러 지역에서 성공했다는 이력이 리스크에 대한 불안감을 감소시켜 주므로 바이어들은 포맷 자체의 매력과는 상관없이 비교적 쉽게 구매 결정을 할 수 있다. 경제적인 측면에서도 효율성이 높은 편이다. 여러 지역에서 거래되면서 축적된 다양하고 심층적인 현지화 노하우를 활용해 신규로 개발하는 포맷보다 제작 기간을 단축시킬 수 있고 성공확률도 높일 수 있기 때문이다.[77]

한편 4개의 슈퍼 포맷 중 3개가 영국에서 개발된 것으로, 미국을 넘어 전 세계에서 포맷 최강국으로 평가받고 있는 영국의 위상을 확인할 수 있다. 영국은 슈퍼 포맷 외에도 〈댄싱 위드 더 스타스(Dancing with the Stars)〉, 〈갓 탤런트 (Got Talent)〉, 〈마스터셰프(MasterChef)〉, 〈더 엑스 팩터(The X Factor)〉,

---

76 K7 Media, *TRACKING THE GIANTS: The Top 100 Travelling Unscripted Formats, 2017-2018*, p.2; K7 Media, *TRACKING THE GIANTS: The Top 100 Travelling Unscripted Formats, 2022-2023*, p.29.

77 민다현, 「국내 TV 포맷 수출 활성화 방안에 대한 연구: 〈너의 목소리가 보여〉 사례를 중심으로」(중앙대학교 신문방송대학원 석사학위 논문, 2018), 27~31쪽.

〈컴 다인 위드 미(Come Dine with Me)〉, 〈더 위키스트 링크(The Weakest Link)〉 같은 언스크립티드 포맷은 물론, 〈더 오피스(The Office)〉부터 〈닥터 마틴(Doc Martin)〉에 이르는 다양한 스크립티드 포맷도 보유하고 있으며, 이들 포맷은 전 세계 많은 나라에 수출되고 있다. 그렇다면 영국이 이렇게 글로벌 포맷 시장의 강자로 우뚝 설 수 있었던 비결은 무엇일까?

영국 포맷 산업이 성공한 원인에 대해서는 다양한 해석이 있지만, 국가의 정책이 중요한 요소로 작용했다는 데에는 산업계와 학계 모두 동의하는 편이다. 영국은 '2003년 커뮤니케이션법(Communications Act 2003)'을 통해 창작자와 제작자에게 합리적인 권리를 보장하는 영국만의 새로운 IP 체제를 정립했고 2004년에는 시행령(Code of Practice)을 도입해 거래 조건(Terms of Trade)을 명시했기 때문이다.

영국이 이처럼 제도 개선에 나선 데에는 다음과 같은 배경이 작용했다. 2002년 영국 제작사 100개의 재정 상황을 조사한 한 연구에 따르면 제작사 중 36개는 손실을 입었고, 20개는 재정적 문제에 직면하고 있었으며, 27개는 매출이 감소했다. 이에 대해 영국 독립제작사협회인 팩트(Producers Alliance for Cinema and Television: PACT)는 중기적으로 독립제작사들의 비즈니스가 지속 가능하지 않다고 진단했는데, 가장 근본적인 원인으로 이들이 처한 불합리한 권리 환경을 꼽았다. 당시 영국 방송 시장에서는 제작사가 방송사에 프로그램을 제공하면 방송사가 해당 프로그램에 대한 권리를 영구적으로 가지는 구조였다. 게다가 해당 방송사는 케이블이나 위성방송 같은 다른 채널에서의 방영권과 해외 판매, 포맷 권리, 부가 판권 등 모든 사항에 대해 독점적인 권리를 가졌다. 팩트는 이러한 불합리한 권리 구조 때문에 IP가 제작사의 자산으로 축적되지 않고 이로 인해 수익성이 약해져 제작사가 성장하지 못하는 악순환이 발생한다고 주장했다.

영국 정부는 이러한 제작 업계의 주장을 받아들여 방송사와 제작사의 권리 불균형을 해소하기 위해 '2003년 커뮤니케이션법'을 제정하고, 2004년에는 방송사가 구매하지 않는 모든 권리를 제작사가 가질 수 있도록 하는 거래 조건이 포함된 시행령을 도입했다. 여기에는 모든 배포에 대한 권리(지상파, 케이블, 위성방송, 온라인, 해외 등)와 포맷 및 부가 판권이 포함되어 방송 제작 부문의 근간을 바꾸는 새로운 IP 체제가 정립되었다. 이 시행령은 다음과 같은 측면에서 큰 의의를 지니고 있다. 우선, 과도하지 않은 적절한 규제를 통해 시장의 발전을 촉진하는 공정한 산업 생태계를 조성한 점, 이를 통해 제작 부문의 건전한 경쟁을 촉발시켜 콘텐츠의 양적·질적 향상에 기여한 점, 제작사가 자신의 IP를 다양한 방법으로 활용해 수익성을 개선하도록 노력할 수 있는 동기를 부여한 점 등이다.

제작사가 IP 권리를 가질 수 있게 한 이 시행령의 거래 조건으로 인해 방송사는 해외에서 판매되는 모든 프로그램 순수익의 15%만 배분받도록 제한되었고, 제작사는 발로 뛴 만큼 높은 수익을 거둘 수 있게 되었다. 이로 인해 영국 방송 산업은 포맷을 포함해 산업적으로 큰 성장을 이루었고, 다양한 비즈니스가 나타났으며, 해외로 활발히 콘텐츠를 수출하게 되었다. 거래 조건이 명시된 시행령을 시행하기 이전과 이후를 비교해 보면 시행 직후 5년간 연평균 수출이 22.2%가 증가했고 그 뒤로도 연평균 6.9%가 증가하는 등 지속적인 성장세를 보이고 있다(<그림 1-25> 참조). 게다가 시간이 지날수록 매출 7000만 파운드 이상의 대형 제작사의 비중은 소폭 줄어들고 2500만~7000만 파운드와 1000만~2500만 파운드 구간의 중견 제작사의 비중이 늘어나 양극화도 완화되는 모습이다.

'2003년 커뮤니케이션법' 제정으로 IP 비즈니스 기반이 탄탄해진 영국은 포맷 산업이 크게 성장했으며, 슈퍼 인디(super-indies)라 불리는 대형 제작사들도 등장해 포맷 시장을 주도하게 되었다. 제작사가 IP를 가지고 다양한 비즈니스를 할 수 있게 되자 많은 자본이 유입되었고 영국 제작사들은 이를 통해 새로운 포맷을 개발하고 인수합병을 하면서 규모를 키웠는데, 그중 일부는 슈퍼 인디라 불릴 정도로 크게 성장했다. 2008년 기준 매출 상위 5위는 올스리미디어, 샤인 그룹, IMG 미디어(IMG Media), 엔데몰 UK(Endemol UK), RDF 미디어로, 슈퍼 인디라는 명성에 걸맞게 상위 3개사는 매출이 2억 파운드가 넘었고 나머

〈그림 1-25〉 시행령의 거래 조건을 도입한 이후 영국 방송 산업의 수출 추이 변화

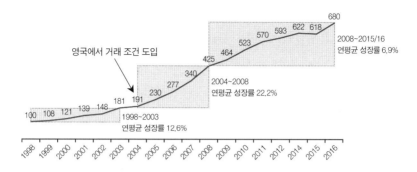

주: 1998년 수출 규모를 100으로 설정했을 때의 수치임
자료: Oliver and Ohlbaum, *The impact of Terms of Trade on the UK's television content production sector*(2018), p.10.

〈표 1-11〉 영국의 슈퍼 인디 중 매출 상위 5위 현황(2007~2008년)(단위: 100만 파운드)

회사명	2008년	2007년	증감률
올스리미디어	230.0	202.5	+13.6%
샤인 그룹	216.0	146.0	+47.9%
IMG 미디어	207.5	221.7	-6.4%
엔데몰 UK	170.0	160.0	+6.3%
RDF 미디어	120.6	99.3	+21.5%

자료: J. K. Chalaby, *The format age: Television's entertainment revolution*, p.96.

지도 1억 파운드가 넘는 높은 매출액을 기록했다(〈표 1-11〉 참조).

영국 외에 2000년대 글로벌 포맷 시장에서 주목할 만한 국가는 미국, 네덜란드, 일본, 이스라엘이라고 할 수 있다.[78] 먼저 미국과 네덜란드는 영국과 함께 예전부터 글로벌 포맷 시장을 이끌어온 나라이다. 미국은 전 세계 방송 시장에서 평균 30%의 편성 시장을 장악하고 있는 세계 최강국이지만, 포맷 분야에서는 영국에 뒤지고 있고 오리지널 포맷 개발에서는 네덜란드로부터도 위협을 받

---

78 K7 Media, *TRACKING THE GIANTS: The Top 100 Travelling Unscripted Formats 2017-2018*, p.9.

고 있다. 하지만 역사상 가장 먼저 포맷 비즈니스라는 관행을 만들어낸 국가답게 포맷 비즈니스 자체는 아주 활발히 이루어지고 있다. 미국은 글로벌 포맷으로 자리매김하기 위한 테스트베드이자 트리거 역할을 하는 시장인데, 미국에서 성공을 거두면 전 세계적으로 성공을 거둘 확률이 높기 때문이다. 따라서 미국은 각국의 우수한 포맷들이 포진한 격전지로, 미국의 포맷 교역국 1위인 영국을 비롯해 다양한 국가의 포맷이 미국 진출을 꾀하고 있다.

네덜란드는 유럽에서 영국 다음으로 포맷 개발 역량이 뛰어난 국가로, 슈퍼 포맷 중 하나인 〈빅 브라더〉를 개발한 글로벌 포맷 기업 엔데몰이 있던 국가이다. 엔데몰은 2000년대 후반에 31개국 80여 개 회사와 네트워크를 구축해 〈빅 브라더〉 외에도 수많은 나라에 수출된 〈딜 오어 노 딜(Deal or No Deal)〉, 〈1 대 100〉 등 2300여 개에 달하는 포맷을 보유하고 관리했다. 한때 약 1조 7000억 원의 매출을 기록할 정도로 거대한 독립제작사였던 엔데몰은 2015년에 영국 샤인 그룹과 합병해 엔데몰 샤인 그룹이라는 매머드급 글로벌 포맷 기업으로 거듭났다.[79] 네덜란드에는 존 데 몰이 엔데몰을 떠난 후 설립한 탈파(Talpa)라는 포맷 기업도 있는데, 탈파는 2010년대 초반 전 세계를 강타한 〈더 보이스(The Voice)〉라는 포맷을 보유하고 있다.

일본은 아시아에서는 가장 먼저 글로벌 포맷 시장에 뛰어든 국가로, 문화적 할인이 높아 해외 진출이 어려운 완성 프로그램 수출의 대안으로 포맷을 선택했다. 일본은 2000년대 이후 더욱 적극적인 자세를 취했으며, 일본 정부도 포맷 비즈니스의 중요성을 인식해 쿨 재팬(Cool Japan) 전략의 일환으로 2012년부터 밉티비에서 일본 방송사들과 포맷 쇼케이스 '트레저 박스 재팬(Treasure Box Japan)'을 개최해 이들의 포맷 해외 수출 지원을 강화하기 시작했다. 이러한 노력 및 기존 서양 포맷과의 차별화된 콘셉트로 해외 바이어들에게 어필한 결과 일본의 많은 포맷이 해외로 수출되기 시작했다. 일본의 대표적인 포맷은 TBS

---

79 한국콘텐츠진흥원, 「방송포맷 수출입 현황조사 연구」(2015), 57~58, 66~69쪽.

〈그림 1-26〉 (왼쪽부터) 〈딜 오어 노 딜〉, 〈닌자 워리어〉의 프로그램 타이틀 로고와 〈더 포〉의 방송 장면

자료: Banijay; TBS; Armoza Formats

의 〈사스케(SASUKE)〉로, 미국에서 〈닌자 워리어(Ninja Warrior)〉라는 제목으로 현지화되어 수많은 나라에 수출되었고 여러 시즌이 갱신되며 인기를 끌었다. 일본의 스크립티드 포맷은 언스크립티드 포맷만큼 수출이 활발하지는 않지만 〈연애시대〉, 〈하얀거탑〉, 〈꽃보다 남자〉 등이 한국에서 리메이크되어 흥행에 성공하기도 했다.[80]

이스라엘은 뛰어난 창의력과 비즈니스 역량을 바탕으로 2000년대 들어 국제 포맷 시장에서 인정을 받은 국가로, 2013년 밉티비가 전 세계 300명의 업계 관계자들을 대상으로 '가장 핫한 포맷 제작국'을 설문한 조사에서 1위를 차지한 바 있다. 케셋(Keshet), 도리 미디어(Dori Media), 아르모자 포맷(Armoza Formats) 등 빅3를 중심으로 역량이 뛰어난 포맷 제작·배급사 및 방송사들이 매년 많은 포맷을 개발해서 비즈니스를 진행하고 있다. 그 결과 이들 빅3가 그동안 유럽이나 북미뿐 아니라 인도네시아, 일본, 핀란드, 브라질 등 다양한 지역에 수출한 포맷은 100개를 상회한다. 대표작으로는 미국을 포함해 50여 개국에 수출된 스크립티드 포맷 〈홈랜드(Home Land)〉와 20여 개국에 수출된 언스크립티드 포맷 〈라이징 스타(Rising Star)〉가 있다. 아르모자 포맷은 제작사의 새로운 비즈니스 모델을 제시하는 글로벌 리딩 포맷 기업으로, 〈더 포(The Four)〉의 경우 자국 편성 없이 비방용 파일럿을 미국에 수출한 바 있다.[81]

---

80 한국콘텐츠진흥원, 「일본 콘텐츠 산업동향(4호)」(2014), 3~19쪽.
81 손태영, 「방송 산업 내 페이퍼 포맷(Paper Format) 비즈니스 유효성 연구: 이스라엘과 한국의

4) 최근 글로벌 포맷 산업의 흐름

(1) 포맷 수출 국가의 다양화

1990년대와 2000년대를 거쳐 급격한 성장세를 보인 글로벌 포맷 산업을 주도해 온 나라는 영국과 네덜란드, 미국이었다. 영국은 세계 포맷 시장의 절반을 차지하는 포맷 최강국이었고, 네덜란드는 국가 규모는 크지 않았지만 뛰어난 창의성을 바탕으로 세계 최고 콘텐츠 강국인 미국과도 대등한 수준의 시장 점유율을 차지했다(〈그림 1-27〉 참조). 미국의 경우 네덜란드와 2위와 3위를 다투었지만 전 세계 콘텐츠 산업에서 차지하는 위상에 비하면 포맷 시장에서의 점유율은 다소 낮은 편이었다고 볼 수 있다.

2000년대까지는 이들 빅3가 글로벌 포맷 시장을 주도했다. 하지만 변화의 조짐도 보이기 시작했는데, 2000년대부터는 새로운 국가들의 포맷 수출이 늘어나면서 이 국가들이 포맷 수출국 순위에 오르기 시작했던 것이다. 이러한 경향은 2010년대 들어 본격화되어 새로운 국가들의 성장이 두드러졌으며, 시간이 지날수록 더욱 다양한 국가가 포맷 수출국 순위에 등장하게 되었다.

이 시기 글로벌 포맷 시장에서 새롭게 떠오른 대표주자는 앞서 살펴본 이스라엘이다. 이스라엘은 이미 전 세계 포맷 업계 관계자들로부터 뛰어난 역량을 인정받고 있던 나라이지만, 2010년대에는 특히 비약적인 성장을 보여주었다. 언스크립티드 포맷 기준으로 2000년대에는 세계 100대 포맷에서 이스라엘의 비중이 5%로 5위였지만 2010년대는 16%로 2위까지 뛰어올랐다(〈표 1-12〉 참조). 이스라엘이 그동안 글로벌 포맷 시장을 주도하던 영국, 네덜란드, 미국 가운데 네덜란드와 미국을 제치고 더 높은 순위를 기록했다는 것은 놀라운 사실이다.

2013년 밉티비 설문에서도 주목받는 포맷 국가 1위에 오른 이스라엘은 2018

성공사례 비교분석을 통해」, 9~10쪽.

〈그림 1-27〉 세계 포맷 시장의 점유율 변화

자료: British Television Distributors's Association, *Rights of Passage: British Television in Global Market* (2008), p.29.

〈표 1-12〉 포맷 수출국 상위 5위의 점유율 변화

순위	1990년대		2000년대		2010년대	
1	영국	28%	영국	43%	영국	30%
2	네덜란드	22%	미국	20%	이스라엘	16%
3	미국	11%	네덜란드	12%	네덜란드	15%
4			일본	5%	미국	13%
5			이스라엘	5%	일본	5%

자료: K7 Media, *TRACKING THE GIANTS: The Top 100 Travelling Unscripted Formats 2017-2018*, p.12.

년 초에 C21 미디어가 진행한 '최근 새로운 포맷 제작과 수입에서 가장 인기 있는 국가' 설문조사에서도 29.4%로 네덜란드를 제치고 1위를 차지했다.[82] 또한 K7 미디어가 2020년부터 2022년까지 스크립티드 포맷 수출을 분석한 보고서에서는 대표작 〈홈랜드〉를 비롯하여 미국 HBO에서 리메이크된 〈유포리아 (Euphoria)〉, 영국 BBC 원(BBC One)에서 리메이크된 〈디 어 워드(The A

---

82 같은 글, 11쪽.

Word)〉 등의 수출 성과에 힘입어 해당 기간 영국에 이어 오리지널 포맷 수출 2위를 기록했다.[83] 이처럼 이스라엘은 최근까지도 언스크립티드와 스크립티드 분야 모두에서 두드러진 성과를 보이면서 글로벌 포맷 시장을 선도하는 국가로 자리매김하고 있다.

아시아 국가 중에서는 일본이 1990년대부터 주요 포맷 수출국 중 하나로 등장했고 2000년대 들어 〈드래곤즈 덴(Dragon's Den)〉, 〈홀 인 더 월(Hole in the Wall)〉 같은 흥행 포맷을 배출하면서 입지를 다졌다. 이들 포맷은 2010년대에도 여전히 수출 20위권 내에 포진하고 있으며 지금까지 수십 개국에 수출되었다. 이러한 성과에도 불구하고 일본은 2010년대에는 두드러진 성장을 보여주지 못했는데, 2020년대 들어 회복의 기미를 보이고 있다. 글로벌 시장에서 일본산 언스크립티드 포맷의 현지판 방영 개수가 2020년에는 7편에 불과했지만 2021년에는 16편으로 두 배 넘게 늘어났기 때문이다.[84]

2010년대 후반 들어서는 한국이 글로벌 포맷 시장에서 두각을 나타내고 있다. 한국은 2010년대 초중반에 중국에서 큰 성공을 거두면서 업계 관계자들의 이목을 끌기 시작했는데, 2019년 미국판 〈복면가왕〉이 공전의 히트를 기록하고 수십 개국에 수출되면서 글로벌 포맷 업계의 신흥강자로 자리매김하고 있다. 이듬해인 2020년에는 〈너의 목소리가 보여〉도 미국판이 성공을 거두었으며, 영국 등 30여 개국에 수출되었다. 게다가 스크립티드 포맷 분야에서도 미국에서 시즌7까지 방영된 KBS 〈굿 닥터〉를 필두로 CJ ENM[85] 〈악의 꽃〉, SBS 〈피고인〉 등이 해외에 리메이크되며 2020년부터 2022년까지 오리지널 포맷 수출 3위를 기록하는 등 글로벌 포맷 시장에서 한국의 위상을 공고히 하고 있다.[86]

---

83 K7 Media, *TRACKING THE GIANTS: The Top 100 Travelling Scripted Formats 2020-2022* (2023), p. 26.

84 K7 Media, *TRACKING THE GIANTS: The Top 100 Travelling Unscripted Formats 2021-2022*, pp. 25~26.

85 2018년 7월 1일 CJ오쇼핑이 CJ E&M을 흡수 합병해서 CJ ENM으로 사명을 변경했다. 이 책에서는 과거 자료에 나오는 CJ E&M을 혼용하지 않고 CJ ENM으로 통일해서 명기한다.

〈그림 1-28〉 국가별 신규 포맷의 수출 비중

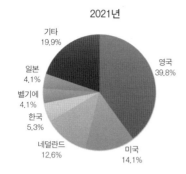

2021년

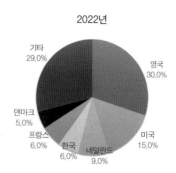

2022년

자료: K7 Media

　한국이 글로벌 포맷 시장에서 급부상한 2019년 이후 이전보다 다양한 국가가 포맷 수출에 참여하고 있다. 영국의 미디어 산업 리서치 회사 암페어 애널리시스(Ampere Analysis)가 2019년부터 2023년까지 최근 5년간 글로벌 포맷 시장의 변화에 대해 분석한 결과, 이 시기에 글로벌 경쟁이 심화되면서 영어권 포맷이 전체 시장에서 편성되는 비율이 2019년 59%에서 2023년 36%로 하락한 것으로 나타났다. 이에 대해 선임 분석가인 올리비아 딘(Olivia Deane)은 "포맷 수출에 집중하는 글로벌 플레이어가 증가함에 따라 앞으로 서유럽 포맷 수출국들 사이에 전례 없는 경쟁이 펼쳐질 것"이라고 예측했다.[87] 실제로 〈그림 1-28〉을 보면 그동안 포맷 수출국 상위권에 들지 못했던 벨기에, 덴마크 같은 국가가 등장하기 시작했음을 알 수 있다.[88]

86　K7 Media, *TRACKING THE GIANTS: The Top 100 Travelling Scripted Formats 2020-2022*, p. 26.

87　Kristin Brzoznowski, "Ampere Analysis: Banijay Tops Global Format Commissions," *Worldscreen*, October 23, 2023.

88　K7 Media, *TRACKING THE GIANTS: The Top 100 Travelling Unscripted Formats 2021-2022*, 2022, p. 23; K7 Media, *TRACKING THE GIANTS: The Top 100 Travelling Unscripted Formats 2022-2023*, p. 26.

(2) 주요 글로벌 포맷 기업 현황[89]

전 세계 포맷 시장을 주도하는 글로벌 포맷 기업으로는 바니제이 그룹, 프리맨틀, ITV 스튜디오, BBC 스튜디오, 올스리미디어, 소니 픽처스 텔레비전, 워너브라더스 인터내셔널 텔레비전 프로덕션, NBC 유니버설 정도를 꼽을 수 있다. 이들 중 모회사 실적과 분리되어 있지 않아 IR 자료를 통해 파악하기 어려운 워너브라더스와 NBC 유니버설을 제외한 나머지 기업의 2023년 매출액은 각기 36억 달러, 33억 달러, 28억 달러, 27억 달러, 12억 달러, 9억 달러이다.[90]

2023년 가장 높은 매출액을 기록한 바니제이 그룹은 프랑스의 대표적인 다국적 TV 제작 및 배급 기업이다. 바니제이 그룹은 2020년 포맷 업계의 대표적인 슈퍼 인디 중 하나인 엔데몰 샤인 그룹을 22억 달러에 인수하면서 몸집을 더욱 키웠고, 이를 통해 〈마스터셰프〉, 〈빅 브라더〉, 〈서바이버〉 같은 글로벌 브랜드 포맷까지 보유하게 되면서 단숨에 업계 최대 수준의 포맷 기업으로 부상했다.[91] 실제로 바니제이 그룹은 2022년에는 K7 미디어가 선정한 언스크립티드 분야 올해의 배급사로 뽑혔다. 암페어 애널리시스의 집계 결과로는 최근 5년간 824개의 포맷을 수출했는데, 이는 2위인 ITV 스튜디오의 2배에 가까운 수치이다. 한편 이 기간 동안 포맷 수출물량에서는 바니제이 그룹이 가장 많지만, 이 중 59%가 기존 시장에서 시즌이 갱신된 포맷이므로 새로운 시장 개척 측면에서는 다소 아쉬운 측면이 있다.

유럽의 대형 미디어 기업 RTL 그룹을 모회사로 둔 프리맨틀은 〈더 보이스〉 이후 가장 흥행한 포맷으로 평가받는 〈복면가왕〉의 글로벌 배급을 담당하면서 언스크립티드 분야에서 올해의 배급사에 2년 연속(2020~2021년) 선정되기도 한 기업이다. 프리맨틀은 슈퍼 포맷 〈아이돌즈〉를 비롯해 〈갓 탤런트〉,

---

89 K7 Media, *TRACKING THE GIANTS: The Top 100 Travelling Unscripted Formats 2021-2022, 2022~2023, 2023~2024*; Kristin Brzoznowski, "Ampere Analysis: Banijay Tops Global Format Commissions."

90 각 사의 2023년 IR 자료.

91 Jake Kanter, "Banijay Group's $2.2BN Endemol Shine Group Takeover Approved By European Commission," *Deadline*, July 1, 2020.

〈그림 1-29〉〈더 보이스〉

자료: ITV Studios

〈더 엑스 팩터〉등 전 세계적으로 성공한 탤런트 쇼를 많이 보유하고 있는데, 최근에는 2021년 올해의 포맷에 선정된 〈게임 오브 탤런츠(Game Of Talents)〉로 주목받고 있다. 프리맨틀은 〈너의 목소리가 보여〉도 배급하고 있으며 〈복면가왕〉을 시작으로 2020년 전후 등장한 추리 기반 엔터테인먼트 게임쇼 트렌드를 주도하는 등 최근 5년간 402개의 포맷을 수출했다. 한편 41개국에 새로운 포맷을 수출하는 등 글로벌 빅3에 걸맞은 실적을 보이고 있다.

영국의 대표적인 포맷 기업 중 하나인 ITV 스튜디오는 2023년 매출액이 3위였지만 최근 5년간 464개의 포맷을 수출하면서 수출 실적 2위를 차지했다. 그리고 포맷 신규 수출에서는 42개국 수출에 그친 바니제이 그룹을 제치고 가장 많은 49개국에 포맷을 새로 수출했다. ITV 스튜디오가 보유한 대표적인 글로벌 포맷으로는 〈러브 아일랜드(Love Island)〉, 〈더 보이스〉, 〈컴 다인 위드 미〉 등이 있다. 이 중 차세대 슈퍼 포맷이라 불리면서 2010년대를 풍미했던 〈더 보이스〉는 네덜란드 탈파 미디어의 포맷이었지만 2015년 ITV에 인수되면서 ITV 스튜디오가 포맷을 관리하고 있다. 2019년에는 뛰어난 창작역량을 지닌 이스라엘 대표 포맷 기업 아르모자 포맷을 인수해 글로벌 포맷 시장에서의 경쟁력 향상을 꾀하고 있다(2024년에는 아비 아르모자가 아르모자 포맷을 ITV 스튜디오로부터 다시 인수했다).

영국 국영 방송사 BBC의 상업 자회사인 BBC 스튜디오는 〈댄싱 위드 더 스타스〉, 〈더 위키스트 링크〉, 〈베이크 오프(Bake Off)〉 같은 스테디셀러를

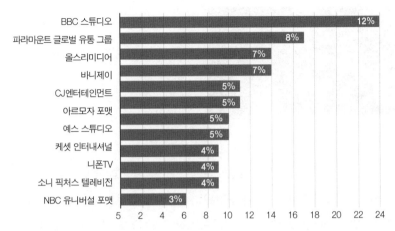

〈그림 1-30〉 배급사별 글로벌 스크립티드 포맷 수출(현지화) 건수(2020~2022년)(단위: 건)

자료: K7 Media, *TRACKING THE GIANTS: The Top 100 Travelling Scripted Formats 2022-2023*, p.32.

보유하고 있지만, 최근 몇 년간 언스크립티드 분야에서는 다른 글로벌 포맷 기업에 비해 두드러진 성과를 보여주지 못하고 있다. 2022년 ITV1에서 방영되어 그해 영국 퀴즈 장르 게임쇼 가운데 가장 큰 인기를 끌었고 2023년까지 7개국에 수출된 〈더 원퍼센트 클럽(The 1% Club)〉 정도가 체면치레를 하고 있다. 하지만 스크립티드 분야에서는 2020년에서 2022년까지 글로벌 시장에 수출된 포맷의 12%를 BBC 스튜디오가 배급하면서 상반된 모습을 보이고 있다.

올스리미디어는 BBC 스튜디오, ITV 스튜디오와 함께 영국 3대 포맷 기업 중 하나이다. 2022년 언스크립티드 분야에서 올해의 포맷에 선정된 리얼리티 장르의 〈더 트레이터스〉와 떠오르는 포맷 스타(Rising Format Stars)로 선정된 팩추얼 장르의 〈소트 유어 라이프 아웃(Sort Your Life Out)〉 쌍두마차를 필두로 최근 글로벌 포맷 시장에서 주목받고 있다. 특히 2021년 네덜란드 RTL4에서 성공적으로 방영된 〈더 트레이터스〉는 글로벌 포맷 시장으로 빠르게 수출되기 시작했고, 2022년에만 7개국에 추가로 수출되면서 영향력을 넓혀나가고 있다. 〈더 트레이터스〉는 한동안 〈복면가왕〉과 〈너의 목소리가 보여〉가

〈그림 1-31〉〈더 트레이터스〉

자료: All3Media

주도한 추리가 가미된 엔터테인먼트 게임쇼 장르의 트렌드를 두뇌싸움이 가미
된 리얼리티 장르로 전환시킬 정도로 큰 반향을 얻고 있다. 여기에 힘입어 올스
리미디어는 K7 미디어가 집계한 2022년 신규 수출 포맷을 보유한 배급사 순위
에서 바니제이 그룹, 프리맨틀에 이어 처음으로 3위를 차지했다.

소니 픽처스 텔레비전의 포맷 수출 실적을 견인하고 있는 포맷은 1998년에
시작해 지금까지 170개가 넘는 나라에 수출되고 있고 여전히 새로운 시즌이 갱
신되고 있는 역대 1위 슈퍼 포맷 〈후 원츠 투 비 어 밀리어네어?〉이다. 워너브
라더스 인터내셔널 텔레비전 프로덕션은 최근 5년간 421개의 포맷을 수출하면
서 3위에 올랐지만 이것은 〈더 베츨러〉 같은 스테디셀러 포맷의 힘이지 새로
운 포맷의 성과는 그다지 두드러지지 않았다. 이는 같은 기간 180개의 포맷을
수출한 NBC 유니버설도 비슷한 상황으로, 이들 기업은 스크립티드 분야에서
도 워너브라더스 인터내셔널 텔레비전 프로덕션을 제외하면 2023년 매출 상위
5위 기업만큼 포맷 수출이 활발하지는 않다.

한편 최근 5년간의 포맷 편성 자료를 살펴보면 글로벌 OTT가 포맷을 수입해
서 현지화한 경우는 15%로, 포맷을 수입하는 경향이 과거에 비해 증가하고 있
다. 실제로 이 기간 동안 글로벌 포맷을 수입한 바이어 상위 15위에 넷플릭스,
아마존 프라임 비디오(Amazon Prime Video), 디스커버리 플러스(Discovery+)
가 포함되었다. 이는 현지 시장을 공략하기 위해 흥행했던 포맷이 가진 브랜드
파워를 활용하려는 니즈가 반영된 것으로 보인다. 또한 글로벌 OTT는 서비스

를 직접 제공하는 지역이 많은 만큼 레거시 미디어에 비해 여러 시장에 포맷을 현지화하기에 용이하다는 점도 하나의 원인으로 작용한 것으로 보인다. 일례로 2018년 영국 채널4(Channel4)에서 인기를 끈 올스리미디어의 〈더 서클(The Circle)〉 포맷은 2020년 넷플릭스에서 미국판을 시작으로 브라질판, 프랑스판 등 3개국 현지판을 편성해 서비스하기도 했다.

이들 글로벌 OTT는 자사 플랫폼에 더욱 많은 소비자를 유입해야 수익이 증가하는 비즈니스 모델을 가지고 있어 향후에도 포맷 셀러보다는 바이어로서의 역할을 할 것으로 기대된다. 다만, 오리지널 콘텐츠에 투자를 많이 하는 만큼 향후 자사 콘텐츠 포맷화를 확대해 나갈 가능성도 있어 이들이 포맷 수입을 확대할지 여부는 예견하기 어렵다. 오리지널 콘텐츠가 성공하면 시즌을 갱신하면서 프랜차이즈화하고 있으며, 〈오징어 게임〉처럼 성공한 스크립티드 포맷을 언스크립티드 포맷으로 장르를 전환해서 제작하는 사례도 나오고 있기 때문이다.

(3) 에버그린 포맷의 강세

포맷 비즈니스는 무척 다양하고 역동적이어서 업계 전망에 대해 예단하기는 어렵다. 하지만 전 세계적으로 아직 경기가 어렵고 향후 경제 성장세도 둔화될 것으로 보여 단기적으로 언스크립티드 분야는 전망이 밝은 편이다. 제작예산을 효율적으로 사용해야 하기 때문에 전반적으로 높은 제작비가 소요되는 스크립티드 분야보다 언스크립티드 분야에 투자하는 것이 이른바 가성비가 높기 때문이다. 특히 이미 오랜 시간에 걸쳐 여러 번 성공이 검증된 에버그린(Evergreen) 포맷에 대한 수요가 높은데, 〈후 원츠 투 비 어 밀리어네어?〉, 〈댄싱 위드 더 스타스〉, 〈리얼 하우스와이브스(Real Housewives)〉, 〈휠 오브 포춘〉, 〈슈퍼내니(Supernanny)〉 같은 전통의 강자들이 2024년에도 새로운 시즌으로 돌아왔거나 방영될 예정이다. [92]

---

92 Julian Newby, "TV Trends For 2024," *MIPBLOG*, January 11, 2024.

〈그림 1-32〉 주요 글로벌 포맷 기업의 로고

자료: 각 사 홈페이지

2010년대 이후 전 세계적으로 국가마다 OTT를 비롯한 미디어 채널이 증가해 소비 환경이 좋아지면서 인기 있는 포맷에 대한 수요는 더욱 증가하고 있다. 게다가 제작 요소 시장이 성장하면서 제작비가 높아지기 시작하자 성공이 검증된 포맷은 리스크를 완화하려는 바이어들에게 매력적인 상품이 되었다. 2019년 후반부터 전 세계적으로 확산된 코로나19 팬데믹은 이러한 경향을 더욱 심화시켰는데, 국가 간 무역 자체가 어려워져 경제적 타격이 컸기 때문이다. 따라서 이 시기에 제작비가 높은 스크립티드 포맷 기반 시리즈는 제작이 중단되는 사례가 많았지만, 상대적으로 제작비가 낮은 언스크립티드 포맷에 대한 수요는 급증했다. 검증된 성공에 따른 낮은 실패확률, 새로운 프로그램 개발 대비 높은 가성비 등의 장점으로 인해 이 시기의 글로벌 포맷 시장은 스핀오프(Spin-off)를 포함한 언스크립티드 포맷 리부트(Reboot)가 주요 트렌드로 자리매김했다.[93]

실제로 암페어 애널리시스에 따르면 최근 5년간 글로벌 포맷 시장은 〈복면가왕〉이 29개국에서 편성을 받으며 주도하고 있는 가운데 〈마스터셰프〉와 〈더 보이스〉가 27개국에서, 〈러브 아일랜드〉가 25개국에서, 〈베이크 오프〉가 24개국에서, 〈빅 브라더〉가 21개국에서, 〈댄싱 위드 더 스타스〉와 〈갓 탤런트〉가 20개국에서 편성을 받으면서 그 뒤를 따랐다. 이 중 2015년에 론칭한 〈복면가왕〉과 〈러브 아일랜드〉를 제외하면 나머지는 모두 2010년

---

93   한국콘텐츠진흥원, 『한국 방송포맷(K-포맷) 글로벌 경쟁력 강화를 위한 비즈니스 전략방안 연구』, 38~42쪽.

<그림 1-33> 2022년에 새로운 시즌을 시작한 포맷의 최초 방영 시기별 분류

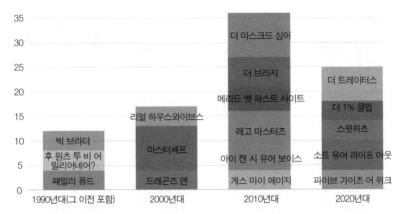

자료: K7 Media, *TRACKING THE GIANTS: The Top 100 Travelling Unscripted Formats 2022-2023*, p.8.

또는 그 이전에 론칭한 포맷이다. [94]

K7 미디어의 조사에서도 2021년을 기준으로 1998년에 론칭한 〈후 원츠 투 비 어 밀리어네어?〉는 35개국에서, 1976년에 론칭한 〈패밀리 퓨드〉는 20개 국에서 여전히 방영되고 있었다. 1999년에 론칭한 〈빅 브라더〉도 새로운 시 즌이 갱신되고 있고 스핀오프 〈빅 브라더 VIP〉도 17개국에서 방영 중이다. [95] 2022년에는 2005년에 론칭한 〈마스터셰프〉가 두각을 보였으며 〈마스터셰프 주니어(MasterChef Junior)〉, 〈셀레브리티 마스터셰프(Celebrity MasterChef)〉, 〈마스터셰프 올 스타스(MasterChef All Stars)〉 등 다양한 스핀오프를 포함해 이 해에만 17개의 새로운 시즌이 편성되었고 2024년 현재 31개국에서 방영 중 이다. 한편 2022년에 새로 시즌을 시작한 포맷 수를 집계해 본 결과 상위 17개 포맷 중 6개 포맷이 2000년대와 그 이전에 론칭한 포맷으로 35.3%를 차지했

---

94 Kristin Brzoznowski, "Ampere Analysis: Banijay Tops Global Format Commissions," 2023.
95 K7 Media, *TRACKING THE GIANTS: The Top 100 Travelling Unscripted Formats 2021-2022*, pp. 11~12.

다. 첫 방송을 시작한 지 20년이 넘은 포맷이 아직도 생명력을 가지고 시장에서 소구된다는 것은 포맷 자체가 훌륭하다는 것을 보여주는 것이기도 하지만, 그만큼 새로운 포맷 개발에 대한 투자가 인색해지고 글로벌 시장이 위축되었음을 반증하는 것이기도 하다.

이러한 경향은 코로나19가 어느 정도 종식된 2023년에도 크게 변화되지 않았다. 미국의 리서치 기업 비트리나(Vitrina)에 따르면 코로나19가 완화되기 시작한 2022년에는 기존 포맷의 시즌 갱신과 더불어 새로운 포맷의 현지화도 늘었지만, 2023년에는 기존 포맷의 시즌 갱신은 높은 비율을 유지하고 있는 반면 새로운 포맷의 현지화는 코로나19가 한창이던 2021년 수준으로 감소하는 추세를 보이고 있다.[96] 이러한 상황은 앞서 언급했듯 아직 세계 경기가 어려운 탓으로 추정된다. 하지만 한 가지 희망적인 것은 전년 대비 옵션거래가 늘었다는 점이다. 옵션은 새로운 포맷을 수입하기 전 단계의 거래이기 때문에 향후에는 새로운 포맷의 현지화가 점차 늘어날 것으로 예측된다.

(4) 공동개발과 공동제작, 글로벌 파트너십의 진화[97]

코로나19 팬데믹 이후 미디어 산업의 주도권은 방송사에서 OTT로 넘어가고 있다. 이러한 추세에 따라 글로벌 포맷 비즈니스도 접근 방식이 달라지고 있다. 상품으로서 포맷이 지닌 핵심 가치는 다양한 국가에 진출할 만큼 매력적이고 보편적인지, 현지화하기에 용이한지에 달려 있다. 이 때문에 포맷을 거래하기 위해 마케팅을 할 때에는 독창적인 아이디어, 장치 또는 형식, 예산 유연성 등이 현지 시장에 얼마나 적합한지에 초점을 맞추고 바이어를 공략해야 한다. 하지만 OTT 시대의 콘텐츠는 더 이상 특정 지역, 즉 현지 시청자를 위해 내수용으로만 제작되지 않으며 전 세계 시청자들에게 소구될 수 있는지를 고려하고 있다. 따라서 그간 방송사들이 중시했던 대표 성과지표인 가구 시청률보다 콘

---

96 Vitrina, *High Demand Content Trends: Formats Jan 2021-Nov 2023*(2023), p. 4.
97 황진우, "글로벌 포맷 개발의 모든 것".

제1장 포맷 산업의 이해 **91**

텐츠가 얼마나 지속 가능한지, 얼마나 소비자 친화적인지, 추천할 가치가 있는지, 시청할 만한 희소성이 있는지 등에 대한 정보를 중시하며 이를 내·외부 자료로 측정해 의사결정에 활용한다. 이러한 흐름에서 포맷은 기획 단계부터 보편성을 강조하고 있으며, 이와 더불어 탈로컬 이상의 글로벌 퀄리티를 요구받고 있다.

이처럼 OTT 시대에는 콘텐츠 가치의 평가 기준이 달라지고 있으며, 이에 따라 효과적인 포맷 사업의 전략으로 공동개발과 공동제작이 언급되고 있다. 과거에는 공동개발과 공동제작의 목적이 단순히 제작비를 공동으로 분담해 리스크를 완화하는 것이었으며, 제작 범위가 해외로까지 확장될 경우 각국의 세제 혜택을 활용해 제작비 부담을 줄이는 것이었다. 하지만 시간이 지나면서 비즈니스 모델이 진화해 새로운 파트너십이 생겨나고 있다. 특히 최근에는 글로벌 포맷 기업들의 시장 지배력이 높아지고 있어 독립제작사들은 이들과 경쟁하고 OTT 시대에 적응하기 위해 기획 단계부터 해외 협업을 강화하고 있다. 국제공동개발의 경우 글로벌 시장에 대한 다양한 관점을 공유할 수 있으며, 이를 통해 얻은 인사이트는 글로벌 매력을 가진 포맷을 만드는 데 도움이 될 수 있다. 또한 공동으로 개발한 포맷을 판매할 때는 각자 강점이 있는 지역을 담당해 판매 가능성을 높이고 합리적으로 이익을 공유할 수 있다. 더 나아가 글로벌 파트너와 공동제작까지 진행함으로써 규모의 경제를 달성하거나 다양한 수익 모델을 적용할 수도 있다.[98]

실제로 최근 글로벌 포맷 비즈니스 사례를 들여다보면 다양한 공동제작 형태를 찾아볼 수 있는데, 이 중 눈여겨볼 만한 비즈니스 모델은 포맷 IP를 기반으로 제작 시스템을 구축하는 것이다. 이는 일종의 제작 허브를 제공하는 형태로, 자국에서 별도로 현지화 제작을 진행하는 것이 아니라 현지 제작진과 출연자들이 오리지널 포맷을 제작할 때 구축한 제작 설비(세트, 소품, 구조물 등)를 그대로 활

---

98 Phil Gurin, "Darwin's Theory as applied to the world of formats and co-productions", *K7 Media*, May 30, 2022.

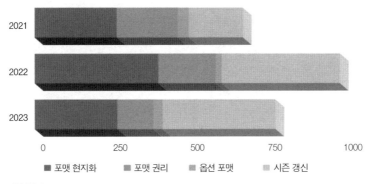

〈그림 1-34〉 포맷 거래 형태별 거래량(2021~2023년)(단위: 건)

포맷 현지화 포맷 권리 옵션 포맷 시즌 갱신

자료: Vitrina

용하는 공동제작 방식이다. 나아가 심지어 여행을 소재로 한 포맷의 경우에도 현지판 출연자들이 오리지널 포맷을 제작할 때 사용했던 장소(로케이션, 숙소 등)와 구성(미션 과제, 체험 등), 인력 등을 그대로 활용할 수 있도록 준비해서 포맷을 수출할 때 공동제작 패키지로 반영한다. 즉, 이 같은 공동제작을 진행하기 위해서는 오리지널 포맷 IP에 사용된 제작 요소를 해외 제작진과 출연자들이 그대로 활용할 수 있도록 제작 시스템을 준비해야 한다.

이러한 공동제작 비즈니스 모델을 구축하기 위해서는 기획 단계에서부터 제작 설비와 운영, 관리에 대한 사전 계획을 수립하고 향후 이를 지속적으로 활용하기 위한 유지·보수 비용도 책정해야 한다. 이렇게 사전에 고려할 사항이 많고 투자비용도 만만치 않음에도 불구하고 기존 제작 설비를 활용하는 공동제작 시스템에 대한 니즈가 존재하는 이유는 다음과 같다. IP 오너는 판매한 포맷의 퀄리티를 관리하는 것은 물론 매출 극대화도 달성할 수 있어 포맷의 상품성을 높일 수 있으며, 바이어는 자국에서 모든 것을 새로 제작하는 것보다 적은 비용으로 제작할 수 있고 제작 일정도 단축시킬 수 있기 때문이다. 또한 공동제작 시스템을 구축해 포맷 사업을 진행할 경우 포맷 라이선스 수익을 올리는 것과 더불어 제작 솔루션 제공도 판매할 수 있어 IP 사업의 수익성을 높일 수 있다. 대표

〈그림 1-35〉〈더 트레이터스〉영국판(왼쪽)과 미국판(오른쪽)의 장면 비교

자료: All3Media

적인 사례로 올스리미디어의 〈더 트레이터스〉를 들 수 있다. 〈더 트레이터스〉는 최근 글로벌 시장에서 가장 인기 있고 많이 수출된 포맷으로, 일부 국가를 제외한 대부분의 해외판이 영국의 로케이션, 세트, 구성을 그대로 활용해 좋은 성과를 내고 있다.

제2장

한국 포맷 산업의 현황

한국 포맷 산업은 언스크립티드 분야를 중심으로 발전해 왔으며, 스크립티드 분야도 K-드라마의 세계적인 흥행과 함께 성장하고 있다. 한국은 2000년대 초반에 포맷을 수입하면서 글로벌 포맷 시장에 걸음마를 뗀 이후 중국과의 관계로 인해 기회와 위기를 몇 차례 맞았고 〈복면가왕〉으로 반등의 계기를 마련하기까지 몇 차례 변곡점을 거치면서 입지를 다져오고 있다.

이 장에서는 이러한 한국 포맷 산업의 역동적인 발자취를 도입기, 성장기, 전환기, 도약기로 구분해 살펴볼 것이다. 도입기는 포맷 수입과 수출이 시작되었던 2000년대이고, 성장기는 중국에 진출하면서 포맷 수출이 가파르게 성장하던 2010년대 초중반이며, 전환기는 한한령을 기점으로 대중(對中) 수출이 급감해 새로운 시장을 탐색하던 2010년대 후반이다. 도약기는 미국판 〈복면가왕〉이 등장한 이후 엄청난 흥행으로 K-포맷의 브랜드를 전 세계에 널리 알린 2019년 이후에 해당한다.

1. 도입기: K-포맷의 시작

1) 어서 와, 포맷은 처음이지?[1]

우리나라 방송 시장에서는 2000년대 들어 중요한 변화의 움직임이 나타났다. 이른바 통합 방송법 제정을 계기로 방송 시장의 경쟁 구도가 본격적으로 형성되기 시작한 것이다. 2002년 위성 방송의 등장은 유료 플랫폼사업이 경쟁 시대에 진입했음을 알림과 동시에 기존의 독과점적 지위를 지닌 지상파 방송과 지상파의 보완 매체였던 케이블 TV라는 상호 협력적인 구도를 변화시켰다. 지상파 방송과 케이블 TV로 이원화되어 있던 단순한 방송 사업자 구도에서 벗어나 중앙 지상파 방송, 지역 지상파 방송, 케이블 SO, 위성 방송, 방송채널사업자(Program Provider: PP) 등 다양한 방송 사업자의 이해관계가 분화했고 이들 간에 다자간 경쟁이 발생하기 시작했던 것이다. 이후 방송통신 융합 시대의 본격화라는 시대적 맥락 속에 2005년 위성 DMB와 지상파 DMB가 등장했고, 2008년에는 IPTV가, 2011년에는 종합 편성 채널들이 시장에 진입하면서 방송 시장 내의 경쟁은 더욱 심화되었다.[2]

국내 방송 시장의 경쟁상황이 이처럼 변화한 것은 시청률 경쟁이 이전보다 더욱 치열해졌음을 의미했다. 따라서 각 방송사에서는 더욱 새롭고 재미있는 방송 프로그램을 개발하거나 확보하기 위한 다양한 방안을 강구하기 시작했다. 이때 등장한 대안 중 하나가 포맷을 수입하는 것이었다. 이미 다른 국가나 지역에서 성공한 프로그램의 성공방정식인 포맷을 적용해 자국 프로그램화하면 흥행 가능성이 높았기 때문이다. 또한 당시는 세계적으로 포맷 유통이 활발해지던 시기이기도 했다. 게다가 새로운 포맷을 개발하는 데 소요되는 시간과 비용

---

[1]   한국콘텐츠진흥원, 『2011년 방송콘텐츠 포맷산업 실태조사』(2011), 10~25쪽.
[2]   홍종윤·정영주·오형일, 「2000년대 이후 한국 방송 산업의 신규 매체 및 채널 도입 정책에 관한 통시적 접근: 경쟁 정책 관점의 부재에 관해」, ≪언론정보연구≫, 54권 3호(2017), 174쪽.

을 고려할 때 검증된 포맷을 수입하는 것은 여러모로 매력적인 대안이었다.

사실 국내 방송 산업계는 그동안 포맷을 정식 수입하는 것보다 포맷을 모방하는 데 더 익숙해져 있었다. 이러한 현상은 언스크립티드 분야에서 특히 심했는데, 산업이 성숙하기 이전에는 국내 예능 프로그램을 제작할 때 해외 프로그램, 특히 일본 프로그램을 모방하는 관행이 공공연히 있어왔다. 하지만 해외 프로그램의 포맷을 정식으로 수입하지 않는 이런 행태는 2000년대 들어 더 이상 지속하기 어려워졌다. 기술의 발달로 다양한 경로를 통해 시청자들이 해외 프로그램을 얼마든지 접할 수 있었으므로 모방한 프로그램은 금세 시청자와 네티즌에 의해 표절 의혹이 제기되었기 때문이다. 게다가 글로벌 시장에서 포맷 거래가 활발해짐에 따라 전 세계적으로 포맷 권리를 보호하는 데 대한 관심이 높아진 시장 환경도 영향을 미쳤다.[3]

이 같은 변화에 따라 방송사에서는 2000년대 초반부터 해외 포맷을 정식으로 수입하기 시작했다. 정확히 언제부터 해외 포맷을 정식으로 수입했는지 알기 어렵지만, 2002년에 방영된 SBS 〈솔로몬의 선택〉, MBC 〈브레인 서바이버〉, 2003년에 방영된 〈보야르 원정대〉 같은 프로그램들이 초창기에 수입된 포맷으로 추정된다. 시간이 지나면서 포맷 수입이 점차 증가했는데, 전반적으로 국내 방송 시장에서 우월적 지위를 누리고 있던 지상파 방송사에 비해 후발 주자인 케이블 방송사들이 포맷 수입에 더 적극적이었다. 우선 지상파인 KBS는 2007년에 방영된 〈1 대 100〉이 유일한 포맷 수입작이었다. 대행사인 케니앤코를 통해 네덜란드 엔데몰에서 수입한 이 포맷은 KBS의 유일한 수입 포맷이지만 2018년까지 10년 넘게 방영된 장수 프로그램으로, 최고 시청률이 14%대에 이르렀을 정도로 인기가 높았고 종영 때도 5%가 넘는 시청률을 기록하며 유종의 미를 거두었다. MBC와 SBS는 KBS보다 많은 포맷을 수입했다. MBC는 일본 TBS에서 포맷을 수입해 2002년 〈일요일 일요일 밤에〉의 코너였던 〈브

---

3   배진아, 「방송 시장의 포맷 거래에 관한 연구」, ≪방송과 커뮤니케이션≫, 9(2)(2008), 22쪽.

레인 서바이버>를 방영해 인기를 끌었고, 2011년에는 영국 BBC의 <스트릭틀리 컴 댄싱(Strictly Come Dancing)> 포맷의 한국판인 <댄싱 위드 더 스타>로 평균 시청률 12.9%를 기록했다. SBS는 주로 일본 포맷을 많이 수입하는 경향을 보였는데, NTV에서 수입한 <솔로몬의 선택>은 평균 시청률 13.7%를, 후지(Fuji) TV에서 수입한 <슈퍼 바이킹>과 <작렬 정신통일>은 각각 9.2%, 8.4%를 기록하며 비교적 흥행에 성공했다.

케이블 방송사에서는 CJ가 포맷 수입에 가장 적극적이었다. 2009년까지는 <예스 오어 노(Yes or No)>를 제외하고는 대부분 해외 포맷을 참고만 하는 수준이었으나, 2010년 이후 포맷 정식 수입판의 국내 제작이 급증했다. 이는 CJ가 지상파에 비해 열세인 프로그램별 브랜드 인지도를 만회할 전략으로 해외에서 인지도 있는 포맷을 적극적으로 수입했기 때문이다. 게다가 이 시기에 CJ는 온미디어를 인수해 다수의 채널을 보유하게 되었는데, 각 채널의 고유한 브랜드를 구축하기 위해서는 우수한 콘텐츠를 확보해야 했다. 단시간에 양질의 프로그램을 다수 확보하려면 검증된 해외 포맷 수입에 집중하는 것이 합리적인 해결책이었다. 따라서 CJ는 타 방송사에 비해 과감하고 적극적으로 해외 포맷 라이선스를 구매하기 시작했다. 2006년 <예스 오어 노>에 대해 풀 패키지 형태의 포맷 수입 계약을 맺은 것을 기점으로, <도전 슈퍼모델>, <프로젝트 런웨이>, <갓 탤런트>, <탑 기어> 등 프리미엄급 포맷을 대부분 풀 패키지 형태로 수입했다. 이들 포맷의 한국판은 시즌2에서 종영한 <갓 탤런트>를 제외하고는 대부분 좋은 성과를 내며 여러 개의 시즌을 갱신했다. 이처럼 지상파 중심이던 국내 방송 시장에서 후발주자였던 CJ는 포맷을 수입함으로써 빠르게 입지를 다질 수 있었다. 케이블 방송사 중 CJ 다음으로 포맷 수입에 적극적이었던 곳은 QTV였다. 중앙그룹 계열로 지금은 연예 전문 채널인 JTBC2로 개편되었는데, 당시에는 조인트벤처 형식으로 QTV에 49%의 지분을 갖고 있던 브로드캐스팅 아시아의 영향을 받아 해외 포맷을 수입하는 데 적극적이었다.

이처럼 우리나라의 포맷 산업은 지상파 및 케이블 방송사가 국내 포맷 산업

<그림 2-1> 국내 방송사의 포맷 수입 추이(방영년도 기준)(단위: 건)

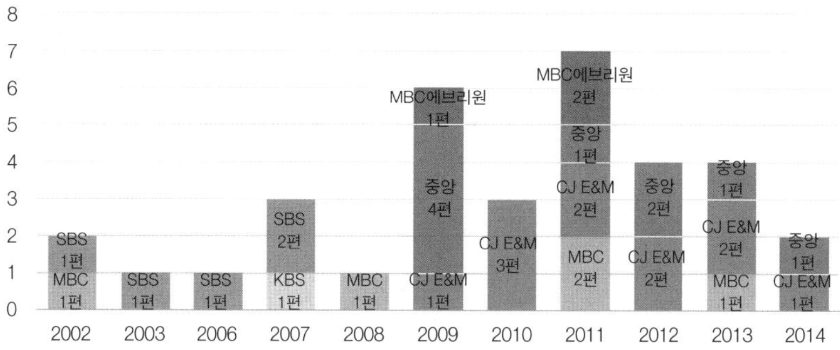

자료: 한국콘텐츠진흥원, 『방송포맷 수출입 현황조사 연구』(2015), 33쪽.

초창기에 해외 포맷을 수입하면서 태동하기 시작했고, 언스크립티드 포맷을 중심으로 2010년대 초반까지도 포맷 수입이 비교적 활발하게 이루어졌다. 하지만 이러한 경향은 2011년을 정점으로 이후부터 감소세에 접어들었다. 2012년부터는 포맷 수입량이 지속적으로 줄었는데, 이는 2010년대 들어 국내 방송사들이 새로운 포맷을 적극적으로 제작하기 시작한 것과 맞물려 있는 것으로 보인다. 즉, 그간의 포맷 수입을 통해 제작 노하우를 익힌 국내 방송사들이 본격적으로 자체 포맷을 개발하고 제작에 돌입하면서 수입 포맷 편성에 대한 니즈가 감소된 것으로 해석할 수 있다.

2) K-포맷 수출의 서막, <도전 골든벨>

2000년대 초반에 해외 포맷을 수입하면서 포맷 비즈니스에 눈을 뜨기 시작한 국내 방송사들은 이때부터 포맷 수출에도 관심을 가지기 시작했다. KBS <TV는 사랑을 싣고>가 스페인에 수출되면서 한국 포맷 수출의 물꼬가 트이기 시작했고, KBS <도전 골든벨> 포맷이 2003년에는 중국 CCTV에, 2005년에는 베트남 VTV에 수출되면서 K-포맷 수출의 서막이 열렸다.

초기 국내 프로그램의 포맷 수출은 글로벌 스탠더드와 달리 단순히 프로그램의 아이디어와 제작 노하우를 전수하는 선에 그쳤다. 담당 PD가 플라잉 PD로 파견되어 제작 과정에 관여하지도 않았고, 현지의 방송 시장과 환경을 파악해서 프로그램을 현지화하는 과정에도 참여하지 않았으며, 포맷 바이블을 제작해 판매하지도 않았다. 따라서 포맷 라이선스 비용이 저렴했고, 포맷의 브랜드 가치가 현지에서 그대로 유지되도록 하는 의무 조항이 계약서 등에 구체적으로 명시되지도 않았다. 다국적 기업에서 포맷을 브랜드화하고 상품으로서의 가치를 높여 판매하는 방식에 비교하면 주먹구구식 비즈니스였던 것이다.

당시 한국의 포맷 수출은 워낙 초창기이다 보니 국내 방송사에 포맷 수출을 위한 전담부서나 R&R이 조직되지 않아 주로 수출 실무자들 간 개별적인 접촉을 통해서 거래가 이루어졌다. 일례로 MBC 〈러브하우스〉는 CCTV에서 관심을 가지고 MBC 측에 먼저 구매를 의뢰해 계약이 성사되었는데, 이처럼 당시 한국의 포맷 거래는 판매자가 적극적으로 마케팅을 하기보다 구매자의 요청이 있으면 거래를 하는 식이었다. 하지만 세계적으로 포맷 비즈니스가 크게 성장하고 한국 포맷이 점차 수출되기 시작하자, 지상파 방송사를 중심으로 포맷 수출에 대한 관심이 점차 높아졌다. 이후 일부 방송사는 포맷 개발과 수출 업무를 수행할 부서 혹은 담당자를 지정해 포맷 비즈니스에 적극적으로 뛰어들기 시작했다. 당시 KBS는 〈해피투게더 프렌즈〉, 〈쟁반노래방〉, 〈상상플러스〉, 〈풀하우스〉, 〈스펀지〉를 미국, 프랑스, 영국, 러시아에, MBC는 〈무한도전〉, 〈커피프린스 1호점〉, 〈궁〉을 미국, 아르헨티나, 멕시코, 베트남에, SBS는 〈여왕의 조건〉, 〈쩐의 전쟁〉을 러시아와 인도네시아에 포맷으로 판매하려고 시도했다. [4]

초기 한국의 포맷 수출지역은 주로 중국, 베트남, 인도네시아 등 아시아에 국한되었다. 그중에서도 중국에 더 집중되었는데, 2004년 MBC 〈러브하우스〉, 2006년 MBC 〈강호동의 천생연분〉, SBS 〈반전 드라마〉 등의 포맷이 연이어

---

4   같은 글, 26~27쪽.

중국 진출에 성공했다. 한국 포맷이 중국에 수출되기 시작한 것은 당시 중국의 사회적 상황과도 관련 있었다. 1992년 한국과 중국 간에 수교가 이루어지면서 한국의 대중문화가 본격적으로 중국에 소개되기 시작했기 때문이다. 먼저 〈질투〉, 〈사랑이 뭐길래〉, 〈별은 내 가슴에〉 같은 한국 드라마가 큰 인기를 끌면서 한류의 불씨를 지피기 시작했고, 이어 1990년대 후반에는 K-팝이 중국에 진출하면서 2001년 H.O.T가 한국 아이돌로는 최초로 북경에서 성황리에 콘서트를 개최하는 등 중국에서 한국 대중문화의 인기가 높아지고 있는 상황이었다.

1990년대 들어 중국은 산업화 개혁을 실시하면서 한국을 비롯해 다른 나라들과의 문화적 교류도 허용하기 시작했다. 방송 시장도 마찬가지여서 이때부터 해외 포맷을 수입하기 시작했다. 1998년 CCTV가 프랑스의 대형스포츠 게임쇼 포맷인 〈인터빌스(Intervilles)〉를 수입해 중국판 〈성시지간(城市之间)〉을 방영했고, 이어 영국의 게임쇼 포맷 〈고빙고(GoBingo)〉를 수입해 중국판 〈행운52(幸运52)〉를 방영하기도 했다. 해외 대중문화에 대한 개방의 흐름은 중국이 2000년 '중공중앙 10차 5개년 계획'을 발표하고 2001년 WTO에 가입한 이후 더욱 가속화되었다. '중공중앙 10차 5개년 계획'은 중국에서 '문화산업'이라는 개념이 처음 등장한 정책 문건으로, 이 계획에 포함된 '문화산업 발전 10·5 계획 강요'에는 중국의 우수한 문화를 발양하고 외국의 유익한 문화성과를 흡수해 문화생활의 질을 향상해야 한다는 내용을 골자로 문화산업의 성장 목표, 대상 산업, 주요 조치 등이 명시되어 있다. 즉, 중국 정부가 문화를 산업으로 인식하고 본격적으로 육성하겠다는 의지를 담고 있는 정책이라 할 수 있다.[5]

3) 정부의 포맷 산업 지원 시작

글로벌 포맷 산업은 1990년대부터 급격히 성장하기 시작했고 2000년대 들

---

5   왕쉬에·김연식, 「중국 한류 예능프로그램의 발전역사에 관한 연구: 2000년대 이후의 성과를 중심으로」, ≪사회과학 담론과 정책≫, 10(2)(2017), 152쪽.

〈표 2-1〉 중국의 '문화산업 발전 10·5계획 강요' 주요 내용

항목	내용
성장 목표	1. 문화산업을 매년 20% 이상 성장 2. 10·5 기간 말까지 전체 GDP의 2% 정도에 도달 3. 도시주민의 일인당 평균 문화오락 소비지출을 전체 소비지출에서 5%까지 제고 4. 문화산업을 경제성장의 새로운 동력으로 육성
대상 산업	1. 문예공연, 2. 영화·방송, 3. 음반, 4. 문화엔터테인먼트, 5. 문화여행, 6. 예술인재 육성, 7. 예술품
주요 조치	1. 조직 강화 2. 문화기업 간의 건전한 경쟁 촉진 및 경쟁시장 환경 조성 3. 문화자원 개발 프로젝트를 통해 문화산업 구조 전환 4. 적극적인 문화산업 발전자금 조달 5. 문화산업의 세수 정책 및 투융자 정책 개선 6. 인재 관리제도 및 인센티브제도 개선 7. 대외문화 교류의 규모 및 수준 제고

자료: 노수연 외, 『중국의 문화콘텐츠 발전현황과 지역별 협력방안』(대외경제정책연구원, 2015), 38쪽.

어서는 슈퍼 포맷을 필두로 방송콘텐츠 분야의 세계적인 비즈니스 영역 중 하나로 자리매김했다. 전통적으로 방송콘텐츠는 지역문화에 토대를 둔 상품이므로 현지 콘텐츠가 강세를 보이고 미국 방송 프로그램을 중심으로 거래가 이루어지는 경향이 있다. 하지만 포맷은 열린 구조로 인해 지리적·문화적 한계를 뛰어넘으면서 기존 방송콘텐츠 교역과는 다른 역흐름이나 균형적 흐름의 조짐이 포착되었다. 수입 프로그램에 대한 진입장벽이 높던 미국 시장조차 영국, 이스라엘, 일본 등의 포맷을 수입하면서 문턱이 낮아졌기 때문이다. 특히 유럽산 포맷 수입이 증가했다는 것은 그간 불균형적이던 유럽과 미국 간 유통 구조가 쌍방향적으로 전환되고 있음을 의미하기도 했다.[6]

이러한 특징으로 인해 수출주도형 국가인 한국으로서는 포맷이 새로운 수출 품목으로서 방송콘텐츠 수출을 확대시키고 다변화할 수 있을 것으로 기대되는 영역이었다. 게다가 아시아에 한정되어 있던 방송콘텐츠 수출 시장도 확장될 수 있는 가능성이 있었기에 정부에서도 관심을 가지기 시작했다. 2008년에 영

---

6   정윤경, 「국내 텔레비전 포맷 프로그램의 유통에 관한 연구: 완성 프로그램과의 비교를 중심으로」, ≪한국언론학보≫, 제60권 제3호(2016), 98쪽.

국과 네덜란드로 연수단을 파견한 것이 그 시작이었다. 한국 포맷 산업에 대한 지원정책을 수립하기 위해 국내 지상파와 케이블 방송사, 제작사, 협회, 학계 등 각계 전문가가 포함된 11명의 연수단을 조직했고, 이들은 포맷 선진국인 영국과 네덜란드의 대표 글로벌 포맷 기업인 BBC 월드와이드와 엔데몰을 방문했다. 한국정부는 연수단이 현지에서 접한 포맷 개발 및 비즈니스 노하우, 인프라 등을 다각도로 검토한 결과 포맷 산업이 시장성이 있다고 판단하고 한국의 포맷 산업을 육성하기 위한 지원을 결정했다.

그 결과 이듬해인 2009년, 국제공동제작 포맷 제작지원과 뉴미디어 포맷 바이블 제작지원 사업으로 구성된 10억 원 규모의 '뉴미디어콘텐츠 포맷제작지원 사업'을 신설해 정부 차원에서 한국 포맷 산업을 본격적으로 육성하기 시작했다. 이후 해마다 세부 사업은 조금씩 변경되었지만, 큰 틀에서는 '새로운 포맷의 기획·제작과 바이블 제작', '포맷 개발 및 비즈니스 노하우 습득', '한국 포맷 해외 마케팅'에 대한 지원을 업계 수요에 맞춰 개선해 나가면서 지금까지 지속해오고 있다. 처음 지원을 시작할 당시에는 한국 포맷 산업이 선진국에 비해 걸음마 단계였기 때문에 당장의 성과보다 선진 노하우를 습득하고 새로운 시도를 해보는 중장기적인 방향에서 지원 사업이 설계되었다.

실제로 국내 방송 산업 전문가들의 포맷 분야 역량을 강화하기 위해 엔데몰이나 프리맨틀 미디어 같은 글로벌 포맷 기업의 전문가들을 한국으로 초청해 포맷 워크숍을 개최하고, 엔터테인먼트 마스터 클래스(Entertainment Master Class: EMC) 같은 해외 전문 아카데미 프로그램에 연수를 보내는 등 포맷 산업에 필요한 인재를 양성하고 경쟁력을 강화하는 데 초점을 두었다. 포맷 파일럿이나 바이블 같은 제작지원 사업도 당장의 매출이나 수출 성과를 거두는 것보다 새로운 포맷 개발을 시도하거나 바이블 제작을 도와주면서 노하우를 쌓는 기회를 제공하는 데 중점을 두었다. 포맷 산업을 육성하기 위한 지원규모는 2009년 10억 원으로 시작해 2010년과 2011년에는 5억 원 수준으로 감소했다. 하지만 한국 포맷 수출이 증가하기 시작한 2012년부터는 약 13억 원 규모로 증가하면서 가치

〈그림 2-2〉 2009년 개최된 포맷 워크숍(왼쪽)과 2012년 밉포맷 한국 포맷 쇼케이스(오른쪽)

자료: 한국콘텐츠진흥원

사슬 단계별로 지원할 수 있는 기반을 마련해 갔다. 실제로 2012년부터는 밉포
맷(MIPFORMATS) 같은 해외 주요 마켓에서 한국 포맷을 소개하는 마케팅 지원
을 강화하는 등 한국의 포맷 산업을 더욱 성장시킬 수 있는 동력을 확보하게 되
었다.

2. 성장기: 중국을 삼킨 K-포맷

1) 〈나는 가수다〉로 시작된 중국의 K-포맷앓이[7]

1990년대 후반 들어 문화를 산업으로 키우고자 하는 중국 정부의 의지와 문
화개방 기조로 인해 중국 방송 시장에서는 해외 수입 프로그램의 비중이 매우
높아졌다. 〈가을동화〉, 〈겨울연가〉, 〈대장금〉 같은 한국 드라마도 이 시
기에 중국에서 열풍을 일으키며 한류를 이어나갔다. 하지만 이것도 잠시, 외국
프로그램에 대한 의존도가 지나치게 높다고 판단한 중국 정부는 자국 문화 보
호 정책의 일환으로 2004년 9월 국가신문출판광전총국에서 '해외 TV프로그램

---

7   왕쉬에·김연식, 「중국 한류 예능프로그램의 발전역사에 관한 연구: 2000년대 이후의 성과를 중
     심으로」, 149~171쪽.

수입 및 방영관리 규정(境外电视节目引进_播出管理规定)'을 발표해 해외 방송 프로그램 수입을 규제하기 시작했다. 이 규정에는 중국 정부의 승인 없이는 해외 프로그램을 프라임 타임에 방영할 수 없고, 해외 프로그램은 일일 방송시간의 25%를 초과하지 못한다는 내용이 포함되어 있어 중국에 방송 프로그램을 수출하는 것이 이전만큼 용이하지 않게 되었다.[8]

하지만 이 같은 규제에도 불구하고 중국에서 인터넷은 직접적인 규제 대상이 아니었으므로 인터넷을 통해 2005년부터 〈연애편지〉, 〈X-맨〉, 〈야심만만〉, 〈만원의 행복〉 같은 한국 예능 프로그램이 잇달아 중국에서 많은 인기를 얻기 시작했다. 이 시기에는 한국 예능 프로그램의 다운로드 횟수가 1위를 차지하기도 했으며, 중국 검색 사이트 바이두에서 '한국오락'을 검색하면 수많은 관련 사이트에 접속할 수 있었다. 이러한 인기에 힘입어 2005년에는 광둥성의 남방TV가 MBC 〈게릴라 콘서트〉를 수입해 방영했고, 2006년에는 베이징영선문화전파회사가 당시 가장 인기 있었던 〈연애편지〉의 중국 방송 판권을 사들였다. 이들 프로그램을 시작으로 이후 중국 방송사를 통해 공식적으로 한국 예능 프로그램이 중국에 확산되기 시작했다.

중국 방송사에 비해 규제의 벽이 높지 않았던 유쿠투도우(Youku Tudou)나 아이치이(iQIYI) 같은 인터넷 기반 동영상 사이트는 한류가 중국에 스며드는 데 큰 역할을 했다. 이런 과정을 통해 중국 시청자들이 한국 방송 프로그램을 선호하게 되자 2010년대 들어 한국 포맷이 중국 시장에 본격적으로 진출하는 데 유리한 시장 환경이 조성되었다. 2012년 tvN 〈슈퍼디바〉를 시작으로, 2013년 1월 중국판이 방영된 〈나는 가수다〉는 주요 도시 평균 시청률이 2.36%, 시장 점유율이 11.58%에 달하며 동시간대 1위를 차지했다. 이러한 성공은 한국 포맷이 중국으로 수출되는 도화선이 되었다. 2013년에만 기수출 포맷의 새로운 시즌을 포함해 8편의 한국 포맷이 중국 현지판으로 방영되었는데, 이 중 〈아빠

8   박재천·이두영·박순형, 『FTA 후속대응 및 해외 방송시장 진출방안 연구』(방송통신위원회, 2015), 11쪽.

〈그림 2-3〉 중국판 〈나는 가수다〉(왼쪽)와 〈아빠 어디가〉(오른쪽)

자료: 후난위성TV

어디가〉는 공전의 히트를 기록하며 한국 포맷 수출을 가속화시켰다. 후난위성
TV에서 방영된 〈아빠 어디가〉는 평균 시청률 4.3%, 최고 시청률 5.7%를 기
록했는데, 40여 개의 위성채널이 존재하는 중국에서 1%를 넘기는 예능 프로그
램이 당시 한 해에 5개가 넘지 않았다는 점을 고려하면 엄청난 성공이었다.

2014년에는 한국 포맷의 중국 수출이 더욱 늘어나 기수출 포맷 4편의 새로운
시즌을 포함해 11편의 현지판이 방영되었다. 여기서 주목할 점은 중국에서 방
영된 해외 포맷이 전년 53편 대비 13편이 감소한 40편이었다는 것이다. 2013
년에는 영국과 미국 포맷이 각 12편으로 중국 시장에서 두 나라 포맷의 비중이
절반(45.2%) 수준이었고, 네덜란드가 한국과 같은 8편으로 15.1%를 차지했다.
하지만 2014년에는 영국 12.5%(5편), 네덜란드 10%(4편), 미국 7.5%(3편)로
비중이 감소한 반면, 한국은 전년보다 크게 상승한 27.5%를 기록했다. 한국이
세계 포맷 상위 3위 국가로 꼽히는 영국, 미국, 네덜란드를 모두 제치고 중국 시
장에서 1위를 차지했던 것이다. [9]

한국 포맷이 중국에서 인기가 많은 이유에 대해서는 다양한 시각이 있지만
그중에서도 가장 중요한 이유를 들자면 먼저 상업성과 공익성 간의 균형 때문
이다. 한국 예능 프로그램은 화려한 연예인과 우스꽝스러운 언행으로 시청자의

---

9   문화체육관광부, 『방송포맷산업 현황, 전망 및 육성 방안 연구』(2016), 48~49쪽.

<표 2-2> 중국으로 수출된 주요 한국 포맷(2012~2015년)

한국 방송사	한국 프로그램명	중국판 프로그램명	중국 방송사	방송 형태	첫 방송
tvN	슈퍼디바	마마미야(妈妈咪呀)	둥팡위성TV	주간제	2012.9.8
MBC	나는 가수다	나는 가수다 시즌1(我是歌手1) 나는 가수다 시즌2(我是歌手2) 나는 가수다 시즌3(我是歌手3) 나는 가수다 시즌4(我是歌手4)	후난위성TV	시즌제	2013.1.18 2014.1.3 2015.1.2 2016.1.29
SBS	K팝스타	중국별의 힘(中国星力量)	산동위성TV	주간제	2013.7.4
M-net	슈퍼스타K	나의 중국 스타(我的中国星)	후베이위성TV	주간제	2013.7.7
MBC	아빠 어디가	아빠 어디가 시즌1(爸爸去哪儿1) 아빠 어디가 시즌2(爸爸去哪儿2) 아빠 어디가 시즌3(爸爸去哪儿3)	후난위성TV	시즌제	2013.10.11 2014.6.20 2015.7.10
SBS	기적의 오디션	기적의 꿈공장(奇迹梦工厂)	충칭위성TV	주간제	2013.10.19
KBS	1박2일	1박2일 시즌1(两天一夜1) 1박2일 시즌2(两天一夜2)	쓰촨위성TV	시즌제	2013.10.27
KBS	불후의 명곡	불후의 명곡(不朽的名曲)	둥팡위성TV	시즌제	2014.3.1
KBS	슈퍼맨이 돌아왔다	아빠가 돌아왔다 시즌1 (爸爸回来了1) 아빠가 돌아왔다 시즌2 (爸爸回来了2)	저장위성TV	시즌제	2014.4.24
tvN	꽃보다 할배	꽃보다 할배(花样爷爷)	둥팡위성TV	시즌제	2014.6.15
SBS	런닝맨	달려라 형제 시즌1(奔跑吧, 兄弟1) 달려라 형제 시즌2(奔跑吧, 兄弟2) 달려라 형제 시즌3(奔跑吧, 兄弟3) 달려라 형제 시즌4(奔跑吧, 兄弟4)	저장위성TV	시즌제	2014.10.10 2015.4.17 2015.10.30
JTBC	대단한 시집	희종천강(囍从天降)	톈진위성TV	주간제	2014.10.25
tvN	더 로맨틱	완벽한 만남(完美邂逅)	구이저우위성TV	주간제	2014.11.2

자료: 왕쉬에·김연식, 「중국 한류 예능프로그램의 발전역사에 관한 연구: 2000년대 이후의 성과를 중심으로」, ≪사회과학 담론과 정책≫, 10(2)(2017), 158쪽.

시선을 끌어 웃음을 만들어낼 뿐만 아니라 교육적 가치와 공익적 가치도 효과적으로 전달한다고 평가받는다. 다음으로는 현지화 과정에서 허용되는 포맷 유연성 때문이다. 미국이나 영국 등 서구권 포맷은 현지화할 때 포맷을 일부 변형시키는 것에 대해 매우 엄격하다. 하지만 한국 포맷은 중국인의 취향에 맞게 변형하는 것에 대해 비교적 유연하므로 중국 바이어 입장에서는 이 점이 포맷을 수입하는 데서 더 선호할 만한 요인으로 작용했다.

2) 한·중 포맷 공동제작의 포문을 연 <런닝맨>

포맷 비즈니스가 매력적인 이유는 한 지역에서 성공하면 그 성공이 여러 지역으로 확장되고 기존에 성공했던 지역에서는 시즌이 갱신되어 수익이 여러 지역에서 꾸준히 발생하는 네트워크 효과가 발생하기 때문이다. 하지만 2010년대 초반에는 한국 포맷이 중국에서만 유독 인기가 많았다. 동남아 지역에 일부 수출되긴 했지만 그 외의 지역으로는 제대로 확장되지 않아 포맷 비즈니스의 장점이 제대로 발휘되지 못했다.

따라서 제작비의 5~10% 수준인 포맷 피 정도만 기대할 수 있는 포맷 라이선스 거래로는 부족한 측면이 있었다(물론 때로는 계약조건에 따라 플라잉 PD의 컨설팅 수익이 더해지거나 포맷 바이블, 부가 판권 등 다양한 조건까지 포함된 풀패키지 방식으로 계약해서 조금 더 높은 금액을 받기도 했다). 중국 시장이 워낙 큰 데다 중국 방송 산업이 발전하면서 제작비 규모도 한국보다 몇 배나 커져서 이 정도의 수익도 매력적이긴 했지만, 중국 외의 국가로 수출 시장을 확대하기 어렵다는 점, 한국 포맷이 중국에서만 큰 인기를 끌고 있다는 점에서는 다소 아쉬운 것도 사실이었다.

이처럼 국내 방송 산업계가 포맷 수출의 수익성을 개선하는 방안에 대해 고민하던 와중에 중국과의 공동제작이 새롭게 시도되었다. 모든 콘텐츠 비즈니스가 마찬가지이겠지만 포맷 비즈니스도 하이 리스크 하이 리턴(high-risk high-return) 공식이 통용되는 분야이다. 즉, 얼마만큼 리스크를 부담하느냐에 따라 향후 기대수익이 달라진다. 그런 측면에서 볼 때, 공동제작은 과감한 투자가 필요한 리스크 높은 거래 방식이지만 프로그램이 흥행하면 일반 라이선스 거래보다 훨씬 큰 이익을 볼 수 있다.

<아빠 어디가>의 경우 MBC는 처음에 포맷 피로만 수익을 얻었지만, 중국 후난위성TV는 중국판의 방송광고로 1200억 원, 영화와 음원 판매 등으로 최소 2000억 원 이상을 벌었다. 국내 방송 산업계에서는 2013년 이후 이 같은 중국

방송 시장의 비즈니스 구조를 인지하기 시작했다. SBS는 중국 시장에서 발생하는 제작 수익이 한국보다 100배 이상 많다는 사실에 주목하고 자사의 대표 예능 포맷인 〈런닝맨〉을 중국과 공동제작하기로 결정했다. 당시는 마침 중국도 자국의 제작역량을 높이기 위해 노하우를 배우는 투자에 적극적인 시기였다. 당시 중국 방송 시장 1위 사업자는 후난위성TV였는데, 후난위성TV는 〈아빠 어디가〉 포맷을 수입하고 한국에서 파견된 플라잉 PD에게 컨설팅을 받아서 제작역량이 업그레이드되었다고 평가받고 있었기 때문이다. 이러한 상황하에 포맷 수출의 수익을 극대화하려는 SBS와 수익을 나누더라도 흥행이 검증된 포맷으로 성공 가능성을 높이고 제작 노하우까지 전수받으려는 중국 방송사의 요구가 맞아떨어져 SBS는 2013년 중국 저장위성TV와 〈런닝맨〉 중국판 공동제작 계약을 체결하기에 이르렀다.[10]

SBS는 중국판 제작을 위해 〈런닝맨〉을 연출한 조효진 PD를 비롯해, 조명 카메라 VJ, 소품 담당자, 세트 담당자 등 한국 제작인력을 그대로 공동제작에 참여시켰는데, 전체 200여 명의 현지 제작진 중 한국인이 40%에 달할 정도로 큰 규모였다. 그렇게 제작된 〈런닝맨〉 중국판 〈달려라 형제〉는 2014년 10월 첫 방송을 시작했고, 시청률이 1%만 나와도 성공한 것으로 평가받는 중국에서 CSM 50[11] 기준 2%를 넘기며 5주 연속 주간 시청률 1위를 차지했다. 게다가 시즌2에서는 시청률 5%대를 두 번이나 달성했으며, 중국 동영상 사이트에서는 조회수 2억 뷰를 넘기기도 했다. 중국에서 거둔 엄청난 흥행으로 〈달려라 형제〉 시즌2의 독점 광고권이 1억 3000만 위안(약 231억 원)에 거래되었으며, 그 외의 광고권도 각각 6000만 위안(약 106억 원), 4800만 위안(약 85억 원)에 달했다. 〈달려라 형제〉가 시즌2 광고 계약을 통해 벌어들인 수입은 약 4억 8800만 위안(약 868억 원)에 이를 것으로 추산된다.

〈그림 2-4〉 〈런닝맨〉 중국판 〈달려라 형제〉

자료: 저장위성TV

　　중국과의 공동제작이라는 거래 형태가 부상한 것은 국가신문출판광전총국
이 2013년 10월에 발표한 새로운 규제인 '2014년 TV위성종합채널 프로그램 개
편과 등록에 관한 통지(关于做好2014年电视上星综合频道节目编排和备案工作
的通知)' 때문이기도 했다. 이 규제에 따르면 각 TV위성종합채널이 매년 신규
로 수입할 수 있는 해외 포맷은 1편으로 제한되며, 수입된 그해에는 프라임 타
임에 편성할 수 없었다. 거기다 해외 수입 포맷에 대해 2개월 전에 사전 신고하
는 것도 의무화되었다.[12] 이같이 규제를 강화한 것은 중국 방송 업계의 자체 제
작 능력을 키우고 경쟁력을 높이려는 의도였겠지만, 이로 인해 중국에 포맷을
수출해야 하는 한국도, 한국 포맷으로 성공을 거두고 있던 중국 방송사들도 난
감한 상황에 봉착했다. 하지만 한국은 수익 측면에서, 중국은 성공 가능성이 높
은 프로그램을 수급하는 측면에서 서로를 필요로 하는 상황이었으므로 규제에
대한 자구책을 마련해야 했다. 그 결과 대안으로 떠오른 것이 한국과 중국의 포
맷 공동제작이었다. 공동제작 프로그램은 수입 프로그램에 해당하지 않아 규제
의 적용을 받지 않기 때문이었다.

　　중국과 공동제작한 〈런닝맨〉 중국판이 성공하고 강화된 중국 규제에 대한
대안으로 공동제작 필요성이 부상함에 따라 한국과 중국 간 포맷 비즈니스는 공
동제작 중심으로 전환되었다. 이미 중국에서 성공을 거두고 있던 〈아빠 어디

12　한국콘텐츠진흥원, 『중국 콘텐츠 산업동향(21호): 심층이슈』(2013), 4~5쪽.

가>나 <1박 2일>은 기존에는 포맷 라이선스 판매와 플라잉 컨설팅을 중심으로 비즈니스가 이루어지다가 이후 시즌부터는 공동제작으로 진행되었다. MBC는 <우리 결혼했어요>, <무한도전> 같은 포맷을 각각 장쑤위성TV, CCTV와 합작으로 제작했다. KBS도 자사 대표 개그 프로그램인 <개그콘서트>로 공동제작 붐에 합류해 상하이둥팡미디어유한공사(SMG) 산하 위성채널인 둥팡위성TV와 중국판 <개그콘서트>를 공동으로 제작했으며, 중국 선전TV와 중국판 <출발 드림팀>도 합작했다. 이 외에도 상당히 많은 한국 포맷이 중국과 공동으로 제작되었다. 초기에는 지상파 방송사를 중심으로 공동제작이 이루어졌지만 이후에는 CJ ENM 같은 케이블 방송사도 포맷 공동제작에 뛰어들었다.[13]

3) K-포맷의 정점에서 맞닥뜨린 한한령

(1) K-포맷에 열광한 중국 시장

연이은 성공으로 한국 포맷에 대한 중국의 선호가 절정에 달했던 2015년에는 기수출 포맷 8편의 새로운 시즌을 포함해 한국 포맷의 중국 현지판이 18편이나 방영되었다. '2014년 TV위성종합채널 프로그램 개편과 등록에 관한 통지'에 따라 해외 포맷 수입을 규제한 여파로 전년 대비 32.5%가 줄어든 27편의 해외 포맷만 중국에서 방영되었지만, 한국 포맷은 그 수가 더욱 늘어 절반이 넘는 66.7%를 차지하는 압도적인 영향력을 과시했다. 단순히 편성된 포맷 수만 많은 것이 아니라 흥행실적도 높아졌다. 2013년과 2014년에는 중국 시청률 상위 10위에 한국 포맷이 각각 3편씩 올랐으나, 2015년에는 무려 6편이 포진했다. 상위 50위까지 범위를 넓히면 15편이 한국 포맷으로, 다른 해외 포맷은 네덜란드가 2편이었고, 그 외 4개국(미국, 영국, 독일, 일본)이 각각 1편씩에 불과했다.[14]

---

13 이문행, 「한국 예능 프로그램 포맷의 중국 시장 진출 특성」, ≪한국콘텐츠학회논문지≫, 제16권 제11호(2016), 543~546쪽.
14 문화체육관광부, 『방송포맷산업 현황, 전망 및 육성 방안 연구』, 61~63쪽.

〈표 2-3〉 2015년 중국에서 방영된 프로그램 시청률 상위 50위의 한국 포맷

순위	한국 방송사	한국 프로그램명	중국판 프로그램명	중국 방송사	시청률 (%)
2	SBS	런닝맨	달려라 형제 시즌2(奔跑吧, 兄弟2)	저장위성TV	4.756
3	SBS	런닝맨	달려라 형제 시즌3(奔跑吧, 兄弟3)	저장위성TV	4.310
4	SBS	런닝맨	달려라 형제 시즌1(奔跑吧, 兄弟1)	저장위성TV	3.763
5	MBC	나는 가수다	나는 가수다 시즌3(我是歌手3)	후난위성TV	2.723
7	MBC	아빠 어디가	아빠 어디가 시즌3(爸爸去哪儿3)	후난위성TV	2.262
9	MBC	무한도전	극한도전(极限挑战)*	둥팡위성TV	2.151
18	KBS	슈퍼맨이 돌아왔다	아빠가 돌아왔다 시즌2(爸爸回来了2)	저장위성TV	1.430
29	MBC	우리 결혼했어요	우리 사랑하기로 했어요(我们相爱吧)	장쑤위성TV	1.080
30	MBC	복면가왕	몽면가왕(蒙面歌王)	장쑤위성TV	1.070
31	MBC	진짜 사나이	진짜 사나이(真正男子汉)	후난위성TV	1.030
32	tvN	꽃보다 누나	꽃보다 누나(花样姐姐)	둥팡위성TV	1.017
37	tvN	슈퍼디바	마마미야(妈妈咪呀)	둥팡위성TV	0.976
45	tvN	렛츠고 시간탐험대	렛츠고 우리 타임슬립 합시다(咱们穿越吧)	쓰촨위성TV	0.877
46	JTBC	학교 다녀오겠습니다	학교 다녀오겠습니다(我去上学啦)	둥팡위성TV	0.865
49	MBC	우리 결혼했어요	사랑한다면(如果爱)	후베이위성TV	0.804

* 2015년 중국 시청률 9위를 기록한 극한도전(极限挑战)은 포맷 정식 수입판이 아니다. 정식 수입판은 2015년 12월 CCTV에서 방영했으며, 시청률은 1회 0.934%, 2회 1.072%, 3회 1.077%, 4회 0.975%를 기록했다. 자료: 한국국제문화교류진흥원.

상황이 이렇다 보니 중국에서는 한국 예능 프로그램을 실시간으로 모니터링하며 새롭게 수입할 포맷을 찾았으며, 파일럿 프로그램을 입도선매하는 현상까지 나타났다. 파일럿은 단발성이기 때문에 보통 포맷을 구매할 때에는 흥행성은 물론 안정성도 담보된 정규편성 프로그램을 선호한다. 하지만 〈나는 가수다〉, 〈아빠 어디가〉, 〈런닝맨〉 등 한국 포맷이 연타석으로 흥행하자 한국 포맷을 수입하려는 경쟁이 치열해지면서 '메이드인 코리아'에 대해 정규와 파일럿 구분 없이 수요가 발생했다. 그 결과 2015년 2월 설 특집 파일럿으로 방영된 〈복면가왕〉은 정규편성이 되기도 전에 중국 찬싱그룹이 포맷 구매의사를 밝혀 수출되었다.

한국 포맷에 대한 전 방위적인 중국의 러브콜로 인해 다양한 형태의 비즈니

스가 이루어지기도 했다. 우선 중국과 포맷을 거래하는 사업자가 다양해졌다. 당시까지만 해도 포맷 수출은 지상파 방송사들을 주축으로 하고 CJ ENM이 뒤따르던 형국이었으나, JTBC도 포맷 수출에 뛰어들기 시작했고, 독립제작사들도 중국과의 포맷 비즈니스에 참여하기 시작했다. 그간 국내에서는 제작사가 포맷 저작권을 온전히 보유하기 어려운 환경이라서 포맷 수출이 쉽지 않았다. 하지만 공동제작 활성화로 인해 제작사도 중국판 프로그램 제작에 참여하거나 합작 경험과 네트워크를 토대로 기획부터 제작까지 중국 제작사와 공동으로 프로젝트를 진행할 수 있게 되었다. 실제로 〈런닝맨〉 제작사인 얼반웍스미디어는 저장위성TV와 〈인생 제1차(人生第一次)〉를, 중국 최대 온라인 플랫폼 중 하나인 유쿠와 〈남신여신(男神女神)〉을 공동으로 기획하고 제작했다.

국내 PD들의 중국 진출도 활발해졌다. 〈나는 가수다〉 포맷을 중국에 수출하면서 플라잉 PD로 참여했던 김영희 PD가 대표적이다. 김영희 PD는 2015년 MBC를 퇴사해 중국에서 미가(米家)미디어라는 제작사를 설립했고, 이후 중국 현지 합작 제작사 비엔알(Blue Flame & Rice House: B&R)을 설립해 현지 예능 프로그램을 제작하기 시작했다. 본격적인 활동을 위해 이병혁 PD, 이준규 PD, 김남호 PD 등 〈라디오 스타〉, 〈느낌표〉, 〈무한도전〉 같은 MBC 대표 예능 프로그램을 연출한 후배 PD는 물론, SBS 남규홍 PD나 SM C&C 임정규 PD 등 다양한 방송사와 제작사의 역량 있는 PD들을 잇달아 영입했다. 김영희 PD는 비엔알에서 〈폭풍효자(旋风孝子)〉라는 중국 예능 프로그램을 기획·제작해 2016년 후난위성TV에 론칭했고 1.5%대 시청률로 동시간대 1위를 기록하는 성공을 거두기도 했다.[15]

한국 제작진에 대한 러브콜은 PD뿐 아니라 작가에게도 이어졌다. 기획부터 제작 전반에 걸쳐 큰 역할을 하는 한국의 방송작가도 PD와 마찬가지로 프로그램 제작의 핵심 인력이기 때문이다. 게다가 당시 중국은 PD와 작가의 역할과

---

15 조민정, "인력 유출이냐 시장 확대냐…PD들 중국 진출 가속", ≪연합뉴스≫, 2016년 2월 28일 자.

〈표 2-4〉 한국 포맷의 중국 수출 현황(2014~2016년)

	한국 방송사	한국 프로그램명	중국판 프로그램명	중국 방송사	중국 첫 방송 연도
1	tvN	슈퍼디바	마마미아(妈妈咪呀)	둥팡위성TV	2012
2	M-net	슈퍼스타K	슈퍼스타 차이나(我的中国星)	후베이위성TV	2013
3	SBS	기적의 오디션	기적의 꿈공장(奇迹梦工厂)	충칭위성TV	2013
4	SBS	K팝 스타	C팝 스타(中国星力量)	산둥위성TV	2013
5	MBC	나는 가수다	나는 가수다 시즌3(我是歌手3)	후난위성TV	2013
6	MBC	아빠 어디가	아빠 어디가(爸爸去哪儿)	후난위성TV	2013
7	KBS	1박2일	1박2일(两天一夜)	쓰촨위성TV	2013
8	tvN	더 로맨틱	완벽한 만남(完美邂逅)	구이저우위성TV	2013
9	KBS	슈퍼맨이 돌아왔다	아빠가 돌아왔다(爸爸回来了)	저장위성TV	2014
10	tvN	꽃보다 할배	꽃보다 할배(花样爷爷)	둥팡위성TV	2014
11	JTBC	대단한 시집	희종천강(囍从天降)	톈진위성TV	2014
12	KBS	불후의 명곡	불후의 명곡(不朽之名曲)	둥팡위성TV	2014
13	SBS	런닝맨	달려라 형제(奔跑吧, 兄弟)	저장위성TV	2014
14	MBC	우리 결혼했어요	우리 사랑하기로 했어요(我们相爱吧)	장수위성TV	2015
15	tvN	꽃보다 누나	꽃보다 누나(花样姐姐)	둥팡위성TV	2015
16	JTBC	비정상회담	세계청년설(世界青年说)	장수위성TV	2015
17	KBS	개그콘서트	개그생활대폭소(生活大爆笑)	둥팡위성TV	2015
18	MBC	진짜 사나이	진짜 사나이(真正男子汉)	후난위성TV	2015
19	MBC	무한도전	대단한 도전(了不起的挑战)	CCTV	2015
20	JTBC	학교 다녀오겠습니다	학교 다녀오겠습니다(我去上学啦)	둥팡위성TV	2015
21	KBS	출발 드림팀	한중 드림팀(中韩夢之隊)	선전위성TV	2015
22	tvN	렛츠고 시간탐험대	렛츠고 우리 타임슬립 합시다(咱们穿越吧)	쓰촨위성TV	2015
23	MBC	복면가왕	몽면가왕(蒙面歌王)	장쑤위성TV	2015
24	SBS	정글의 법칙	정글의 법칙(我们的法则)	안후이위성TV	2016

자료: 한국콘텐츠진흥원, 북경사무소 내부자료 '한국 포맷 중국 진출 현황'(2016).

영역이 나뉘지 않아 제작 시스템이 비효율적이었으므로 한국의 방송작가 시스템을 전수받으려는 니즈도 존재했다. 이에 〈무릎팍 도사〉의 문은애 작가, 〈히든싱어〉의 유성찬 작가, 〈출발 드림팀〉의 김기륜 작가, 〈진짜 사나이〉의 신명진 작가, 〈붕어빵〉의 곽상원 작가, 〈복면가왕〉의 박원우 작가 등 국내 간판 예능 프로그램을 맡은 수많은 작가가 중국에서 기획안을 창작하거나

제작에 참여하면서 활동하기 시작했다.[16]

중국에서 한국 제작진을 영입한 데에는 이들을 통해 실패에 대한 위험부담을 낮추려는 목적도 있었지만, 프로그램을 기획·제작하는 노하우를 직접적으로 빠르게 습득하려는 목적도 있었다. 게다가 갈수록 강화되는 중국 정부의 규제로 인해 한국 포맷을 수입하기 어려워지자 한국 제작인력과 직접 계약해 이들을 제작에 투입하는 우회적인 방법을 쓸 수밖에 없는 측면도 있었다. 중국은 우리나라 제작비의 10배에 육박할 만큼 시장 규모가 크고 대우 또한 좋았기 때문에 국내 제작진이 중국으로 진출하는 현상은 예능에만 국한되지 않았다. 〈별에서 온 그대〉의 장태유 PD, 〈닥터 이방인〉의 진혁 PD, 〈시크릿 가든〉의 신우철 PD 등 드라마 PD도 중국에 진출해 현지 드라마를 연출했다.

(2) 규제에 막히고 한한령에 무너진 K-포맷

한국 포맷이 중국 시장에서 활발하게 유통되기 시작해 정점에 다다른 2014년부터 2016년까지 중국에서 정식으로 수입한 한국 포맷은 모두 24편이다. 앞서 중국 내 시청률 상위 50위에서도 살펴봤지만, 이 시기에 한국 포맷의 인기는 포맷 선진국이라는 영국, 미국, 네덜란드보다도 높았고 2015년에는 상위 10위의 70%가 한국 포맷일 정도로 큰 인기를 자랑했다.

하지만 한국 포맷의 이러한 높은 인기는 중국 정부가 해외 포맷 수입에 대해 규제의 벽을 높이는 결과를 초래했다. 규제가 하나둘 추가될 때마다 공동제작 등 규제를 우회할 수 있는 방법을 찾아 양국 간 포맷 비즈니스가 지속되었으나 여기에도 한계가 있었다. 그러다 보니 자연스레 중국 방송사들이 한국 포맷을 표절하는 사례가 더욱 늘어나기 시작했다. 이는 한국 포맷이 중국 시장에서 계속해서 좋은 성과를 내고 있는 상황에서 정식으로 포맷을 수입할 수 없게 되자 벌어진 촌극이었다. 한국콘텐츠진흥원 북경 사무소에 따르면 2014년부

---

16 김효원, "'1박2일' 문은애, '진짜사나이' 신명진도 中진출, 예능 빨간불", ≪스포츠서울≫, 2016년 11월 3일 자.

〈표 2-5〉 중국 내 한국 포맷 표절 의혹 현황(2014~2016년)

연도	한국 제목	한국 방송국	중국판 제목	중국 방송국
2014	꽃보다 누나	tvN	꽃과 소년(花兒與少年)	후난위성TV
2014	1박2일	KBS	스타가족의 1박2일 (明星家族的2天1夜)	산둥위성TV
2014	개그콘서트	KBS	모두 함께 웃어요(一起来笑吧)	충칭위성TV
2015	무한도전	MBC	극한도전(极限挑战)	산둥위성TV
2015	대단한 시집	JTBC	스타가 우리집에 왔어요 (明星到我家)	후난위성TV
2015	히든싱어	JTBC	은장적 가수(隐藏的歌手)	후난위성TV
2015	너의 목소리가 보여	M-net	우적가신아(優滴歌神啊)	쓰촨위성TV
2015	영웅호걸	SBS	우상이 왔다(偶像来了)	구이저우위성TV
2016	안녕하세요	KBS	사대명조(四大名助)	저장위성TV
2016	판타스틱 듀오	SBS	당신과 노래 부르고 싶어요 (我想和你唱)	둥팡위성TV
2016	심폐소생송	SBS(코엔미디어)	명곡이었구나(原来是金曲)	톈진위성TV

자료: 한국콘텐츠진흥원, 북경사무소 내부자료 '중국 내 한국 포맷 표절 의혹 현황'(2016).

터 2016년까지 중국에서 한국 포맷을 표절한 것으로 의심되는 프로그램은 11
건으로(〈표 2-5〉 참조), 국내 방송사 관계자에 따르면 실제로는 더 많을 것이
라고 한다.

한편 2016년 상반기가 끝나갈 무렵 중국 국가신문출판광전총국은 '방송 프
로그램 자주적 창의 업무 추진 강화에 관한 통지(关于大力推动广播电视节目自
主创新工作的通知)'를 6월에 발표했다. 7월 1일부터 적용되는 이 규제에 따르
면, 신규 해외 포맷 수입이 연간 1편으로 제한되고, 수입 첫해 프라임 타임에는
신규 수입된 포맷을 방영할 수 없으며, 프라임 타임에 수입 포맷을 2편 이상 편
성할 수도 없다. 또한 공동제작도 중국 제작사나 방송사가 IP를 모두 가지지 않
을 경우 해외 포맷 수입으로 보고 규제 적용 대상이 되었다. 이전보다 더욱 강화
된 규제로 인해 한국의 중국에 대한 포맷 수출은 위축될 수밖에 없었다. 그런데
여기서 엎친 데 덮친 격으로 한국에 카운터펀치를 날려 그로기 상태에 이르게
한 조치가 있었으니 바로 한한령(限韓令)이었다. 한한령은 한국에서 제작한 콘

116　K-포맷 바이블

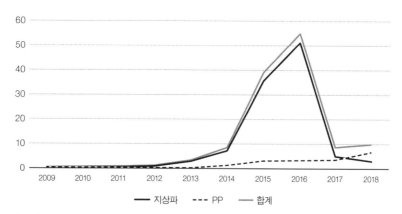

〈그림 2-5〉 국내 방송사의 포맷 수출액 추이(2009~2018년)(단위: 100만 달러)

자료: 방송통신위원회, 방송통계포털(https://mediastat.or.kr)에서 제공하는 2009~2018년 포맷 수출액 자료.

텐츠 또는 한국 연예인이 출연하는 광고 등을 중국에서 송출하지 못하게 금지 시킨 것으로, 금한령(禁韓令)이라고도 한다. 중국 정부에서 공식적으로 인정하지는 않았지만 2016년 7월 한국에 사드(THAAD, 고고도 미사일방어체계) 배치가 확정된 후부터 이에 대한 보복 조치로 한한령이 도입되었다.

규제 강화와 한한령은 한국 포맷 수출에 크나큰 악재였다. 실제로 우리나라 전체 포맷 수출액은 중국 진출이 본격화된 2013년에 340만 달러를 기록해 전년 대비 2.6배가 증가했고, 2015년에는 이보다 10배 이상 증가한 3900만 달러를, 2016년에는 역대 최고액인 5500만 달러를 기록했다. 하지만 이듬해인 2017년에는 대중 포맷 수출액이 전년 대비 84% 하락한 900만 달러로 급감했다. 전체 포맷 수출액에서 중국이 차지하는 비중이 지상파는 96.1%, PP는 71.7%[17]에 달할 정도로 중국에 대한 의존도가 높았기 때문에 한국 포맷 산업은 매우 큰 타격을 입었다(그림 〈2-5〉 참조).

---

17 정보통신정책연구원, 『2017 방송산업 실태조사 보고서』(2017), 209쪽.

3. 전환기: 수출 시장을 다변화한 K-포맷

1) 서구 시장 진출의 물꼬를 튼 <꽃보다 할배>

2010년대 중반은 대한민국의 모든 콘텐츠 업계가 중국만 바라보던 시대였다. 포맷 업계도 마찬가지로 중국에서 거둔 큰 성공으로 한국 포맷 산업의 전성기가 도래했다는 장밋빛 전망도 나왔다. 하지만 2016년 하반기부터 시작된 규제와 한한령의 여파로 한국 포맷의 중국 수출은 순식간에 급감했다. 한한령은 양국 간 정치적 문제까지 겹친 복합적인 이슈라서 중국과의 관계가 회복되면 다시 중국 시장이 열릴 것이라는 기대가 있었지만 당장은 해결될 기미가 보이지 않아 대책 마련이 필요했다.

이때 주목받기 시작한 사례가 한국 포맷 최초로 미국에 진출한 <꽃보다 할배>였다. 2016년 8월 미국 지상파 NBC에서 첫 선을 보인 미국판 <베러 레이트 댄 네버(Better Late Than Never)>는 동시간대 시청률 1위를 기록했고, 시즌 1의 반응이 좋아 방영 중에 시즌2 편성도 확정 짓는 쾌거를 이루었다. 이는 세계 최고의 콘텐츠 시장인 미국에 진출하고 흥행에도 성공한 고무적인 사례로, 한한령으로 인해 최대 포맷 수출 시장인 중국 시장을 잃을 위기에 처한 국내 포맷 업계에 새로운 수출길에 대한 가능성을 갖게 해주었다.

<꽃보다 할배>의 미국 진출 소식이 처음 전해진 것은 2014년 9월이었다. CJ ENM은 기자간담회를 통해 <꽃보다 할배>가 미국 NBC에 수출되었다는 소식을 알렸다. 한국 예능 포맷으로는 최초로 세계 최고이자 최대의 콘텐츠 시장인 미국에 진출한 사건이라 많은 주목을 받았다. 그로부터 불과 한 달 전에는 KBS 드라마 <굿 닥터>가 미국 지상파 CBS에서 리메이크된다는 소식도 전해진 터라 더욱 기대를 끌었다. 하지만 한편으로는 포맷 수출은 옵션 계약 수준에서 진전되지 못하는 경우가 많아 실제로 현지판을 제작하고 방영까지 될 수 있을지에 대한 의문이 제기되기도 했다.

〈그림 2-6〉〈꽃보다 할배〉미국판〈베러 레이트 댄 네버〉

자료: NBC

　〈꽃보다 할배〉미국판에 대한 가시적인 내용이 확인되기 시작한 것은 미국
판 촬영 일정이 공개되면서부터이다. NBC 제작팀에서 2015년 8월 중순 이후 한
국의 서울과 수원을 시작으로 일본의 도쿄와 교토, 홍콩, 태국의 방콕과 치앙마
이 등을 돌면서 촬영을 진행한다는 공식 보도가 나왔다. 미국 '할배'에는 1970년대
시트콤〈해피 데이즈(Happy Days)〉의 주연 헨리 윙클러(Henry Winkler),〈스
타 트랙(Star Trek)〉에서 커크 선장으로 나온 윌리엄 샤트너(William Shatner), 폭
스 방송의〈NFL 선데이(NFL Sunday)〉의 진행을 맡은 전직 풋볼선수 테리 브래
드쇼(Terry Bradshaw), 세계 헤비급 챔피언을 지낸 조지 포먼(George Foreman)
이 참여하고 짐꾼으로는 코미디언 제프 다이(Jeff Dye)가 결정되어 쟁쟁한 출연
진으로 더욱 주목을 받았다.

　한국 촬영에서 아이돌 그룹인 소녀시대가 게스트로 출연한다는 소식으로도
많은 사람들의 기대와 궁금증을 유발한〈베러 레이트 댄 네버〉에 대한 정보
는 2015년 9월에 개최된 국제방송영상마켓 'BCWW 2015'에서 더욱 자세히
살펴볼 수 있었다.〈꽃보다 할배〉를 전 세계로 수출하는 배급사인 스몰월드
IFT(Small World IFT)의 팀 크레센티(Tim Crescenti) 대표는 BCWW의 한 콘퍼
런스 세션에 참여해 비화를 풀어냈다. 크레센티는〈꽃보다 할배〉에 대해 처
음 알게 된 것은 CJ ENM 사옥을 방문했을 때와 한국에서 일하고 있는 딸을 통
해서였다고 밝히면서, 처음 제목을 들었을 땐 노인들만 보는 프로그램인 줄 알
았는데 실제로 프로그램을 보니 활기차고 따뜻한 내용이라 관심이 갔다고 말

〈그림 2-7〉 BCWW 2015 컨퍼런스의 〈꽃보다 할배〉 성공사례 세션

자료: 한국콘텐츠진흥원, BCWW 2015의 'K-FORMAT IN BCWW 컨퍼런스' 세션 자료.

했다. 크레센티에 따르면 〈꽃보다 할배〉가 포맷으로서의 상품성을 지니고 있다고 판단하고 미국 방송 관계자들과 논의해 배급하기로 결정한 것은 다음과 같은 장점 때문이었다.[18]

- 좋은 아이디어와 포맷(strong idea and format)
- 따뜻함과 재미(heart-warming and funny)
- 문화 초월성(transcends cultures)
- 합리적 비용(cost-effective)
- 마케팅과 홍보 기회(marketing and PR opportunities)
- 높은 시청률(record-breaking ratings)
- 독창성과 보편성(original and universal)

〈꽃보다 할배〉 포맷이 최종적으로 NBC와 라이선스 계약을 맺기까지는 CJ ENM의 포맷 수출 전략과 실행력도 큰 역할을 했다. 〈꽃보다 할배〉는 기획 단계부터 포맷을 해외로 수출하려고 계획했기 때문에 제작 초기부터 포맷 전담부서인 글로벌콘텐츠개발팀이 나영석 PD의 제작팀과 협업을 진행했다. 제작진

---

18 한국콘텐츠진흥원, BCWW 2015 'K-FORMAT IN BCWW 컨퍼런스' 세션 자료(2015).

은 프로그램을 제작하면서 기획부터 구성, 제작까지 전 과정을 담은 프로덕션 저널을 작성했고, 글로벌콘텐츠개발팀에서는 이 저널을 토대로 바이블 제작을 비롯해 포맷 수출에 필요한 패키징 작업을 수행했으며, 이러한 포맷 패키지를 활용해 유통 부서에서 세일즈를 진행했다. 〈꽃보다 할배〉의 포맷 패키지에는 모든 연령대의 시청률 분석표와 점유율, 도달률, 재방송 시청률까지 상세하게 제공되었고, 당시에는 일반적이지 않았던 SNS를 활용한 디지털 마케팅 계획과 실제 사례 및 성과까지 포함되어 실제로 포맷이 수출되는 데 기여했다.

CJ ENM의 유관부서들이 협업해 스몰월드 IFT가 미국 방송사에 피칭하기 위한 포맷 트레일러를 제작하는 등의 진행 과정까지 백업했고 결국 NBC에 편성되는 결실을 맺었다. 〈꽃보다 할배〉의 수출 사례는 포맷 개발부터 유통까지의 전 과정이 해외 사업자들이 포맷을 수출하는 방식과 마찬가지로 진행된 것으로, 프로그램을 먼저 제작한 후 해외 사업자의 구매 요청이 발생하면 포맷화를 진행하던 기존의 한국 포맷 수출 형태를 탈피한 첫 사례라 평가할 수 있다.[19]

메이저 콘텐츠 시장인 미국이나 유럽 같은 서구권 시장은 비단 포맷 업계뿐 아니라 한국 콘텐츠 산업계 전체가 진출을 희망하는 시장이었다. 방송 업계의 경우 1990년대 후반부터 아시아 시장에서는 한국의 드라마가 큰 인기를 끌었지만 서구권으로는 잘 확대되지 않았고, 예능은 드라마보다 더 어려운 상황이었다. 여기에 대해서는 여러 가지 분석이 제기되었지만 문화적 할인이 주요 원인으로 꼽힌다. 1장에서 언급했듯이, 문화상품이 다른 문화권으로 진입할 때는 언어·관습·종교 등의 문화적 차이에 따라 수용도에서 차이가 난다. 나라에 따라서도 문화적 차이가 존재하는데, 소위 문화권이라고 불리는 지역적 경계에 따라 그 편차는 더욱 커진다. 그래서 자국에서 인기 있는 콘텐츠라도 다른 나라에서 인기를 담보하기란 쉽지 않다. 게다가 당시는 문화제국주의 담론이 나올 만큼 콘텐츠 산업의 주도권을 미국이 쥐고 있던 시기였다. 미국 콘텐츠는 전 세계

---

19 황진우, 「한국 방송포맷의 차세대 경쟁력 증진을 위한 글로벌 스탠더드 포맷 패키지에 관한 연구」, 77~79쪽.

어디서든 어느 정도 수용되었지만 그 외 국가의 콘텐츠는 다른 지역에 진입하기가 쉽지 않았다. 하물며 아시아 콘텐츠가 미국 시장에 진출하는 것은 더더욱 어려운 일이었다.

하지만 한국의 콘텐츠 산업이 성장하기 위해서는 아시아를 넘어 수출 시장을 반드시 확장해야 했고, 미국과 유럽 같은 서구 시장 개척이 중요했다. 포맷 산업도 마찬가지였다. 2010년대 들어 한국 포맷이 수출되기 시작했지만 그 대상은 주로 아시아 시장이었다. 따라서 국내 콘텐츠 업계에서는 시장을 확대하기 위해 노력을 기울였고, 정부에서도 업계의 노력이 빛을 볼 수 있도록 지원을 확대해 나갔다. 한국콘텐츠진흥원에서는 포맷 수출을 돕기 위해 업계와 협력해 2012년부터 프랑스 칸에서 열리는 세계 최대 방송콘텐츠마켓인 밉티비의 자매 행사 밉 포맷에서 K-포맷 쇼케이스를 개최해 왔다. 이는 한국이 국제 포맷 시장에서 인지도가 낮으므로 국내 방송 업계가 힘을 모아 각 사의 우수 포맷을 선별해서 함께 선보이면 좋겠다는 업계의 의견을 반영한 것이었다. 당장 판매로 이어지지 않더라도 쇼케이스를 보러 온 바이어들의 관심을 유발하고 미팅이나 입소문으로 이어지도록 유도함으로써 K-포맷의 인지도를 높이고 비즈니스로 이어지게 하려는 장기적인 전략이기도 했다.

2016년 이후로 한국은 미국이나 유럽 시장으로 진출하기 위해 더욱 적극적으로 움직이기 시작했다. 한한령 등으로 인해 한국의 주력 포맷 수출 시장인 중국으로는 포맷을 수출하기가 어려워졌기 때문이다. 따라서 2017년부터 미국 마켓인 LA 스크리닝(Screenings)에서 K-포맷 쇼케이스를 개최하면서 미국 진출에 적극 나섰다. 또한 2019년에는 포맷 선진국인 영국 시장으로 진출하기 위해 '한영 포맷 공동개발 워크숍'을 개최해 런던에서 영국 제작사와 한국 제작사가 페이퍼 포맷 단계부터 함께 비즈니스 기회를 모색하는 자리를 만들었다.

업계에서 열심히 발로 뛴 결과 몇몇 포맷이 미국과 유럽 시장으로 진출한다는 소식이 들려왔다. 2013년 스크립티드 포맷으로는 CJ ENM 드라마 〈나인: 아홉 번의 시간 여행〉의 미국 리메이크 추진을 시작으로, 이듬해에는 KBS

〈그림 2-8〉 밉포맷의 K-포맷 쇼케이스(왼쪽)와 LA 스크리닝의 K-포맷 쇼케이스(오른쪽)

자료: 한국콘텐츠진흥원

〈굿 닥터〉, SBS 〈별에서 온 그대〉와 〈신의 선물-14일〉 등이, 언스크립티드 포맷으로는 CJ ENM 〈꽃보다 할배〉, JTBC 〈히든싱어〉, KBS 〈슈퍼맨이 돌아왔다〉가 미국 수출을 타진했다. 2015년 들어서는 CJ ENM의 대표 게임쇼인 〈더 지니어스〉가 영국, 네덜란드, 프랑스 같은 유럽 주요국에 옵션 계약을 했고, JTBC의 〈비정상회담〉과 〈크라임씬〉은 스몰월드 IFT를 통해 미국과 유럽 시장 진출을 노렸다. 하지만 이 중 실제로 현지판 제작이 성사된 포맷은 〈꽃보다 할배〉와 〈슈퍼맨이 돌아왔다〉뿐이었고 그 외에는 진전된 진행 소식이 들리지 않았다.

이런 상황이었으므로 〈꽃보다 할배〉의 미국 진출과 성공은 새로운 포맷 수출 시장을 개척했다는 점에서 한국 포맷 업계에 아주 의미 있는 사건이었다. 특히 진출한 시장이 세계 최고 콘텐츠 시장인 미국이라는 점에서 더욱 고무적이었다. 게다가 한한령으로 인해 한동안 K-포맷의 최대 수출처였던 중국 시장이 막혀 새로운 시장을 개척하는 것이 선택이 아닌 필수였던 상황이라는 점에서 아주 큰 의미가 있었다.

2016년 〈꽃보다 할배〉 미국판이 성공한 것은 K-포맷의 수출 스펙트럼이 넓어지는 기점이 되었다. 이후 그해 11월에 〈슈퍼맨이 돌아왔다〉 미국판이 디스커버리(Discovery)의 라이프(Life), TLC, 패밀리(Family) 채널에서 〈프로젝트 대드(Project Dad)〉라는 제목으로 방영된 것을 비롯해, 2017년에는 〈히

<그림 2-9> 이탈리아판 <히든싱어>(왼쪽)와 스페인판 <판타스틱 듀오>(오른쪽)

자료: Canale Nove; TVE

든싱어> 이탈리아판이 카날레 노베(Canale Nove)에서 방영되었고, <판타스틱 듀오> 스페인판이 TVE에서 방영되는 등 언스크립티드 포맷의 서구 시장 수출이 늘어났다. 게다가 2013년부터 미국 진출 소식이 들렸던 스크립티드 포맷 <신의 선물-14일>과 <굿 닥터>도 결국 리메이크가 성사되어 2017년 미국 지상파 채널 ABC에서 미국판이 연이어 방영되는 쾌거를 이루었다.

2) 포맷 수출 형태의 다변화

1장에서 살펴봤듯이 포맷 수출은 프로그램 포맷의 라이선스를 거래하는 것이 가장 일반적이지만, 수출 시장의 상황에 따라 거래 형태가 달라질 수 있다. 한국도 포맷 수출 시장이 확장되면서 비즈니스 방식에도 변화가 생기기 시작했다. 그중 대표적인 것이 바로 해외 기업과의 포맷 공동개발이었다.

과거 중국 시장 진출이 활발했던 시기에는 대표적인 거래 형태가 중국 방송사나 제작사와 공동제작을 하는 것이었다. 처음에는 라이선스 거래로 시작했지만 중국이 자국의 제작역량이 부족해 높은 퀄리티의 프로그램을 제작하기 어려웠으므로 한국의 제작 노하우를 전수받기 위해 공동제작을 진행하게 되었다. 우리나라 입장에서도 공동제작을 통해 거대 시장인 중국에서 발생하는 막대한 수익을 배분받을 수 있었으므로 마다할 이유가 없는 거래였다. 게다가 중국 당국의 해외 포맷 수입 규제가 심해지는 와중에도 공동제작은 규제 대상에서 제외되었으므로 포맷 공동제작은 중국에 우회해서 진출하기 위한 일종의 꼼수로 활용되었다.

하지만 2016년 6월에 발표된 중국의 새로운 해외 포맷 수입 규제로 인해 공동제작마저 어려워지자 포맷을 공동개발하는 형태로 거래가 이루어졌다. 중국 방송사나 제작사가 IP를 모두 보유하지 않을 경우 포맷 공동제작도 수입 규제에 적용되었기 때문이다. 새로운 포맷을 개발하는 단계부터 중국과 함께하는 거래는 분명 새로운 시도였지만, 일반적인 포맷 비즈니스에서 의미하는 공동개발은 아니었다. 중국이 모든 IP를 가져야 수입 제한에 걸리지 않기 때문에 이것은 그저 중국에서 방영될 포맷을 한국의 창작자가 기획해 주는 사실상의 외주 계약이었다. 중국은 한국과 공동제작을 진행하면서 일정 수준 이상의 제작역량을 갖추게 되었지만 새로운 포맷을 기획하고 창작하는 데에는 여전히 한국의 도움이 필요했고, 국내 창작자들도 중국의 규제가 강화되고 한한령으로 공식적인 중국 수출길이 막힌 상황에서 다른 선택의 여지가 없었다. 그렇게 중국과의 포맷 공동개발은 우리나라 제작진이 개발하더라도 우리 포맷이라 부를 수 없는 비정상적인 포맷 비즈니스로 변질되었다.

그러나 <꽃보다 할배>의 성공을 전후로 성사된 서구권 기업들과의 포맷 공동개발은 글로벌 스탠더드에 부합하는 제대로 된 형태로 이루어졌다. 이러한 포맷 공동개발은 주로 언스크립티드 포맷 분야를 중심으로 진행되었는데, 이 시기에 공동개발 형태로 거래가 이루어지기 시작한 이유는 크게 두 가지이다.

첫째, 한국의 포맷 창작역량에 대한 서구권 기업들의 관심과 신뢰가 높아졌기 때문이다. 중국이 해외 포맷을 수입하기 시작한 초창기에는 전통적인 포맷 강국인 영국, 미국, 네덜란드의 포맷이 중국 시장에서 강세를 보였지만 어느 순간부터 K-포맷이 이들 국가를 넘어섰다. 게다가 반짝 흥행에 그치지 않고 중국에서 성공을 이어나가자 서구권 기업들의 한국에 대한 관심이 높아지기 시작했다. <꽃보다 할배>가 미국에 수출된 것도 이러한 흐름이 적지 않은 영향을 미

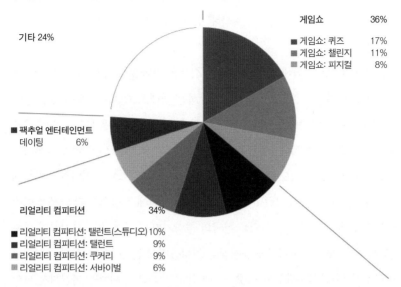

<그림 2-10> 2017년 언스크립티드 포맷 상위 100위의 장르별 비중

기타 24%

게임쇼   36%
■ 게임쇼: 퀴즈   17%
■ 게임쇼: 챌린지   11%
■ 게임쇼: 피지컬   8%

■ 팩추얼 엔터테인먼트
데이팅   6%

리얼리티 컴피티션   34%
■ 리얼리티 컴피티션: 탤런트(스튜디오) 10%
■ 리얼리티 컴피티션: 탤런트   9%
■ 리얼리티 컴피티션: 쿠커리   9%
■ 리얼리티 컴피티션: 서바이벌   6%

자료: K7 Media, *TRACKING THE GIANTS: The Top 100 Travelling Unscripted Formats 2017-2018*(2018), p.8.

쳤다. 한국 포맷이 중국과 동남아에 이어 미국에도 수출되고 성공을 거두자 한국의 창작역량에 대한 관심이 신뢰로 전환되었다. 그렇게 한국과 포맷 비즈니스를 하려는 니즈가 높아지다 보니 공동개발 같은 새로운 시도도 하게 되었다.

둘째, 해외에 수출 가능성이 높은 글로벌향 포맷이 부족해져 국내 기업들이 위기의식을 가지기 시작했기 때문이다. 당시 한국은 수년간 포맷으로 수출되기 어려운 〈나 혼자 산다〉 같은 관찰 리얼리티 장르가 국내 방송 시장의 주류였다. K7 미디어에 따르면 2017년을 기준으로 해외에서 수요가 가장 높은 장르는 게임쇼로 36%를 차지했는데, 그중에서도 퀴즈쇼가 17%로 가장 비중이 높았다. 리얼리티 컴피티션 장르는 게임쇼와 비슷한 수준인 34%였는데, 그중 스튜디오나 야외에서 진행되는 탤런트 쇼가 19%를 차지했다(〈그림 2-10〉 참조). 즉, 한국에서 유행하는 형태의 리얼리티 프로그램과 글로벌 시장에서 소구력이 높은 프로그램 간의 괴리가 컸다.[20] 따라서 국내 포맷 업계에서는 한국 포맷 산업의 미래를 위해 글로벌 시장에서 통용될 수 있는 포맷을 개발하는 방안을 마련해야 한다는 공감대가 형성되기 시작했고, 그 방안 중 하나로 해외 기업과의 공동개발을 택했다.

포맷 공동개발의 포문을 연 사례는 〈빅 브라더〉, 〈마스터셰프〉, 〈1 대 100〉 등으로 유명한 글로벌 포맷 기업인 엔데몰 샤인 그룹과 CJ ENM이 공동으로 개발한 〈소사이어티 게임(Society Game)〉이다. 〈더 지니어스〉 등 게임쇼 기획에 능한 정종연 PD가 참여해 엔데몰 샤인 그룹과 함께 포맷을 개발했으며, CJ ENM이 한국판 제작을 맡고 엔데몰 샤인 그룹이 글로벌 배급을 담당했다.[21] 공동개발에는 곽상원 메인작가가 소속된 크리에이티브 그룹 감자도 공동기획으로 참여해 선진적인 시스템으로 진행한 합작 사례였다. 〈소사이어티 게임〉은 국내에서는 시즌2까지 방영되었지만 해외 수출은 성사되지 못해 다소 아쉬운 사례로 남았다. CJ ENM은 그 뒤로도 영국 ITV 스튜디오와 〈더 라인 업(The Line up)〉을 공동개발했으며, 이스라엘 길 포맷(Gil Formats)과는 tvN 〈아이에게 권력을〉의 콘셉트를 활용한 〈키즈 인 파워(Kids In Power)〉라는 포맷의 공동개발을 추진했다.

SBS는 〈판타스틱 듀오〉 포맷을 수출할 때 인연을 맺은 바니제이 그룹과 〈팬 워즈(Fan Wars)〉라는 포맷을 공동으로 개발했다. 〈판타스틱 듀오〉의 PD이자 스페인판 제작에 플라잉 PD로도 참여했던 김영욱 PD가 공동개발 프로젝트에 참여했다. 〈팬 워즈〉는 2018년에 한국판 〈더 팬〉으로 방영되었고 2020년에는 태국판이 방영되면서 공동개발 초창기 포맷 가운데 가장 좋은 성과를 남겼다. 한편 SBS는 자사 파일럿인 〈인생게임: 상속자〉의 콘셉트를 활용해 미국의 마이 엔터테인먼트(MY Entertainment)와 〈더 파워 게임(The Power Game)〉이라는 포맷의 공동개발을 추진하기도 했다.

---

20   K7 Media, *TRACKING THE GIANTS: The Top 100 Travelling Unscripted Formats 2017-2018*, p. 8.
21   홍승한, "[SS현장]베일 벗은 '소사이어티 게임', 새로운 예능의 장 열까", ≪스포츠서울≫, 2016년 10월 12일 자.

〈그림 2-11〉 해외 기업과 포맷을 공동개발한 사례: (왼쪽부터 시계 방향으로) 한국판 〈소사이어티 게임〉, 태국판 〈팬 워즈〉, 한국판 〈문제는 없다〉, 한국판 〈이론상 완벽한 남자〉

자료: CJ ENM; Workpoint; MBC; JTBC

이 외에도 MBC는 NBC 유니버설, 국내 제작사 SM C&C와 함께 〈더 게임 위드 노 네임(The Game with No Name)〉 포맷을 공동으로 개발해 2018년에 한국판 〈문제는 없다〉 파일럿을 방영했으며, JTBC는 엔데몰 샤인 그룹과 〈퍼펙트 온 페이퍼(Perfect on Paper)〉 포맷을 공동으로 개발해 2017년에 한국판 〈이론상 완벽한 남자〉 정규 시즌을 방영했다.

포맷 공동개발은 기획 단계부터 보편성을 기준으로 설정하기 때문에 서로 다른 문화권의 이질감을 해소할 수 있으며, 집단 지성으로 이뤄지는 창작 과정에서 독창성을 극대화할 수 있다는 강점을 지니고 있다. 하지만 포맷 공동개발은 국가마다 방송 산업 내 제작비와 시장의 규모가 다르고, 각국의 이해관계와 목표가 같기 어려우며, 복잡한 과정과 잠재적인 논쟁을 포함하고 있어 성공하기 쉽지 않은 비즈니스 형태이기도 하다.[22] 따라서 초창기 포맷 공동개발 프로젝트들은 좋은 성과를 거두었다고 평가하기 어렵다. 하지만 글로벌 기업들이 갖춘

---

22 황진우, "글로벌 포맷 개발의 모든 것".

〈그림 2-12〉 페이퍼 포맷 거래 사례: 〈러브 앳 퍼스트 송〉 베트남판(왼쪽)과 한국판(오른쪽)

자료: CJ ENM

전문적이고 체계적인 시스템을 경험하고 서로 다른 제작 환경과 문화를 이해하는 등 한국 포맷 산업이 한 단계 성장할 수 있는 소중한 경험을 쌓을 수 있었다는 점에서 큰 의의가 있었다.[23]

　포맷을 공동개발한 경험은 기획 단계인 페이퍼 포맷 단계에서도 해외와 비즈니스를 할 수 있다는 가능성을 확인시켜 주었다. 일반적으로 포맷 비즈니스는 검증된 프로그램을 각색해 신규 프로그램 개발비용을 절감하고 흥행 실패 확률을 줄인다는 점에서 효용이 있다. 그래서 시장에서 검증되는 단계가 없어 리스크가 큰 페이퍼 포맷 거래는 성사되기 어려운 편이다.[24] 하지만 수출용 포맷을 확보하기 어려운 국내 방송 시장 상황을 고려할 때 페이퍼 포맷 비즈니스를 시도할 필요가 있는데, 공동개발이라는 글로벌 기업과의 협업 형태를 통해 경험을 쌓으면서 페이퍼 포맷 비즈니스의 가능성을 높여나갈 수 있었다. 첫발을 내딛은 곳은 CJ ENM이었다. CJ ENM은 2017년 프랑스에서 매해 개최되는 세계 최대 방송영상마켓인 밉컴(MIPCOM)에서 페이퍼 포맷인 〈러브 앳 퍼스트 송(Love at First Song)〉을 출시했고 ATF에서도 세일즈를 진행했다. 그 결과 베트남 VTV3에 첫 편성을 받아 2018년에 현지판이 방영되었고, 말레이시아판은 2019년 8TV에서 방영되었다.[25] 동남아에서의 높은 인기에 힘입어 국내에서도

23　이현주, "BCWW FORMATS 2018 콘퍼런스 취재기", ≪방송트렌드&인사이트≫, 16호(한국콘텐츠진흥원, 2018).
24　손태영, 「방송 산업 내 페이퍼 포맷(Paper Format) 비즈니스 유효성 연구: 이스라엘과 한국의 성공사례 비교분석을 통해」, 9쪽.

〈노래에 반하다〉라는 제목으로 2019년에 방영되는 등 비교적 성공적인 행보를 보였다.

한편 이 시기를 전후해서 포맷 공동개발과 페이퍼 포맷 거래 등 포맷 비즈니스가 다변화하는 흐름이 나타남에 따라 국내 포맷 산업계에서는 방송콘텐츠 기업들이 새로운 움직임을 보이기 시작했다. 2018년에 등장한 디턴(dIturn)과 포맷티스트(FormatEast), 2019년 설립된 썸씽스페셜(Something Special) 같은 포맷 비즈니스 기업이 대표적이다.

디턴은 〈복면가왕〉으로 유명한 크리에이터 박원우 대표의 회사로 자체 크리에이티브 역량을 바탕으로 포맷 기획 중심의 비즈니스를 하고 있으며 글로벌 기업인 NBC 유니버설, 폭스 얼터너티브 엔터테인먼트와 퍼스트 룩 계약을 체결하기도 했다. 포맷티스트는 SBS의 자회사로 해외 시장을 타깃으로 한 포맷을 개발하고 선진화된 포맷 비즈니스를 추진하기 위해 출범했다. 포맷티스트는 역량 있는 작가들과 협업하는 모델을 도입해, 개발한 포맷을 폭스 얼터너티브 엔터테인먼트나 프리맨틀 같은 글로벌 기업에 수출하기도 했다. 두 회사보다 다소 늦게 설립된 썸씽스페셜은 포맷티스트와 유사하게 역량 있는 작가들과 협업하는 모델을 도입하는 한편, 국내에서는 보기 드문 중소 포맷 에이전시이기도 한 만큼 포맷 개발은 물론 국내 방송사, 제작사의 포맷 배급을 대행하기도 하고 바이아컴CBS 인터내셔널 스튜디오(ViacomCBS International Studios) 같은 글로벌 기업과 파트너십을 맺고 비즈니스를 추진하기도 한다.

한국콘텐츠진흥원도 콘셉트 트레일러, 방송포맷 랩 같은 사업을 신설해 국내 편성에 국한되지 않고 해외 수출을 목표로 하는 글로벌향 포맷 개발을 지원하는 등 기업들의 포맷 비즈니스 다변화 시도에 발을 맞추었다.

---

25 부소정, "XtvN 음악 예능 '노래에 반하다', 목소리로 사랑을 이루다", ≪데일리한국≫, 2019년 9월 20일 자.

3) 스크립티드 포맷의 수출 확장, 미국 진출을 이끈 〈굿 닥터〉

한국 드라마는 1990년대부터 중국과 대만, 동남아시아 등에 수출되면서 해외 진출의 가능성을 보여주었는데, 2000년대 들어서는 한류 대표 상품으로서 두각을 나타내기 시작했다. 그 시작은 〈겨울연가〉로, 〈겨울연가〉는 일본에서 선풍적인 인기를 끌었고 이후 60개국 넘는 국가에 수출되었다. 당시 다이이치생명 경제연구소는 〈겨울연가〉의 경제적 파급효과를 2조 3000억 원으로 분석하기도 했다.[26] 그 뒤를 이은 〈대장금〉은 전 세계 120개국에 수출되는 경이로운 기록을 남기면서 전통적인 수출지역인 아시아를 넘어 중동, 유럽 등지로 한국 드라마의 수출지역이 넓어질 수 있음을 보여주었다. 게다가 수출 장르가 사극으로 확장되고 소재도 음식 등 한국 문화 전반으로 확대된 측면이 있었다.[27]

이처럼 한국 드라마는 일본, 중국, 대만, 동남아시아 등 아시아 지역을 중심으로 인기를 끌며 한류를 견인하기 시작했고, 이후에도 좋은 드라마들이 꾸준히 제작되면서 한류를 뒷받침했다. 하지만 한편으로는 좀처럼 아시아를 벗어나지 못해 수출 시장을 확장하는 데서 한계에 봉착하기도 했다. 〈대장금〉처럼 몇몇 작품이 새로운 시장을 개척하고 흥행에 성공하기도 했지만 산발적인 사례에 그쳤다. 특히 중요한 콘텐츠 시장인 미국이나 유럽 같은 서구 시장으로 진입하기가 매우 어려웠다. 이에 대한 대안으로 거론되기 시작한 것이 드라마 리메이크이다. 문화적 근접성이나 문화적 할인 관점에서 볼 때 한국 드라마가 그 자체로 서구 시장에서 소구되기는 쉽지 않았기 때문이다. 이에 스크립티드 포맷을 현지화함으로써 서구 시장에 진출하는 시도가 새로운 방안으로 언급되기 시작했다.

먼저 한국 드라마가 스크립티드 포맷으로서 아시아를 넘어 수출될 수 있다는 가능성을 보인 곳은 튀르키예였다. 한국 드라마는 2005년 한국 아리랑TV와 방송교류 협정을 체결한 이후 튀르키예에 진출하기 시작했는데, SBS 〈올인〉과

---

26   박재복, 『글로벌 시대의 방송콘텐츠 비즈니스』(서울: W미디어, 2015), 93~94쪽.
27   김윤지, 『한류 외전』(서울: 어크로스, 2023), 99쪽.

<그림 2-13> <풀하우스> 튀르키예판(왼쪽)과 한국판(오른쪽)

자료: Onedio.com

KBS <해신>을 시작으로 다양한 한국 드라마가 방영되고 인기를 끌었다. 튀르키예는 유럽과 아시아의 경계에 위치하고 종교적으로는 중동에 가까워 세 문화권의 특성을 모두 지닌 독특한 나라이다. 그래서 한국 드라마에 등장하는 가족 문화와 남녀 관계, 교훈적이고 도덕적인 내용, 권선징악적 결말 등이 튀르키예 시청자들에게 큰 거부감 없이 받아들여졌다. 튀르키예에서 한국 드라마 리메이크가 본격화된 것은 2010년대 들어서부터이다. 이 시기에 튀르키예 방송 업계는 독창적인 자체 스토리를 발굴하는 데 어려움을 겪어 한국 드라마 리메이크에 대한 수요가 높아지기 시작했다. 한국 드라마 스토리의 우수성과 문화적 근접성이 그간의 성과로 검증되었기 때문이다. KBS <미안하다 사랑한다>, <꽃보다 남자>, <넝쿨째 굴러온 당신>, <풀하우스>, <가을동화> 등 다양한 한국 드라마가 튀르키예에서 리메이크되었는데, 그 수가 지금까지 30여 편에 달한다.[28] 한국 드라마 리메이크작이 튀르키예에서 인기 있는 현상은 튀르키예가 세계 5대 드라마 수출국이자 중동과 동유럽 그리고 중앙아시아 시장에서 큰 인기를 끌고 있는 드라마 생산국이라는 점에서 더 의미가 있었다.[29] 튀르키예를 통해 이들 시장에 진입할 수 있기 때문이다. 실제로 튀르키예판 <가을동화>는 인근 유럽, 동남아시아, 중앙아시아 등 20여 개국에 수출되었다.[30]

---

28 유정숙, 「터키에서 한류의 시작과 발전 양상 연구: 한국 드라마를 중심으로」, ≪우리어문연구≫, 제65호(2019), 186~196쪽.
29 강인한, "터키버전으로 리메이크 되어 시청자들의 인기를 끌고 있는 한국드라마들", ≪통신원리포트≫(한국국제문화교류진흥원, 2015).
30 하채림, "'상류사회' '욕망의 불꽃'…터키에서 '한드' 각색 활발", ≪연합뉴스≫, 2017년 1월 7일 자.

튀르키예에서 스크립티드 포맷으로서의 가치를 인정받으며 아시아 시장을 넘어설 가능성을 보여준 한국 드라마는 세계 최고 콘텐츠 시장인 미국에 진출할 조짐도 보이기 시작했다. 2013년 CJ ENM이 〈나인: 아홉 번의 시간 여행〉을 미국에서 리메이크하기로 했다는 소식을 발표한 것이다. CJ ENM은 미국판 제작을 페이크 엠파이어 엔터테인먼트(Fake Empire Entertainment)가 맡을 것이고 지상파 채널인 ABC에서 방영할 예정이라고 밝히면서, 이스라엘 드라마를 리메이크한 〈홈랜드〉가 미국에서 큰 인기를 얻으면서 미국이 주요 포맷 수입국인 영국을 벗어나 다양한 국가로 시선을 돌리고 있던 와중에 이번 리메이크가 성사되었다고 했다.[31]

당시는 미국에서 한국 드라마의 인지도가 형성되는 시기이기도 했다. 2014년 한국콘텐츠진흥원 미국사무소가 진행한 '한국 콘텐츠 미국 소비자 조사' 결과에 따르면 미국 내 한국 드라마 시청자 수는 약 1800만 명으로 추산되며, 설문 응답자의 87.6%가 한국 드라마를 1년 이상 시청해 온 것으로 나타났다.[32] 이는 아시아권에만 머물던 한국 드라마가 2010년대 들어 미국에서도 서서히 시청층을 확보하고 있다는 것을 의미했다. 이러한 현상으로 인해 할리우드 제작자들도 한국 드라마를 눈여겨보기 시작했고, 이는 연이은 리메이크 소식으로 이어졌다. 2014년 들어 〈굿 닥터〉가 미국 지상파 CBS에서, 〈별에서 온 그대〉는 ABC에서 리메이크될 것이라는 소식이 들려왔고, 2015년에는 〈신의 선물-14일〉이 미국 메이저 에이전시 중 하나인 CAA와 손잡고 미국판으로 제작된다는 발표도 나왔다.

하지만 잦은 리메이크 보도에도 불구하고, 실제로 미국 방송사에서 편성을 받고 제작에 들어간다는 소식은 들리지 않았다. 미국 지상파 4사에 매년 피칭하는 작품만 400여 편이고, 이 중 8~10편만 파일럿 제작 기회를 얻으며, 최종적으로 1~2편만 가을 정규시즌 편성을 받는 미국 방송 시장의 치열한 경쟁상황을 고

---

31 윤기백, "'나인' 美 포맷 판매…미국서 리메이크 된다", 《스포츠월드》, 2013년 10월 27일 자.
32 한국콘텐츠진흥원, 『한국드라마 미국시장 소비자 조사』(2014), 57~58쪽.

〈그림 2-14〉 〈신의 선물-14일〉 미국판 〈섬웨어 비트윈〉(왼쪽)과 〈굿 닥터〉 미국판 〈더 굿 닥터〉(오른쪽)

자료: ABC

려하면 당연한 결과였을 것이다.[33] 하지만 계속해서 미국 시장의 문을 두드린 결과 〈신의 선물-14일〉이 한국 스크립티드 포맷으로는 최초로 미국 진출을 일궈 냈다. 미국판 제목은 〈섬웨어 비트윈(Somewhere Between)〉으로, 글로벌 포맷 기업인 ITV 스튜디오의 미국 지사와 선더버드 엔터테인먼트(Thunderbird Entertainment) 등 역량 있는 제작사에서 제작했고 미국 지상파 채널인 ABC에서 10부작짜리 시즌으로 편성을 받았다. 비록 비성수기인 서머 시즌 편성이긴 했지만 파일럿 없이 바로 시즌 편성을 받아 좋은 작품으로 평가받았다는 점에서 기대를 모았다. 〈신의 선물-14일〉 미국판인 〈섬웨어 비트윈〉은 많은 이들의 관심 속에 2017년 7월부터 방영을 시작했지만 유의미한 성과는 기록하지 못하고 9월에 종영했다. 방영 성과는 기대에 미치지 못했지만, 세계 최고 콘텐츠 시장인 미국에 진출했다는 사실만으로도 의미 있고 박수 받아 마땅한 사례이다.

〈섬웨어 비트윈〉이 종영하고 바로 이어서 〈굿 닥터〉 미국판 〈더 굿 닥터(The Good Doctor)〉가 같은 방송사인 ABC에서 정규 프라임 타임 시즌[34] 편성을 받아 바통을 이어받았다. 〈더 굿 닥터〉는 첫 방송부터 동시간대 시청률 1

33 이동훈, "〈굿닥터〉 그리고 〈파친코〉: 미국 드라마의 기획부터 제작까지", ≪한류NOW≫, 56호(한국국제문화교류진흥원, 2023).
34 미국에서 정규 시즌은 9월 중순에 시작해 다음해 5월까지 이어지며, 매주 1회씩 방송되어 22회 또는 24회가 하나의 시즌이다. 서머 시즌(Summer Season)은 정규 시즌이 쉬는 기간인 6월에서 9월 중순까지 방송되는 기간을 뜻하며, 미드시즌 리플레이스먼트(Midseason Replacement) 드라마는 정규 시즌으로 출발한 드라마가 시청률이 좋지 않아 조기 종영되고 대체된 드라마를 뜻한다.

위를 기록하며 한국 포맷 수출 역사에 새로운 한 획을 그었다. 〈더 굿 닥터〉는 방영 전 5월 뉴욕에서 개최된 광고 업프런트(Upfront)[35]와 LA 스크리닝에서 업계 관계자들에게 파일럿이 공개되었을 때부터 호평을 받아 13부작 시즌 편성을 받을 정도로 기대를 모은 작품이긴 했다. 하지만 첫 방송이 예상보다 높은 시청률을 기록하고 2회에 시청률이 더 오르자 ABC에서 시즌 후반에 5회 연장을 확정해 총 18부작으로 방영되었다. 〈더 굿 닥터〉의 평균 시청률은 1.78%로 동시간대 경쟁작에 비해 2배에 가까운 시청률이었고, 이러한 성과에 힘입어 시즌 2 편성을 확정지었다.[36] 후속 시즌에서도 꾸준히 인기를 끈 〈더 굿 닥터〉는 시즌을 계속 갱신하며 2024년에는 시즌7까지 방영되는 등 한국 스크립티드 포맷 수출사에서 기념비적인 성공사례로 자리매김했다.

〈굿 닥터〉가 미국에 진출한 데에는 정부의 지원도 한몫했다. 〈굿 닥터〉가 처음 미국 시장에 소개된 것은 2013년 11월에 개최된 한국콘텐츠진흥원의 K-스토리 인 아메리카(K-Story in America)라는 피칭 행사를 통해서였다. 이는 드라마, 영화, 원작소설, 웹툰, 원천 스토리 등 한국의 다양하고 경쟁력 있는 스토리를 미국에 진출시키기 위해 신설된 행사로, 15개 작품이 이 행사에 참가했는데 〈굿 닥터〉도 그중 하나였다. 100여 명의 할리우드 관계자를 별도로 초청해 한국 작품을 선보인 피칭 행사는 이때가 처음이었고, 행사 이후 〈굿 닥터〉는 미국의 여러 유력 제작사로부터 리메이크 제의를 받았다. 행사 현지 에이전시인 엔터미디어(Entermedia)의 도움으로 미국 제작사들과 원활한 미팅이 이루어졌고, 최종적으로는 미국 드라마 〈로스트(Lost)〉의 주인공으로 유명한 대니얼 대 김(Daniel Dae Kim)이 대표로 있는 제작사 3AD와 계약을 맺고 리메이크를 추진하게 되었다.[37]

---

35 1962년 ABC가 최초로 1년간 방송할 프로그램을 소개하고 광고를 판매하기 위해 개최한 행사를 뜻한다. 그 이후로 정착되어 미국 방송 업계에서 매년 가장 중요한 행사 가운데 하나로 자리 잡았다.

36 유건식, 『한국 방송콘텐츠의 미래를 열다』(파주: 푸른사상, 2018), 63~68쪽.

37 같은 책, 53~56쪽.

〈그림 2-15〉 2013년 개최된 K-스토리 인 아메리카

자료: 한국콘텐츠진흥원

4. 도약기: 〈복면가왕〉, K-포맷을 전 세계에 알리다

1) K-포맷의 게임체인저 〈복면가왕〉

한국은 2000년대 초반만 해도 포맷을 수입하기만 하던 국가였으나, 그 뒤로 아시아 시장을 시작으로 포맷 수출에서 걸음마를 떼기 시작했다. 2010년대 들어서는 중국에서 K-포맷이 두각을 드러내기 시작해 한때 한국은 중국 시장에서 전례 없는 포맷 수출 호황을 누렸다. 하지만 2016년 중국 당국이 규제를 강화하고 한한령을 내리자 이듬해 포맷 수출이 급락하는 등 몇 년 사이에 천당과 지옥을 오가기도 했다. 중국이 워낙 큰 시장이었던지라 당시 상황이 한국 포맷 산업에 미친 여파는 컸다. 하지만 그즈음 때마침 〈꽃보다 할배〉와 〈신의 선물-14일〉이 미국 시장을 개척하는 데 성공하면서 안정적인 거래가 어려운 중국 시장에 대한 의존도를 낮출 수 있는 가능성을 보여주었다. 즉, 미국 시장 개척은 K-포맷 수출 시장의 확대와 다변화 측면에서 새로운 지평을 연 사건이었다.

2017년이 끝나갈 무렵에는 〈복면가왕〉 미국판이 지상파 채널 폭스에 정규 편성이 확정되었다는 소식이 들려왔다. 당시는 스크립티드 포맷인 〈굿 닥터〉의 미국판 〈더 굿 닥터〉가 9월 말에 시즌1을 시작해 좋은 성적을 거두며 순항

하고 있던 시기로, K-포맷이 또 한 번 미국 지상파 채널에 편성되어 기대를 모았다. 〈꽃보다 할배〉가 성공한 이후 유의미한 성과를 거둔 언스크립티드 포맷이 없었으므로 다시 터닝 포인트를 마련할 수 있는 기회이기도 했다. 〈복면가왕〉 미국판인 〈더 마스크드 싱어〉는 2018년 8월에 폭스의 공식 유튜브 채널에 올라온 트레일러 영상을 통해 진행 상황이 처음 공개되었고 2019년 1월에 방영될 것으로 예고되었다. 트레일러를 통해 맛보기로 확인할 수 있었던 경연 참가자들의 복면은 복면이라기보다 코스튬 수준의 개성 있고 화려한 가면과 의상으로 이목을 끌었다. 또한 사회를 맡은 가수 닉 캐논(Nick Cannon)을 비롯해 패널에 한국계 배우 켄 정(Ken Jeong), 방송인 제니 매카시(Jenny McCarthy), 푸시캣 돌스 출신 니콜 세르징거(Nicole Scherzinger), 가수 로빈 시크(Robin Thiche)가 참여한 것이 확인되어 화려한 출연진도 화제가 되었다.

트레일러가 공개된 지 수일 만에 수십만 조회수를 기록하며 방영 전부터 많은 기대를 모은 미국판 〈복면가왕〉에 대한 정보는 그해 9월에 개최된 BCWW 2018에 참석한 미국판 제작자인 스마트도그 미디어(Smartdog Media)의 크레이그 플레스티스(Craig Plestis)를 통해 더욱 자세히 알 수 있었다. 플레스티스는 BCWW의 한 콘퍼런스 세션에서 〈복면가왕〉을 구매하게 된 계기부터 현재 제작 진행 상황 등의 비하인드 스토리를 풀어냈다. 먼저 〈복면가왕〉에 대해 처음 알게 된 것은 가족과 함께 찾은 LA의 한 태국 식당에서였다고 한다.

가족과 LA 식당을 찾았는데 제 등 쪽에 TV가 있었다. 마주 앉아 있던 딸이 그 TV를 열심히 보더라. 무슨 프로그램이 그렇게 재미있나 싶었는데 식당 안의 모든 사람이 음식을 먹지 않고 TV를 보고 있었다. 바로 태국판 〈복면가왕〉이었다. 스마트폰으로 검색해 보니 〈복면가왕〉의 인기가 어마어마했다. 그때 직감했다. 미국 시청자들도 분명 좋아할 것이기에 이 포맷을 꼭 미국으로 가져와야겠다 싶었다.

플레스티스는 〈복면가왕〉 포맷의 가장 큰 장점은 노래 경쟁이라는 검증된

〈그림 2-16〉 BCWW 2018 콘퍼런스 '새로운 뉴미디어 환경과 방송포맷' 세션

자료: 한국콘텐츠진흥원

프로그램에 미스터리라는 새로운 요소가 부여되면서 누구나 쉽고 재미있게 볼 수 있다는 것이라고 밝혔다. 그렇다 보니 아이부터 어른까지 함께 볼 수 있어 성공 가능성이 높다고 판단했다는 것이었다. 게다가 추측하는 재미와 독특한 의상, 뮤지컬 같은 무대 등으로 구성된 포맷은 미국에서 본 적이 없었으므로 차별점도 지니고 있어 바로 구매를 결정했다고 한다. 〈복면가왕〉 포맷을 수입하기 위해 처음에는 태국 방송사에 수소문했는데 한국이 오리지널 포맷이라는 것을 알게 되어 MBC에 연락을 취했고, 미국 주요 방송사에 연락을 돌린 끝에 폭스를 통해 포맷 판권을 구매하고 편성까지 하게 되었다고 한다.[38]

〈복면가왕〉의 미국 진출에서는 태국판이 발판이 되어준 셈인데, 이는 포맷 수출 전략에서 새로운 시사점을 제공하는 것이기도 하다. 일반적으로는 특정 국가와 직접적으로 포맷 비즈니스를 벌이지만, 여러 국가에 꾸준히 포맷을 판매하다 보면 새로운 접점이 생겨 제3국으로의 수출로 이어지는 간접효과도 발생한다는 점을 일깨워준 것이다. 그리고 현지화의 중요성도 알 수 있다. 미국판 〈복면가왕〉에 적용한 화려한 가면과 의상은 태국판의 특징이기 때문이다. 따라서 포맷을 수출할 때에는 포맷의 정체성을 유지하는 것도 중요하지만, 현지에서 성공하기 위해 현지화 과정에서 발생하는 발전적인 변형을 유연성 측면에

---

38 한국콘텐츠진흥원, BCWW 2018 '새로운 뉴미디어 환경과 방송포맷' 크레이그 플레스티스의 기조강연 세션 자료(2018).

서 바라보는 것이 바람직할 것이다.

여기서는 2018년 9월 5일 플레스티스가 ≪이데일리≫와 가진 인터뷰 내용을 소개한다.[39]

— 미국판 〈복면가왕〉의 차별점은?

△ 현지 시장에 맞춤 작업을 거친다. 미국 시청자가 원하는 건 화려하고 웅장한 쇼이다. 무대의 규모를 키우고, 의상을 특이하게 만들고, 거물급 인사를 캐스팅해야겠다고 생각했다. 복면가수가 별 볼 일 없는 사람이라면 쇼를 만들지 않았을 것이다. 출연자들은 놀라울 만한 이력을 보유하고 있다. 명예의 전당에 이름을 올렸거나 에미상 수상자도 있다. 그런 분들과 함께해 행운이라 생각한다.

— 예고편에 공개된 의상도 굉장히 화려하던데?

△ 의상으로 캐릭터를 구현하고자 했다. 레이디 가가(Lady GaGa), 케이티 페리(Katy Perry) 등과 함께 일한 의상 디자이너가 함께했다. 출연자들이 직접 의상 제작에 대한 아이디어를 제공했고, 선택한 이유가 있다. 어린 시절 좋아한 캐릭터이거나, 자신의 이력에 있어 의미 있는 캐릭터이다. 다들 자신이 선택한 의상과 사랑에 빠졌다.

— 〈복면가왕〉은 출연 가수의 스포일러 방지가 중요한데, 공개 6개월 전에 녹화를 끝냈다. 어떻게 보안을 유지하나?

△ 제작진보다 보안 요원이 더 많을 만큼 보안에 신경을 많이 썼다. 복면가수와 그의 스태프들은 얼굴과 몸을 가리고 이동했고, 목소리가 드러나면 안 되기 때문에 말할 수도 없었다. 카메라는 다 압수했다. 캐스팅을 아는 사람은 극소수 제작자였다. 마스크를 벗는 순간은 다 나가라고 했다. 보안을 위해 할 수 있는 건 모든 걸 다

---

39 김윤지, "美 '복면가왕' 제작자 "거물 캐스팅, 가가 디자이너 참여"(인터뷰)", ≪이데일리≫, 2018년 9월 5일 자.

했다. 복면가수와 패널 중 서로 아는 사이가 있었는데, 그 패널은 상상도 할 수 없었다고 하더라. 비밀을 잘 지키는 게 이 프로그램의 재미이다.

— 미국판 제작 과정에서 가장 힘들었던 것을 꼽자면?
△ 캐스팅이 가장 힘들었다. 미국에서 처음 하는 시도이기 때문에 출연자들의 반응이 엇갈렸다. 좋아하는 사람도 있었지만, 고개를 갸웃한 사람도 있었다.

— 성공적인 포맷의 공통점이 있다면?
△ 누구나 즐길 수 있는 가족 친화적인 요소가 있다. 〈복면가왕〉을 보면 8세부터 80세까지 모두 볼 수 있다. 요즘 리얼리티는 구체적인 타깃을 대상으로 해서 시청자층이 나뉘어 있다. 그래서 큰 규모의 쇼가 나올 수 없는데, 〈복면가왕〉은 그렇지 않다. 포맷의 성공적인 요소가 아닐까 싶다.

— 아직까지 방송사 수입 중 광고 수익이 절대적이다. 그럼에도 포맷에 주목해야 하는 이유가 있다면?
△ 해외에서도 포맷이 성공을 거두면 그 프로그램은 점점 특별해지고 규모가 커진다. 수출 과정에서 배운 점을 현재 프로그램에 반영하는 등 지속적인 향상에 도움이 되고 미국에서 〈복면가왕〉이 방영된 후 한국판에 변화가 있을 수 있다.

— 다매체 시대 경쟁이 더욱 치열해지고 있다. 어떻게 전망하나?
△ TV를 함께 보는 경험은 중요하다. 스포츠 경기나 예능 프로그램을 보면서 함께 나누는 대화는 재미의 요소 중 하나이다. 〈아메리칸 아이돌〉이 큰 성공을 거둔 이유는 여기에 있다. 사람은 사회적인 존재라는 본질은 변하지 않는다. TV만이 그걸 제공할 수 있기 때문에 여전히 밝다고 볼 수 있다.

방영 전부터 많은 기대를 모은 〈복면가왕〉 미국판은 〈더 마스크드 싱어

<표 2-6> <복면가왕> 미국판 <더 마스크드 싱어> 시즌1의 TV 시청률 및 시청자 수

에피소드	방송일	요일	18~49세 시청률	시청자 수(만 명)
1	2019.1.2	수	2.97%	9,361
2	2019.1.9	수	2.31%	7,070
3	2019.1.16	수	2.25%	6,943
4	2019.1.23	수	2.29%	7,144
5	2019.1.30	수	2.57%	7,868
6	2019.2.6	수	2.21%	7,131
7	2019.2.13	수	2.37%	7,840
8	2019.2.20	수	2.66%	8,267
9	2019.2.27	수	2.64%	8,581
10	2019.2.27	수	3.58%	11,467

자료: 출처: TV Series Finale(https://tvseriesfinale.com/tv-show/the-masked-singer-season-one-ratings/).

(The Masked Singer)>라는 제목으로 2019년 1월 2일에 첫 방송을 시작했고, 기대치를 훨씬 뛰어넘는 흥행을 기록했다. 첫 방송 시청률은 3.0%, 시청자 수는 약 936만 명으로 집계되었는데, 이는 미국 NBC의 <더 보이스> 이후 7년 만에 가장 높은 시청 기록이었다. 미국은 동부, 중부, 서부 지역별로 시차가 있기 때문에 통상적으로 프로그램의 시청 성과를 집계할 때 동시간대 시청률만으로 판단하지 않고 시청자 수까지 통합해서 고려한다. 또한 VOD와 OTT 등의 시청 형태가 발달한 점을 감안해 TV 방영 이후 3일째와 7일째까지 이들 매체를 통한 시청 성과까지 합산한다. <더 마스크드 싱어> 첫 회는 3일째와 7일째 시청률이 각각 3.9%, 4.2%였으며, 시청자 수는 각각 약 1227만 명, 1296만 명을 기록했다. 미국에서 통합 시청자 수가 1000만 명이 넘어가면 속칭 대박이라고 하는데, 그 주인공이 한국 포맷인 <복면가왕>이 된 것이다. <더 마스크드 싱어>는 첫 방송 이후로도 매회 높은 시청률을 이어갔고 시즌1이 끝나기도 전에 시즌2 편성이 결정 났다.[40] 이 같은 엄청난 성공의 주요 요인으로는 가면 뒤에 숨은 가수가 누군지 추리하게 하는 방식과 화려한 의상, 훌륭한 음악, 가족 친화

---

40 최보란, "[Y기획①] "제작자 딸이 발견"…'복면가왕' 미국판 제작 비하인드", ≪YTN star≫, 2019년 2월 10일 자.

〈그림 2-17〉〈더 마스크드 싱어〉 프로그램 타이틀 로고(왼쪽)와 방송 장면(오른쪽)

자료: FOX

〈그림 2-18〉 2019년 올해의 포맷에 선정된 〈더 마스크드 싱어〉

자료: K7 Media

적인 면 등이 꼽혔는데, 이는 플레스티스가 포맷을 구매할 때 예측했던 그대로 였다.

　미국에서 거둔 엄청난 흥행은 파급효과가 매우 컸으며, 2019년에만 독일, 멕시코, 불가리아, 호주, 네덜란드 등 22개 국가에서 현지판이 방영되면서 그 어떤 포맷보다 많이 수출되었고 모두 성공을 거두었다. 그 결과 한국 포맷으로서는 처음으로 세계 포맷 수출 순위 100위권(52위)에 진입했으며 2019년 '올해의 포맷'에 선정되었다.[41]

　2020년에도 〈복면가왕〉의 인기는 식을 줄 몰랐고, 영국을 시작으로 이탈리아, 스페인, 포르투갈, 러시아, 오스트리아, 벨기에, 체코·슬로바키아(공동제

---

footnote
41　K7 Media, *TRACKING THE GIANTS: The Top 100 Travelling Unscripted Formats 2019-2020*, p. 4.

〈표 2-7〉 2019년 가장 많이 수출된 포맷 상위 15위

순위	프로그램 제목	배급사	2019년 수출 건수
1	The Masked Singer	MBC/Fremantle	22
2	Emergency Call	Lineup Industries	10
3	Got Talent	Fremantle	8
=	All Together Now	ESG	8
5	Love Island	ITVGSE	7
=	Family Food Fight	ESG	7
=	5 Guys A Week	Fremantle	7
8	Block Out	Nippon TV Network Corporation & Red Arrow Studios International	6
9	Family Feud	Fremantle	5
=	The Wall	ESG	5
=	Ex on the Beach	VIS	5
=	Flirty Dancing	All3Media	5
=	Fittest Family	Magnify Media	5
=	Taboo	Lineup Industries	5
=	Eating with My Ex	Fremantle	5

자료: K7 Media, *TRACKING THE GIANTS: The Top 100 Travelling Unscripted Formats 2019-2020*(2020), p.7.

작), 루마니아, 핀란드, 이스라엘, 라트비아, 에스토니아, 리투아니아, 말레이시아, 페루, 필리핀, 노르웨이, 스위스 등 유럽 전역과 중동, 중남미, 동남아까지 그야말로 전 세계로 수출되었다. 게다가 연말에는 미국 폭스에서 스핀오프인 〈더 마스크드 댄서(The Masked Dancer)〉까지 방영되었다.[42] 2022년을 기준으로 57개국에 수출된 〈복면가왕〉은 이 해에 전 세계 포맷 수출 순위 공동 13위에 올랐으며, 미국판 방영 이후 4년간 보여준 놀라운 성공으로 인해 K7 미디어는 〈복면가왕〉을 '포맷 명예의 전당(Format Hall of Fame)'에 선정하기도 했다.[43] 시간이 지나면서 기세가 수그러들고는 있지만 2024년까지 미국에서 12개의 시즌이 방영되는 등 아직도 인기를 유지하고 있다. 이처럼 〈복면가왕〉

---

[42] 서병기, "'복면가왕' 전세계 31개국에서 현지화 방영…'슈퍼IP'로 도약", ≪헤럴드경제≫, 2020년 11월 19일 자.

[43] K7 Media, *TRACKING THE GIANTS: The Top 100 Travelling Unscripted Formats 2022-2023*, p.10.

<그림 2-19> 포맷 명예의 전당에 선정된 <더 마스크드 싱어>

Format Hall of Fame : *The Masked Singer*

자료: K7 Media

은 글로벌 포맷 시장의 판도를 흔든 최초의 K-포맷이며, 한국 포맷 산업에서도 중요한 변곡점이라 할 수 있다.

2) <복면가왕>의 후광효과, 세계로 뻗어나가는 K-포맷[44]

<복면가왕>의 전 세계적인 성공은 글로벌 바이어들에게 K-포맷에 대한 인식을 향상시키는 이른바 후광효과를 만들어냈다. <너의 목소리가 보여>가 대표적인 사례이다. <너의 목소리가 보여>는 그동안 아시아 시장에서 여러 나라에 지속적으로 수출되며 좋은 포맷으로 인정받았지만, 서구 시장에서는 성공 가능성에 대한 의구심 때문에 시장의 문턱을 넘지 못했다. 하지만 <더 마스크드 싱어>가 세계 최고 시장인 미국에서 크게 성공하면서 K-포맷에 대한 의구심이 어느 정도 해소된 덕에 <너의 목소리가 보여>도 같은 채널인 미국 폭스에 편성되었다. 게다가 음치를 찾아내는 음악 쇼라는 핵심 콘셉트가 추리와 음악을 접목시킨 <복면가왕> 포맷과 유사하다는 점도 영향을 미쳤을 것으로 추정된다. <너의 목소리가 보여> 미국판은 <아이 캔 시 유어 보이스(I Can See Your Voice)>라는 제목으로 <더 마스크드 싱어> 시즌4 바로 앞 시간대로 방

---

44 한국 포맷 수출에 대한 내용은 한국콘텐츠진흥원 내부자료 'K-포맷 국제 비즈니스 데이터 (2011~2024)' 참조.

〈표 2-8〉〈너의 목소리가 보여〉 미국판 〈아이 캔 시 유어 보이스〉 시즌1의 TV 시청률 및 시청자 수

에피소드	방송일	요일	18~49세 시청률	시청자 수(만 명)
1	2020.9.23	수	1.20%	4.566
2	2020.9.30	수	1.20%	4.452
3	2020.10.14	수	1.10%	4.063
4	2020.10.28	수	1.03%	3.694
5	2020.11.4	수	1.10%	4.377
6	2020.11.11	수	0.91%	3.446
7	2020.11.18	수	1.00%	3.759
8	2020.11.26	수	1.80%	6.067
9	2020.12.7	수	0.80%	2.512
10	2020.12.9	수	0.79%	3.431

자료: 출처: TV Series Finale(https://tvseriesfinale.com/tv-show/i-can-see-your-voice-season-one-ratings/).

영이 결정되었고, 2020년 9월 23일 첫 방송에서 동시간대 시청률 1위를 기록하며 미국 시장에 성공적으로 안착했다. 이후 한국 포맷 최초로 영국 공영방송 BBC 원(BBC One)에 편성되었고, 독일, 프랑스, 네덜란드, 핀란드 같은 다양한 유럽 국가에 수출되었으며, 최근에는 멕시코, 우루과이 같은 중남미 국가에도 수출되고 있다. 〈복면가왕〉의 폭발력에는 못 미치지만, 2023년 기준 현지판이 방영되고 있는 국가 수가 14개로, 16개인 〈복면가왕〉과 큰 차이가 없으며 1개국 추가 수출에 그친 〈복면가왕〉에 비해 4개국에 추가 수출되는 등 꾸준하게 수출 실적을 쌓아나가고 있다. 〈너의 목소리가 보여〉는 2023년까지 27개국에 수출되고 미국판은 2024년 시즌3까지 방영되면서 〈복면가왕〉과 함께 K-포맷의 글로벌 위상을 높이는 쌍두마차 역할을 하고 있다.[45]

　　〈복면가왕〉과 〈너의 목소리가 보여〉 포맷의 연이은 성공은 K-포맷 브랜드의 위상을 높이면서 한국 포맷에 대한 해외 바이어들의 많은 관심을 이끌어내고 있다. 여기에 국내 기업들의 노력까지 맞물려 2019년을 전후해 K-포맷은

45　K7 Media, *TRACKING THE GIANTS: The Top 100 Travelling TV Formats 2023-2024* (2024), p. 25, 41.

<그림 2-20> <아이 캔 시 유어 보이스> 프로그램 타이틀 로고(왼쪽)와 방송 장면(오른쪽)

자료: FOX

해외 시장에서 꾸준히 좋은 성과를 거두었다. 다만, 2020년에 시작된 코로나19 팬데믹으로 인해 각국의 제작 여건이 나빠지면서 코로나19 확산세가 누그러지기까지 2년 동안은 편성이 취소되거나 진척이 다소 더뎠다.

현지화된 작품을 기준으로 살펴보면, 동남아 지역에는 MBC <미스터리 랭킹쇼>, SBS <팬 워즈>, CJ ENM <러브 앳 퍼스트 송>, TCAST <내 딸의 남자들> 등 다수의 포맷이 수출되면서 여전한 영향력을 과시했다. 특히 SBS는 공동제작 형태로 <짝>, <런닝맨>, <집사부일체> 등을 베트남과 말레이시아, 필리핀에 수출해 타 방송사와 차별화된 모습을 보였다. 중국에도 <미스트롯> 등 몇몇 포맷이 수출되었는데, 규제 장벽은 여전하지만 거래가 아주 불가능한 것은 아니기 때문에 OTT를 중심으로 판매되고 있다.

그리고 이 시기부터는 선진 시장인 미국과 유럽에 진출하는 사례도 이전에 비해 빈번하게 찾아볼 수 있게 되었다. KBS <불후의 명곡>과 MBC <마이 리틀 텔레비전> 미국판이 2020년 CW와 TBS에서 방영되었고, CJ ENM <300> 독일판도 Sat.1에서 같은 해에 방영되었다. 거래가 흔하지 않았던 중동이나 중남미에도 포맷이 수출되었다. 대표적으로 MBN <드루와>가 2021년에는 사우디아라비아 SBC에서, 2022년에는 브라질 sbt에서 현지판이 방영되었다. 이는 MBN 자회사 스페이스 래빗의 첫 포맷 수출 성과이기도 했다. CJ ENM이 미국 제작사 버님-머레이 프로덕션(Bunim-Murray Productions)과 공동개발한 포맷 <캐시백(Cash Back)>은 2020년 한국판이 방영된 데 이어 2021년에는 멕

〈그림 2-21〉 한국 포맷이 해외 각지에 진출한 사례

〈미스터리 랭킹쇼〉 말레이시아판   〈마이 리틀 텔레비전〉 미국판

〈300〉 독일판   〈드루와〉 중동판

자료: Workpoint; TBS; Sat.1; SBC

시코 TV 아즈테카(TV Azteca)에서 현지판이 방영되어 동시간대 시청률 4위를 기록하기도 했다.

　이처럼 코로나19 팬데믹 여파에도 일부 한국 포맷은 수출에 성공하긴 했지만 대부분은 〈복면가왕〉과 〈너의 목소리가 보여〉 포맷의 글로벌한 성공에 힘입은 후광효과를 제대로 누리지 못했다. 이제 막 개척하기 시작한 미국과 유럽 지역에서 다수의 옵션 계약을 체결했지만 현지판 제작까지 진전되지 못하는 경우가 많았기 때문이다. 특히 신규로 거래해야 하는 포맷은 더욱 어려움을 겪었다. 사실 팬데믹 때에는 야외 활동이 어려워져 콘텐츠 소비가 늘어나는 경향이 있었고, OTT가 이 시기에 급격하게 성장했으므로 포맷 업계로서는 좋은 기회이기도 했다. 실제로 글로벌 포맷 거래 규모는 안정적인 수준이었다. 하지만 워낙 불확실성이 높은 시기이다 보니 방송사에서는 위험부담을 최소화하기 위해 신규 론칭보다 기존 포맷의 리부트를 선호하는 경향이 나타났다.[46] 〈그림 2-22〉에서 알 수 있듯이 2018년 이후 증가세를 보이던 한국의 포맷 수출액이

〈그림 2-22〉 국내 방송사의 포맷 수출액 추이(2009~2022년)(단위: 100만 달러)

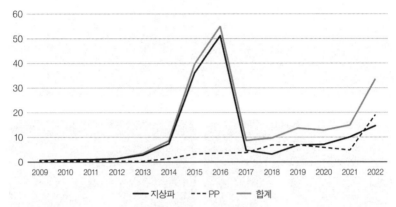

자료: 방송통신위원회, 방송통계포털(https://mediastat.or.kr)에서 제공하는 2009~2022년 포맷 수출액 자료.

〈그림 2-23〉 국내 방송사의 분야별 포맷 수출액 추이(2019~2022년)(단위: 100만 달러)

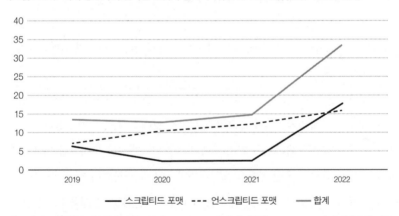

자료: 방송통신위원회, 방송통계포털(https://mediastat.or.kr)에서 제공하는 2019~2022년 포맷 수출액 자료.

2020년에 다소 감소한 것은 이러한 영향 때문인 것으로 보인다. 그중에서도 특히 스크립티드 포맷의 감소폭이 컸다(〈그림 2-23〉 참조).

---

46 Jamie Stalcup, "Avi Armoza's Outlook on the Format Business," *World Screen*, February 14, 2022.

하지만 코로나19 확산세가 수그러들기 시작한 2021년부터는 포맷 수출액이 반등하기 시작했다. 이를 주도한 것은 언스크립티드 포맷이었다. 〈복면가왕〉 포맷은 여전히 인기를 구가하면서 스핀오프인 〈더 마스크드 댄서〉까지 영국과 러시아 등에 추가로 수출되었고, 〈너의 목소리가 보여〉는 독일, 프랑스, 스페인 등 주요국에 수출되면서 수출 회복세가 더딘 스크립티드 포맷을 대신해 한국 포맷 수출을 지탱했다. 2022년부터는 해외 주요 방송콘텐츠마켓이 대면으로 개최될 정도로 코로나19의 영향이 많이 감소해 글로벌 포맷 비즈니스도 활발해졌고, 〈복면가왕〉의 후광효과를 제대로 누리지 못한 한국 포맷의 수출도 활기를 띠기 시작했다. 그 결과 2022년의 포맷 수출액은 3360만 달러를 기록했는데, 이는 전년 대비 2배 넘게 증가한 수치였다. 이것은 중국 시장 활황기 이후 역대 최고액으로, K-포맷이 글로벌 포맷 시장에서 입지를 탄탄히 다져가고 있음을 확인할 수 있는 상승세였다.

세부적으로 살펴보면, 언스크립티드 분야는 〈복면가왕〉과 〈너의 목소리가 보여〉가 여전히 수출을 주도하는 가운데 포맷 신규 수출도 성사되고 있는 추세이다. 그동안 여러 유럽 국가에 수출되었다는 소식만 무성하던 CJ ENM 〈더 지니어스〉가 드디어 정식으로 수출된 것이 대표적인 사례이다. 국내 첫 방송 이후 약 10년만인 2022년 10월 네덜란드 NPO에서 현지판이 방영되었고, 영국 ITV에도 편성이 확정되어 2024년 하반기 방영을 앞두고 있다. 새로운 K-포맷 플레이어로 등장한 독립제작사 디턴이 페이퍼 포맷 비즈니스를 성사시키면서 〈싱 오어 싱크(Sing or Sync)〉를 태국에 수출해 채널3(Channel3)에서 현지판이 방영된 것도 눈에 띈다.

한편 2022년은 코로나19 이후 감소했던 스크립티드 포맷 수출이 급격히 반등한 해이기도 하다. 이는 2021년 하반기에 글로벌 시장을 강타한 〈오징어 게임〉의 후광효과로도 볼 수 있는데, 넷플릭스를 통해 한국 드라마가 전 세계 시청자들에게 검증받고 있던 상황에서 〈오징어 게임〉이 화룡점정을 찍자 한국 드라마와 리메이크에 대한 수요가 크게 늘어났다. 그 결과 MBC 〈그녀는 예뻤다>와 JTBC 〈이태원 클라쓰〉가 일본에서 리메이크되고 CJ ENM 〈악의 꽃〉이 필리핀에서 리메이크되는 등 다양한 스크립티드 포맷이 수출되었고, 수출액도 전년대비 6.8배 오른 1770만 달러를 기록했다.

포스트 코로나19 시대에 포맷 비즈니스에서 가장 활발한 활동을 벌인 기업은 CJ ENM이다. CJ ENM은 대표작 〈너의 목소리가 보여〉를 비롯해 앞서 언급했던 포맷 수출 사례 외에도 다양한 포맷 수출을 성사시키고 있다. 러시아에 수출한 〈대탈출〉, 베트남에 수출한 〈놀라운 토요일〉과 〈유 퀴즈 온 더 블록〉, 일본에 수출한 〈러브캐처〉와 〈환승연애〉가 대표적이다. 〈환승연애〉의 경우 방송 프로그램이 아닌 관계사 OTT인 티빙의 오리지널 콘텐츠로, 이 콘텐츠의 포맷을 일본 OTT인 아마존 프라임 비디오에 편성시킨 것은 '방송 프로그램-방송사'로 거래되던 기존 포맷 비즈니스의 영역을 확장시킨 사례이기도 하다. CJ ENM은 K7 미디어가 꼽은 2020년 아시아 최고 언스크립티드 포맷 수출사(Top Exporter of Asian Unscripted Formats)로서의 면모를 제대로 보여주고 있다고 할 수 있다.

MBC는 〈복면가왕〉이라는 공전의 히트를 기록한 포맷을 보유하고 있으며, 태국에 이어 말레이시아로도 진출한 〈미스터리 랭킹쇼〉, 태국으로 진출한 〈미래일기〉 등 지속적으로 포맷을 수출하고 있다. 코로나19 엔데믹 이후에는 신규 포맷 수출이 눈에 띄는데, 특히 2021년에 론칭된 〈피의 게임〉은 바니제이 그룹에서 배급을 맡아 2024년 2월 노르웨이판이 TV2에서 방영되었고 시즌 2 편성도 확정되는 등 향후 여러 국가에 수출될 것으로 기대된다. 바니제이 그룹은 〈솔로동창회 학연〉의 배급도 맡아 네덜란드와 프랑스 편성을 추진하고 있다. 가장 최근의 신규 포맷인 〈송스틸러〉도 유럽과 호주로의 진출을 논의 중이다.

이 외에도 SBS의 자회사 포맷티스트와 독립제작사 썸씽스페셜은 네덜란드에 포맷을 수출했다. 포맷티스트의 〈DNA 싱어(DNA Singer)〉는 2022년 SBS에서 〈DNA싱어-판타스틱 패밀리〉로 론칭한 이후 프리맨틀에서 배급을 맡

<그림 2-24> 코로나19 이후 해외로 수출된 포맷 사례

<피의 게임> 노르웨이판

<더 지니어스> 네덜란드판

<환승연애> 일본판

<DNA 싱어> 네덜란드판

<더 비트박스> 네덜란드판

<마이 보이프렌드 이즈 베러> 태국판

자료: TV2; NPO; Amazon Prime Video; RTL4; Workpoint

아 네덜란드 수출을 성사시켜 2023년 1월 <DNA 싱어즈(DNA Singers)>라는 제목으로 RTL4에서 방영되었으며, 시즌2도 편성되어 9월에 방영되었다. 썸씽 스페셜의 <더 비트박스(The Beatbox)>도 RTL4에서 2023년 4월에 현지판이 방영되었는데 이 프로그램은 프리맨틀의 현지 제작사인 블루 서클(Blue Circle) 과 공동개발로 진행된 프로젝트였다. 또 다른 독립제작사 디턴은 <마이 보이 프렌드 이즈 베러(My Boy Friend is Better)>라는 포맷을 개발해 CJ ENM과 합 작 형태로 진행하고 있으며 2022년 엠넷(Mnet)에서 방영된 후 2023년에 태국 과 브라질로 수출되었다.

K-포맷이 이처럼 성공한 이유에 대해 해외 전문가들은 독창적 비틀기와 협업을 꼽는다. 한국은 글로벌 포맷 트렌드를 빠르게 읽어내고 이를 한국만의 고유하고 독창적인 비틀기와 접목시켜 익숙함과 새로움을 잘 배합함으로써 작품성과 시장성을 동시에 갖춘 포맷을 개발해 낸다는 평가를 받고 있다. 그리고 한국 포맷 플레이어들의 협업 능력도 높이 평가받고 있는데, 서구 제작자들이 A부터 B까지를 생각한다면 한국 제작자들은 A부터 F까지를 생각할 정도로 넓은 사고력과 세심한 준비성을 가지고 있어 좋은 협업 파트너로 인식되고 있다고 한다.[47]

3) K-드라마의 글로벌 인기, 스크립티드 포맷 수출도 증가

최근 높은 수출 증가세를 보이는 스크립티드 포맷 거래에 대해 조금 더 세부적으로 살펴보자. 한국의 드라마 수출 형태는 완성 프로그램 중심이지만, 2017년 〈굿 닥터〉 미국판이 성공을 거두는 시기를 전후해 스크립티드 포맷으로 수출되는 사례도 늘어나기 시작했다. 이미 아시아나 튀르키예 등지에서는 한국 드라마가 종종 리메이크되어 왔지만, 미국 시장에서의 성공으로 인해 글로벌 시장에서 스크립티드 포맷으로서의 가치를 더욱 인정받기 시작한 것이다. 여기에는 한국 드라마 자체가 진화한 것도 영향을 미쳤다. 로맨틱 코미디나 청춘물 중심이던 한국 드라마가 장르물과 수사물, 액션 작품 등으로 장르가 확장되고 로맨스와 다른 장르가 혼합되는 등 포맷으로서의 독창성이 높아져 각국의 다양한 시청자층을 만족시킬 수 있게 된 것이다. 〈오징어 게임〉의 글로벌 신드롬은 이러한 한국 드라마 진화의 상징이라 할 수 있다.[48]

한국 드라마를 리메이크하는 경향은 가까운 나라 일본에서 그 증가세가 가장

---

47 케리 루이스 브라운, "전 세계를 강타한 K 포맷, 글로벌 성공 비결", ≪방송트렌드&인사이트≫, 22호(한국콘텐츠진흥원, 2020).
48 조유빈, "왜 세계는 'K리메이크'에 나섰나", ≪시사저널≫, 2022년 4월 13일 자.

〈그림 2-25〉 〈미생〉 일본판 〈호프〉(왼쪽)와 〈굿 닥터〉 일본판 〈굿 닥터〉(오른쪽)

자료: Fuji TV

먼저 확연하게 나타났다. 2010년대 이전에는 일본에서 MBC 〈호텔리어〉, KBS 〈미안하다 사랑한다〉, 〈마왕〉 등 한국 드라마를 종종 리메이크했으나 그 이후로는 성사된 사례를 찾기가 어려웠다. 하지만 한국 스크립티드 포맷이 해외 시장에서 성과를 보이던 2016년 CJ ENM 〈미생〉의 일본판 〈호프(HOPE): 기대 제로의 신입사원〉이 방영되면서 다시 물꼬가 트이기 시작했다. 미국 시장에 성공적으로 데뷔한 이듬해에는 일본에서도 리메이크된 〈굿 닥터〉를 비롯해 CJ ENM 〈시그널〉과 〈기억〉, SBS 〈세븐데이즈〉 등 2018년에만 4편의 한국 드라마가 리메이크되었다. 특히 〈굿 닥터〉는 일본판도 평균 시청률 12.4%를 기록하는 큰 흥행을 거두면서 한국의 대표 스크립티드 포맷임을 입증했다.[49] 이후로도 한국 스크립티드 포맷에 대한 일본의 관심은 끊이지 않아 SBS 〈싸인〉이나 〈별에서 온 그대〉, MBC 〈투윅스〉 같은 과거 작품부터 CJ ENM 〈보이스〉, JTBC 〈이태원 클라쓰〉 같은 최근 작품까지 다양하게 리메이크되었다.

미국에서는 〈굿 닥터〉 미국판이 시즌을 갱신하며 인기를 이어간 덕에 한국 스크립티드 포맷에 대한 관심이 늘어났다. 이를 입증하듯 매년 한국 드라마 리메이크에 대한 소식이 꾸준히 들려왔는데, 대표적으로는 JTBC 드라마 〈힘쎈

---

49 조용철, "한국 드라마·영화 15편, 日서 드라마로 리메이크 방영", ≪파이낸셜뉴스≫, 2018년 11월 7일 자.

여자 도봉순〉과 〈SKY 캐슬〉이 있다. 특히 〈SKY 캐슬〉은 〈트라이베카 (Tribeca)〉라는 제목으로 워너브라더스(Warner Bros.)에서 제작을 맡았으며, 당시 시즌5까지 편성을 확정지었던 미국 드라마 〈슈퍼걸(Supergirl)〉의 EP이 자 쇼러너인 제시카 퀠러(Jessica Queller)과 로버 로브너(Rober Rovner) 등이 제작진으로 참여해 더욱 기대를 모았다.[50] CJ ENM의 다양한 드라마도 미국에서 리메이크가 추진되고 있다. 20세기 폭스사와는 〈라이브〉를, 스카이댄스 (Skydance)와는 〈호텔 델루나〉를, 미국 케이블 방송사 쇼타임(Showtime)과는 〈기억〉을 리메이크하는데, 자회사인 스튜디오드래곤에서 리메이크 작업을 진행한다고 밝혔다.

한국 드라마를 리메이크하는 데 대한 미국의 관심은 〈오징어 게임〉으로 인해 최근 더욱 증가하고 있다. 미국 주요 방송사인 CW가 MBC의 〈W〉를 리메이크한다고 발표한 것을 시작으로, CJ ENM은 스튜디오드래곤을 통해 〈사랑의 불시착〉을 넷플릭스US와, 마동석이 제작에 참여하는 〈트랩〉을 스타링스 엔터테인먼트(Starlings Entertainment)와 미국판으로 기획개발 중이라고 밝혔다.[51]

세계 최고의 콘텐츠 시장인 미국에서 시즌 편성을 받는 것은 여전히 어려운 일이기 때문에 현지판 제작이 확정되었다는 소식은 쉽게 들려오지 않았다. 하지만 꾸준히 문을 두드린 결과 또 한편의 한국 드라마가 미국판 방영에 성공했다. 그 주인공은 KBS 〈국민 여러분〉으로, 20세기 텔레비전(20th Television)에서 제작해 〈더 컴퍼니 유 킵(The Company You Keep)〉이라는 제목으로 2023년 2월 ABC에서 방영되었다. 첫 회가 로튼 토마토 관객 지수 82%, IMDB 7.5점을 기록하는 등 비교적 호평을 받았지만 시청률은 그에 미치지 못했다. 결국 10부작의 평균 시청률이 0.25%에 머물러 시즌2는 편성을 받지 못해 〈굿 닥

---

50   Nellie Andreeva, "NBC Nabs 'TriBeCa' Drama Echoing College Admission Scandal From 'Supergirl' Showrunners & Berlanti Prods," *Deadline*, September 6, 2019.

51   이승미, "[SC초점] '사랑의불시착'→'W'…'오겜' 대박 영향, 한국드라마 美리메이크 잇따라", ≪스포츠조선≫, 2021년 11월 10일 자.

<그림 2-26> <국민 여러분> 미국판 <더 컴퍼니 유 킵>

자료: ABC

터>의 뒤를 잇는 장수 프로그램으로 자리매김하지 못했다.

동남아시아는 완성 프로그램 중심으로 한국 드라마가 수출되는 시장이지만, 2010년대 후반에 들어서는 스크립티드 포맷 수출도 많이 늘어나고 있다. 이러한 현상이 두드러진 나라는 태국이다. <오 나의 귀신님>, <터널>, <보이스> 같은 CJ ENM의 드라마가 태국 지상파 트루포유(True4U)에서 잇달아 리메이크되었으며, 이 방송사의 OTT인 트루아이디(TrueID)에서 조회수 역대 1위를 기록한 <보이스>를 비롯해 나머지 작품의 현지판도 모두 흥행을 거두었다. <터널>은 인도네시아에서도 리메이크되어 현지 OTT인 고플레이(GoPlay)에서 서비스되었다.[52] 특히 2021년에는 <싸우자 귀신아>, <식샤를 합시다 2>, <로맨스가 필요해3>, <너를 기억해> 등 다수의 CJ ENM 드라마가 태국에서 리메이크되었다. 베트남도 눈에 띄는 시장이다. 베트남에서는 KBS 드라마 리메이크가 강세를 보였는데, 2018년 <태양의 후예>를 시작으로 2021년에는 <하나뿐인 내 편>, <세상에서 제일 예쁜 내 딸>, <왜그래 풍상씨> 등이 베트남판으로 방영되었다. SBS <불량가족>도 베트남 OTT인 케이플러스 (K+)에 리메이크되어 2023년 '최고의 K+ 오리지널'에 선정되기도 했다.

포스트 코로나19 시대에는 OTT가 성장하면서 미디어 시장의 판도가 바뀌고

---

52   신영은, "태국판 '보이스' 현지 OTT 조회수 역대 1위 기염…태국 사로잡은 K-콘텐츠", ≪매일경제≫, 2019년 12월 24일 자.

있다. 그중에서도 동남아시아 시장은 최근 스크립티드 포맷의 핵심 바이어로 떠오르고 있다. 그 대표주자로 홍콩의 OTT인 뷰(Viu)를 들 수 있는데, 뷰는 동남아시아에서 높은 시장 지배력을 가지고 있다. 최근 뷰에서는 K-드라마 현지화를 글로벌 전략으로 내세우고 있어 한국 드라마를 리메이크하는 사례가 늘어나고 있다. 2022년 MBC〈그녀는 예뻤다〉말레이시아판과 CJ ENM〈악의 꽃〉필리핀판을 제작한 데 이어 2023년에는 MBC〈W〉, 2024년에는 CJ ENM〈김비서가 왜 그럴까〉를 각각 말레이시아판과 필리핀판으로 리메이크했다. 말레이시아판〈W〉는 6주 연속 뷰 주간차트 1위에 올랐으며, 필리핀판〈김비서가 왜 그럴까〉도 집계 당시까지 주간차트 1위에 오른 것은 물론 각종 앱스토어에서 뷰 어플리케이션이 다운로드 1위에 등극하는 데 기여하는 등 좋은 성과를 거두었다.[53] 뷰는 JTBC〈재벌집 막내아들〉과〈힘쎈여자 도봉순〉도 태국판 리메이크를 결정해 향후 제작할 예정이다.

그동안 한국 드라마를 많이 리메이크했던 튀르키예도 여전히 K-드라마 리메이크에 대한 수요가 높은 편이다. 대표적으로는 2019년에 시작해 높은 시청률을 바탕으로 2년간 방영된 튀르키예판〈굿 닥터〉를 들 수 있다. 최근에는 2023년 KBS〈한번 다녀왔습니다〉, SBS〈낭만닥터 김사부〉등이 튀르키예에서 리메이크되었고, 2024년에는 JTBC〈닥터 차정숙〉튀르키예판이 방영되었다. 튀르키예판〈닥터 차정숙〉은 최고 시청률 14.8%를 기록하며 5주 연속 동시간대 1위를 할 정도로 큰 흥행을 거두었는데, 현지 제작사인 MF 야핌(MF Yapim)은 JTBC〈킹더랜드〉도 리메이크를 결정해 2024년 내에 선보일 예정이다.

한편 OTT 시대가 되면서 한국 드라마 제작사도 과감한 투자를 통해 IP를 확보하고 스크립티드 포맷 수출을 추진하는 사례가 나오고 있다. 대표적인 기업으로는 에이스토리를 꼽을 수 있다. 에이스토리는〈킹덤〉,〈이상한 변호사

---

53 지동현, "차정숙→김비서…해외서 리메이크 된 'K드라마' 잇따라 흥행 돌풍", ≪스포츠월드≫, 2024년 4월 14일 자.

〈그림 2-27〉 태국판 〈보이스〉(왼쪽)와 〈터널〉(오른쪽)

자료: TrueID

〈그림 2-28〉 말레이시아판 〈W〉(왼쪽)와 필리핀판 〈김비서가 왜 그럴까〉(오른쪽)

자료: Viu

〈그림 2-29〉 튀르키예판 〈굿 닥터〉(왼쪽)와 〈닥터 차정숙〉(오른쪽)

자료: MF Yapim; Show TV

우영우〉 등을 제작한 곳으로 드라마 IP를 확보해 다양한 비즈니스 방안을 모색하고 있는 제작사이다. 〈이상한 변호사 우영우〉는 미국에서 리메이크를, 〈빅마우스〉는 중화권 리메이크를 직접 추진하고 있으며, 최근에는 〈유괴의 날〉영국판을 영국 제작사와 공동제작 형태로 리메이크하기로 결정하고 진행 중이

〈그림 2-30〉〈이상한 변호사 우영우〉(왼쪽)와 〈유괴의 날〉(오른쪽)

자료: KT스튜디오지니; 에이스토리

다. 영국 제작사는 유럽 최대 미디어 그룹 중 하나인 스튜디오 함부르크 프로덕션 그룹(Studio Hamburg Production Group: SHPG)의 자회사 스튜디오 함부르크 유케이(Studio Hamburg UK: SHUK)이며, 영국 아카데미 시상식(BAFTA)에서 단편영화 작품상을 받은 작가 로넌 블래니(Ronan Blaney)가 영국판 대본을 맡는다.[54]

한국의 독립제작사가 스크립티드 포맷을 공동제작 형태로 서구 국가와 진행하는 것은 최초의 사례로, 영국판이 제작될 경우 단순 포맷 피를 넘어 배급과 부가사업 등에 따른 수익을 공유할 수 있어 K-드라마 산업에서 큰 의미가 있는 프로젝트라 할 수 있다.

---

54 최이정, "윤계상 '유괴의 날', 영국서 리메이크 된다…포브스 선정 '베스트 한드'", 《조선비즈》, 2024년 2월 15일 자.

제3장

한국 포맷 산업의 글로벌 경쟁력과 미래[*]

한국의 포맷 산업은 〈복면가왕〉의 성공 이후 글로벌 포맷 시장에서 위상이 높아지면서 입지를 다져가고 있다. 하지만 오늘날 미디어 시장이 급변하고 있으므로 여기에 대응해 지속적인 경쟁력을 가지기 위해서는 많은 고민과 대책 마련이 시급하다. 과거 중국의 규제와 한한령 같은 위기 상황이 다시 오지 않으리라는 법은 없기 때문이다. 이를 위해서는 그간 국내의 방송콘텐츠 기업과 정부가 시장 변화에 대응해 온 방식과 결과를 분석하고 그에 따른 전략을 수립할 필요가 있다. 따라서 이 장에서는 한국 포맷 수출이 본격화된 2010년대부터 지금까지 지난 10여 년간 한국 포맷 산업의 흐름과 변화를 바탕으로, 글로벌 가치사슬(Global Value Chain) 관점에서 한국 포맷 산업의 변화를 다각도로 분석할 것이다. 특히 산업 차원의 접근과 더불어 기업 차원에서도 국내 방송콘텐츠 기업들의 포맷 비즈니스 역량이 강화된 양상에 주안점을 두어 숲과 나무를 모두 균형 있게 들여다보고자 했다. 여기서는 언스크립티드 분야를 중심으로 분석을 진행했는데, 그 이유는 언스크립티드 분야가 전체 포맷 비즈니스에서 차지하는

---

[*]   이 장은 손태영, 「한국 방송콘텐츠 기업의 언스크립티드 포맷 비즈니스 역량강화 요인 연구」 (한양대학교 박사학위 논문, 2013), 42~57, 78~130쪽을 수정·보완한 것이다.

비중이 70~80%에 달하고, 포맷 비즈니스 측면에서 볼 때 언스크립티드 분야에서 한국 포맷 산업 및 기업의 유의미한 변화가 두드러졌기 때문이다.

글로벌 가치사슬을 분석 틀로 적용한 이유는 글로벌 가치사슬이 글로벌 관점에서 대외환경과 기업을 아우르는 전체론적인 이해를 제공해 주는 이론이기 때문이다. 일반적으로 포맷 비즈니스는 내수에 국한되는 것이 아니라 글로벌 시장을 대상으로 이루어진다. 포맷 산업의 글로벌화가 가속화되면서 포맷 산업에 대해 다양한 관점에서 접근하게 되었는데, 그중 하나가 글로벌 가치사슬 이론이다. 가치사슬이라는 개념은 기업의 경쟁우위를 파악하기 위해 등장한 것인데, 글로벌 가치사슬 이론은 그 범위를 글로벌 시장으로 확장해 기업의 내외적 관점에서 접근한다. 따라서 글로벌 가치사슬은 한국 포맷 산업과 국내 방송콘텐츠 기업의 글로벌 경쟁력을 분석하는 데 유용한 이론이라고 판단했다.

1. 글로벌 가치사슬 이론

1) 글로벌 가치사슬의 개념

글로벌 가치사슬(Global Value Chain: GVC)은 가치사슬이라는 개념에서부터 출발한다. 가치사슬은 마이클 포터(Michael Porter)가 기업의 경쟁우위를 파악하기 위해 기업의 활동을 세분화하면서 만든 개념이다. 포터는 기업의 활동을 제품의 설계, 생산, 배송, 판매와 마케팅, 서비스로 구분하고, 이러한 활동을 통해 가치가 창출되는 구조를 가치체계(value system)라 칭했으며, 가치를 창출하는 개별 활동이 연속적으로 이루어진다는 측면에서 이를 가치사슬이라 불렀다.[1] 즉, 독립된 각각의 가치사슬 부문을 단순히 조합하는 것이 아니라 하나의

---

1 M. E. Porter, *Competitive Advantage: creating and sustaining superior performance*(Los Angeles: The Free Press, 1985), p. 557.

시스템처럼 운영해야 기업의 경쟁우위를 창출할 수 있다는 것이었다.[2]

이후 1990년대 들어 글로벌화가 가속화됨에 따라 기업의 국제적 수직분업활동이 촉진되면서 다양한 선행 개념이 제시되기 시작했고 글로벌 가치사슬이라는 개념이 등장하게 되었다.[3] 브루스 코구트(Bruce Kogut)는 기업이 더 높은 부가가치를 창출하는 과정에서 시스템 통합을 거쳐 증식하는 전 과정을 의미하는 부가가치 사슬(value-added chain)을 제시했으며,[4] 테렌스 K. 홉킨스(Terence K. Hopkins)와 이매뉴얼 월러스타인(Immanuel Wallerstein)은 최종 결과가 완성된 제품인 노동 및 생산 프로세스의 전체 네트워크라는 상품사슬(commodity chain) 개념을 제시하기도 했다.[5] 그러다 게리 제레피(Gary Gereffi)는 상품사슬의 범위를 글로벌 시장으로 확장해 글로벌 상품사슬(Global Commodity Chain: GCC)이라 명명했다. 제레피는 글로벌 상품사슬이란 세계 경제 내에서 가정, 기업, 국가를 서로 연결하는 하나의 상품 또는 제품 주위에 집적된 일련의 조직 간 네트워크라고 정의했다.[6] 이후 글로벌 상품사슬은 제레피에 의해 글로벌 가치사슬 이론으로 발전해 해당 연구의 향후 기반이 되었다.

세계 시장이 글로벌화됨에 따라 최근 수십 년 동안 국가 간 상호 관계가 상당히 성장했으며, 운송비용 절감, 정보 기술 혁명, 개방적인 경제 정책 등으로 인해 최종 제품의 생산 프로세스는 대내외 기업 간 생산 체인에서 국가 경제 전반에 걸쳐 점점 더 세분화되었다.[7] 글로벌 가치사슬은 이러한 현상을 분석하기 위

---

2   이준호, 「글로벌 가치사슬과 중소기업의 국제화」, ≪과학기술정책≫, 통권 163호(2007), 53쪽.

3   김주권, 『한국 중소기업의 글로벌 가치사슬 진입전략 및 정책적 시사점 연구』(대외경제정책연구원, 2016), 4쪽.

4   B. Kogut, "Designing global strategies: Comparative and competitive value-added chains," *Sloan Management Review(pre-1986)*, 26(4)(1985), p. 15.

5   T. K. Hopkins and I. Wallerstein, "Commodity chains in the world-economy prior to 1800," *Review(Fernand Braudel Center)*, 10(1)(1986), p. 159.

6   G. Gereffi, "The organization of buyer-driven global commodity chains: How US retailers shape overseas production networks," in G. Gereffi and M. Korzeniewicz(eds.), *Commodity Chains and Global Capitalism*(New York: Praeger, 1994), p. 95.

7   ISTAT and UNSD, *Handbook on Accounting for Global Value Chains*(UN Trade Statistics, 2018), p. 1.

해 등장한 개념으로, 상품의 기획, 생산, 판매에 이르는 가치사슬의 전 과정이 글로벌 차원에서 이루어지는 활동으로 정의할 수 있으며, 글로벌 산업에 대한 전체론적인 관점을 제공한다.[8]

글로벌 가치사슬이 형성되는 요인으로는 기업 간 경쟁 증가, 운송 수단 및 정보통신기술(ICT 등) 발달, 신흥개도국의 저렴한 공급업체 등장, 무역자유화로 인한 기업 전략 변화 등을 꼽을 수 있다.[9] 이로 인해 생산 및 거래 비용이 하락함에 따라 생산과정이 글로벌해지고 시장이 확대되어 국가·산업·기업 간의 분업 효과가 한층 높아졌으며, 그 결과 과거에는 생산 과정상에 머물던 단순한 분업 이상으로 복잡다기한 기능적 분업이 가능해졌다.[10]

글로벌 가치사슬이 광범위하게 형성되면서 중소기업 등 후발기업[11]의 참여 기회도 확대되어 기업 성장의 모멘텀이 되고 있다. 대규모 다국적 기업이나 기업 그룹들(Multinational Enterprises: MNEs)이 글로벌 가치사슬을 주도하는 경향이 있지만,[12] 후발기업들도 여기에 참여해 재무적 안정성을 확보하고 생산력 증가, 세계 시장 진출 확대 등의 기회를 얻을 수 있기 때문이다. 게다가 제품과 서비스의 가치사슬에서 전후방 파트너들과 연계된 협업을 구축함으로써 새로운 사업 방식이나 첨단 기술과 같은 선진 지식을 습득함으로써 글로벌 경쟁력을 향상시킬 수도 있다.[13] 한편 후발기업은 다국적 기업에 비해 자원과 경험이 제한적이라서 상대적으로 열위에 있으므로 모든 부문을 자체적으로 글로벌화하는 전략보다 글로벌 가치사슬에 참여하면서 시장을 탐색한 후 선택과 집중을

---

8   G. Gereffi and K. Fernandez-Stark, *Global value chain analysis: a primer*(Durham: Duke CGGC, 2011), p.4.

9   OECD, *Enhancing the Role of SMEs in Global Value Chains*(OECD Publishing, 2008), p.21.

10 김인철·김영민·박양신, 『글로벌 가치사슬의 확대와 산업정책적 대응』(중소기업연구원, 2016), 35쪽.

11 후발기업은 선택적 필요가 아닌 역사적 필요에 의해 태생적으로 늦게 진입한 기업으로, 자원과 역량이 부족한 상태의 기업을 뜻한다. 정지현, 「글로벌 가치사슬에서 후발기업의 역량축적에 관한 연구」(가톨릭대학교 대학원 박사학위 논문, 2017), 21쪽.

12 ISTAT and UNSD, *Handbook on Accounting for Global Value Chains*, p.1.

13 이준호, 「글로벌 가치사슬과 중소기업의 국제화」, 57쪽.

〈그림 3-1〉 가치사슬 구조 및 부가가치를 향상시킬 수 있는 부문(스마일 커브 기반)

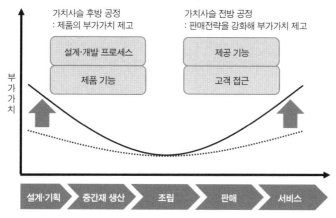

자료: 김종기 외, 『ICT산업의 글로벌 가치사슬 구조 변화와 발전과제』(산업연구원, 2014), 21쪽.

하는 전략이 필요하다. 부가가치가 높은 후방산업이나 전방산업[14]에서 역량을 쌓은 후 성장을 통해 글로벌화하는 방안이 대안으로 대두되고 있는 것도 그러한 이유에서이다(〈그림 3-1〉 참조).

글로벌화가 진전되면서 문화산업 가치사슬도 해외 시장을 빼놓고는 이야기할 수 없게 되었다. 문화산업의 전통적인 공급 가치사슬은 콘텐츠를 생산하거나 상품화하는 과정, 상품이 소비자에게 유통되는 과정을 뜻했으며, 이는 수직적인 형태로 나타났다.[15] 그러나 디지털 시대로 접어들면서 수평적인 사슬 관계로 변화되어 상호 긴밀하게 연결되고 글로벌화가 심화되기 시작했고, 그 결과 콘텐츠의 제작과 유통에서 자국 시장만 겨냥해서는 성공하기 어려워져 해외에서도 많은 수익을 창출해야 하는 상황에 이르고 있다.[16] 방송콘텐츠 산업의 한 축인 포맷 산업 역시 이러한 세계적인 흐름에서 예외는 아니었다.

---

14 후방산업은 연구개발, 설계 등을 담당하는 사업을 뜻하며, 전방산업은 마케팅, 영업 등을 담당하는 사업을 뜻한다.
15 G. Doyle, *Understanding media economics*(Thousand Oaks: Sage, 2013), p. 20.
16 김규찬, 『문화산업 정책 패러다임 변화 연구』(한국문화관광연구원, 2017), 163~164쪽.

따라서 셜라비가 2016년 글로벌 가치사슬 관점에서 세계 포맷 산업을 분석하고자 시도한 것은 산업적 맥락에서 의미가 있다. 포맷 제작 규모의 확대와 새로운 장르의 등장, 늘어나는 해외 수요처와 플레이어 등 글로벌 포맷 산업은 2000년대 들어 급격하게 성장하고 글로벌화되어 글로벌 가치사슬을 형성해 왔기 때문이다. 셜라비는 이 같은 시도를 통해 글로벌 포맷 산업의 구조와 교역의 흐름, 제도적 영향 등 산업을 둘러싼 기업의 외부 환경을 분석하는 것은 물론, 환경변화에 대응한 영국 독립제작사들의 업그레이딩 사례 같은 기업의 내부 역량에도 무게를 두고 접근함으로써 국제 포맷 비즈니스의 역학 관계나 영향요인, 기업 역량 등에 대한 유의미한 인사이트를 제공한다.[17]

따라서 지금 시점에서 글로벌 가치사슬의 관점으로 한국 포맷 산업을 바라보고 한국의 포맷 산업이 세계 시장에서 어떻게 경쟁력을 확보하고 이를 지속할 수 있을지에 대해 진단해 보는 것은 의미가 있다. 글로벌 포맷 시장에서 후발주자였던 한국이 지금 글로벌 시장에서 주목받고 있는 상황에서 이러한 분석을 수행하면 우리 포맷 산업과 기업이 대내외 환경 변화 가운데 당면한 문제가 무엇인지 보다 체계적으로 분석할 수 있고 앞으로 나아갈 계기 또한 마련할 수 있기 때문이다. 한편 글로벌 가치사슬 관점을 적용한 분석은 국가 또는 산업 단위의 거시 경제 개념에서 혹은 정부 정책 측면에서 이루어지는 경우가 많아서 기업 차원에서의 역량 축적이나 전략까지 다룬 경우는 많지 않다.[18] 따라서 이 장을 통해 한국 포맷 산업의 변화와 맞물려 국내 방송콘텐츠 기업이 글로벌 시장에서 포맷 비즈니스 경쟁력을 가지기 위해 어떤 노력을 해왔는지 그리고 앞으로 어떻게 해야 할지에 대해 살펴보는 것 또한 의미가 있을 것이다.

---

17 J. K. Chalaby, *The format age: Television's entertainment revolution*, pp.65~106.
18 성재열, 「글로벌 가치사슬에서 중견기업의 추격전략에 관한 연구」(가톨릭대학교 대학원 박사학위 논문, 2015), 18쪽.

2) 글로벌 가치사슬 분석의 네 가지 차원

글로벌 가치사슬상의 기업들은 많은 국가에서 부가가치, 소득, 생산성 및 관련 자산, 부채 측정 등의 측면에서 산업 부문 전반을 지배하고 있다. 게다가 비즈니스 및 거시 경제 통계의 주요 변수가 성장하는 측면에서 측정되는 역학 관계에서도 차이를 만든다. 이러한 특성을 반영해 전체론적 관점에서 분석하기 위해서는 글로벌 가치사슬을 제레피가 1995년 제안한 '입출력 구조', '지배구조', '지리적 범위', '제도적 맥락'이라는 네 가지 차원에서 분석할 수 있다. 입출력 구조는 원재료가 최종 제품으로 변화하는 과정을 설명하고, 지배구조는 가치사슬이 어떻게 통제되는지에 대한 맥락을 파악하며, 지리적 범위는 무역의 흐름을, 제도적 맥락은 제도가 산업 가치사슬에 미치는 영향을 이해할 수 있도록 도와준다.[19]

(1) 입출력 구조

입출력 구조(Input-Output Structure)를 통해 글로벌 가치사슬의 주요 활동 및 부문을 분석할 수 있다. 사슬은 초기 콘셉트에서 소비자에게까지 전달되는 제품 또는 서비스를 제공하는 전체 입출력 프로세스를 나타낸다. 사슬의 주요 부문은 산업에 따라 다르지만 일반적으로는 연구와 설계, 투입, 생산, 유통 및 마케팅, 판매를 포함하며 경우에 따라 제품 재활용을 포함한다. 입출력 구조는 일반적으로 유·무형의 재화와 서비스의 흐름을 보여주는 화살표로 연결된 일련의 가치사슬 단계로 표현되는데, 이는 사슬의 다른 단계에서 부가가치를 매핑[20]하고 연구자에게 특정한 관심 정보를 계층화하는 데 중요하다.

입출력 구조의 관점에서 바라보는 포맷 산업의 글로벌 가치사슬은 창작(페이

---

19   ISTAT and UNSD, *Handbook on Accounting for Global Value Chains*, p.6.
20   가치사슬 매핑(mapping)이란 기업활동이 영향을 미치는 범위, 대상 등을 식별하는 것을 뜻한다. GRI, UNGC and WBCSD, *SDGs Compass: The guide for business action on the SDGs*(2016), p.12.

〈그림 3-2〉 TV 포맷의 글로벌 가치사슬: 입출력 구조

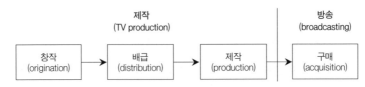

자료: J. K. Chalaby, *The format age: Television's entertainment revolution*, p.74.

퍼 포맷, 프로그램 포맷), 배급, 제작, 구매(제작 권리/편성 등)의 네 가지 개별 부문
으로 구성된다(〈그림 3-2〉 참조).

  이 순서는 방송콘텐츠 기업이 가치사슬에서 차지하는 위치, 다른 부문에 위치
한 기업과의 관계, 활동 확장 필요성 또는 가능성 등을 고려한 포맷 비즈니스의
전략과 자원에 따라 다양한 조합으로 진행될 수 있다(〈표 3-1〉 참조). 가장 일반
적인 비즈니스 모델은 IP 원작자(Originator)가 소유한 포맷의 글로벌 배급권을
배급사(Distributor)에 판매하고 배급사가 해외 로컬 제작사(Producer)나 방송사
(Buyer)에 라이선스를 판매하거나, 배급사가 인하우스(in-house) 제작이 가능
한 방송사와 거래하는 형태로, 전자는 A/B/C/D, 후자는 A/B/C/C 구조이다.
하지만 포맷 시장이 글로벌화되면서 등장한 슈퍼 인디 같은 기업은 개발한 포맷
을 현지 제작사나 방송사에 직접 판매하거나(A/A/B/B 또는 A/A/B/C), 현지에서
직접 제작(또는 공동제작)해서 현지 방송사 편성을 받기도 하며(A/A/A/B), 일부
국가에서는 수직통합(A/A/A/A)을 이루는 비즈니스 모델이 등장하기도 했다.
한편 포맷 비즈니스에서는 국제적인 배급이 상당한 역량을 필요로 하는 영역이
다 보니, 글로벌 방송콘텐츠 기업은 자신들의 배급 역량을 활용해 포맷 비즈니
스 역량이 열위인 제3국의 방송사나 제작사에서 좋은 아이디어를 수입해 글로
벌 배급을 하는 A/B/B/C 같은 형태를 보이기도 한다.

  따라서 이 조합 틀을 활용해 한국의 경우 포맷 거래 형태가 어떻게 나타나고
있고 어떻게 변화해 왔는지 분석해 본다면 국내 방송콘텐츠 기업들의 포맷 비
즈니스 전략 양상과 시사점에 대해서도 살펴볼 수 있을 것이다.

<표 3-1> TV 포맷 글로벌 가치사슬의 가장 일반적인 조합

원작자(Originator)	배급자(Distributor)	제작자(Producer)	구매자(Buyer)
A	A	A	A
A	A	A	B
A	A	B	B
A	A	B	C
A	B	B	C
A	B	C	C
A	B	C	D

자료: J. K. Chalaby, *The format age: Television's entertainment revolution*(Cambridge: Polity Press, 2016), p.74.

(2) 지배구조

지배구조(Governance Structure)는 '재정적, 물질적, 인적 자원이 사슬 내에서 어떻게 할당되고 연결되는지를 결정하는 권위와 권력의 관계'로서,[21] 글로벌 가치사슬과 기업과의 관계를 이해하기 위해서는 지배구조를 이해하는 것이 중요하다. 글로벌 가치사슬의 구조와 참여조건을 결정하는 데 상당한 영향력을 미치는 중핵기업(focal firm)의 역할이 글로벌 가치사슬의 특징과 범위, 다른 기업의 편입 가능성 등을 결정하는 요인이기 때문이다.[22] 글로벌 가치사슬의 지배구조는 공급자 주도(producer-driven) 사슬과 구매자 주도(buyer-driven) 사슬로 구분된다. 전자는 다국적 기업이나 생산자가 생산 네트워크의 핵심 조율자로서 역할을 하는 형태로, 주로 제조업이 해당되며 수직적인 지배구조를 형성한다. 반면, 후자는 대형 소매업자나 구매업자가 제3세계에 분산되어 있는 수출업자의 생산 네트워크를 지배하는 형태로, 주로 소비재 산업이 해당되며 수평적인 지배구조를 형성한다.[23] 한편 글로벌 가치사슬은 지배구조를 기준으로 결합 정도에 따라 시장형(market), 모듈형(modular), 관계형(relational), 종속형

---

21 G. Gereffi and K. Fernandez-Stark, *Global value chain analysis: a primer*, p.8.
22 이준호, 「글로벌 가치사슬과 중소기업의 국제화」, 77~79쪽.
23 G. Gereffi, "International trade and industrial upgrading in the apparel commodity chain," *Journal of international economics*, 48(1)(1999), p.38.

<그림 3-3> 글로벌 가치사슬의 다섯 가지 지배구조 유형

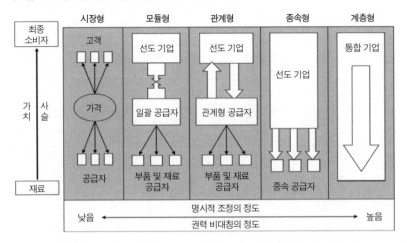

자료: G. Gereffi, J. Humphrey and T. Sturgeon, "The governance of global value chains," *Review of international political economy*, 12(1)(2005), p.89.

(captive), 계층형(hierarchy)으로 구분되며, 시장에서 계층으로 갈수록 가치사슬 내의 네트워크 강도가 높아지는 특징을 보인다(<그림 3-3> 참조).

포맷 글로벌 가치사슬에서의 지배구조는 방송사(broadcasters)와 공급자(suppliers)의 관계로 이루어진다. 포맷 사슬은 기본적으로 구매자 주도형이기 때문에 힘의 균형을 결정짓는 데 구매자인 방송사의 역할이 크다. 일반적으로 방송사와 공급자인 제작사 간의 지배구조를 결정하는 요인은 크게 세 가지로, 방송사의 구매력, 공급자 수 대비 방송사 수의 비율, IP 퀄리티(흥행성, 독창성 등)인데, 이 중 두 가지가 방송사와 관련된 요인이다. 일반적으로 어느 나라이건 방송 시장에서 방송사 수보다 공급자 수가 훨씬 많다. 세계 최대의 제작사들이 포진한 영국 시장에서는 수백 개의 독립제작사가 방송사의 편성 예산을 따내기 위해 경쟁하고 있다[2013년 각 방송사와 독립제작사 간 협력 현황을 살펴보면 BBC는 296개, ITV는 89개, 채널5(Channel 5)는 59개, SKY는 159개의 독립제작사와 협력했다]. 게다가 수익 측면에서도 2013년 BBC의 수익은 51억 파운드인 반면 영국의 주요 독립제작사 153개의 수익 합산액은 약 21억 파운드로 BBC에 미치지 못하는 등 포맷 가치사슬에서 방송사는 공급자보다 우위를 점한다.[24] 반면 "콘텐츠가 왕이다(Content is King)"[25]라는 말처럼 IP의 퀄리티가 높으면 협상에서 유리한 입장에 서기 때문에 IP의 퀄리티를 높이는 것은 공급자에게도 자신의 위치를 높일 수 있는 기회가 된다. 〈빅 브라더〉라는 슈퍼 포맷을 개발해 글로벌 방송콘텐츠 기업으로 성장한 엔데몰이 대표적인 예이다. 또한 엔데몰과 샤인의 합병으로 탄생한 엔데몰 샤인 그룹처럼 공급자 간 인수합병을 통해 규모를 키움으로써 IP를 질적·양적으로 확장하고 회사 역량을 강화해 협상력을 높이기도 한다.[26]

따라서 국내와 글로벌 포맷 시장에서 공급자와 구매자 간 관계가 변화함에 따라 지배구조가 변화된 양상을 분석해 보면 국내 방송콘텐츠 기업들에 도움이 되는 포맷 비즈니스 경쟁전략을 찾을 수 있을 것이다.

(3) 지리적 범위

운송 및 통신 인프라가 개선되고 가치사슬 각 부문에 가장 경쟁력 있는 투입물이 필요해지면서 산업의 글로벌화가 촉진되었다. 그 결과 오늘날 공급사슬은 전 세계적으로 분산되어 있으며 세계 여러 지역에서 다양한 활동이 수행되고 있다. 각 국가의 경우 자산의 경쟁우위를 활용해 산업에 참여하는데, 일반적으로 개발도상국은 저렴한 인건비와 원자재를 제공하고 있으며, 선진국은 R&D, 제품 설계 등 고부가가치 활동을 펼치고 있다. 이러한 국가 간 무역에 대한 정보를 파악하면 글로벌 가치사슬 내에서 국가가 위치한 수준이나 기여도를 알 수 있고, 글로벌 산업의 지리적 범위가 변화하는 상황을 맵핑할 수 있어 무역의 흐

---

24 J. K. Chalaby, *The format age: Television's entertainment revolution*, p. 76~79.
25 "콘텐츠가 왕이다(Content is King)"라는 표현은 1996년 3월 1일 마이크로소프트 창업자 빌 게이츠가 작성한 에세이의 제목이다. 윤경진, "페북과 유튜브가 암호화폐 겁내는 이유…콘텐츠 유통장사의 끝장?", ≪아주경제≫, 2018년 1월 31일 자.
26 J. K. Chalaby, *The format age: Television's entertainment revolution*, pp. 79~80.

〈그림 3-4〉 국가별 포맷 수출입 현황(2006~2008년)(단위: 건)

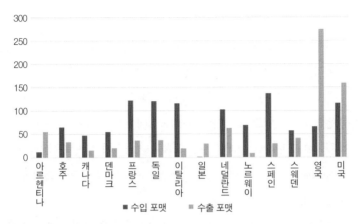

자료: Elfi Jäger, *FRAPA Report 2009: TV Formats to the world*, 2009, p.11의 표를 그래프로 재구성.

름과 패턴을 살펴볼 수 있다는 장점이 있다.[27]

포맷 글로벌 가치사슬의 지리적 범위를 살펴보면 구조화된 무역 흐름이 드러
난다. 2000년대 후반에 수집된 자료를 기반으로 분석하면 포맷 수출국을 세 가
지 계층으로 구분할 수 있는데, 영국과 미국이 최고 수출국 그룹이고, 그 뒤를
이어 중간 그룹(아르헨티나, 호주, 프랑스, 독일, 일본, 네덜란드, 스웨덴)과 하위 그
룹(캐나다, 덴마크, 이탈리아, 노르웨이, 스페인)으로 구분된다(〈그림 3-4〉 참조).
이는 1950년대에 영국과 미국 간 무역으로 포맷 거래가 시작된 이래 여전히 영
국과 미국이 중심이라는 것을 보여준다.[28]

하지만 2010년대 들어 변화가 포착되고 있다. K7 미디어에 따르면 2000년
대와 2010년대에 국가별 상위 100위 포맷을 보유한 비중에서 유의미한 결과가
나왔다. 영국이 여전히 포맷 최강국으로 강세를 유지하고 있지만, 네덜란드가 2
위에 포진하고 이스라엘이 두 계단 상승한 3위를 기록하는 등 신흥국의 강세가
두드러진 것이다(〈표 3-2〉 참조). 2장에서 살펴본 것처럼 2019년부터는 한국

---

27   G. Gereffi and K. Fernandez-Stark, *Global value chain analysis: a primer*, pp.7~8.
28   J. K. Chalaby, *The format age: Television's entertainment revolution*, pp.76~80.

<표 3-2> 국가별 상위 100위 포맷을 보유한 비중

순위	2000년대		2010년대	
1	영국	45%	영국	23%
2	미국	22%	네덜란드	22%
3	네덜란드	8%	이스라엘	17%
4	일본	6%	미국	13%
5	이스라엘	4%	독일	5%

자료: K7 Media, *TRACKING THE GIANTS: The Top 100 Travelling Unscripted Formats 2017-2018*, p.12.

도 <복면가왕>과 <너의 목소리가 보여> 포맷의 세계적인 흥행에 힘입어 신흥국 강세 대열에 합류했다. 최근 일본 포맷이 글로벌 시장에서 수요가 높아지고 있어 2020년대에는 또 다른 결과가 나올 수 있을 것이다.

이처럼 포맷이 거래되는 지역적 범위와 변화를 통해 포맷 시장이 변화하는 상황을 파악하고 우리나라의 해외 포맷 거래량이나 거래 지역의 변화를 분석한다면 글로벌 포맷 비즈니스를 위해 국내 방송콘텐츠 기업들이 어떠한 활동을 해왔고 앞으로 어떻게 해야 하는지 살펴볼 수 있을 것이다.

(4) 제도적 맥락

제도적 맥락(Institutional Context)은 지역적, 국가적, 국제적 조건과 정책이 가치사슬의 각 단계에서 글로벌화를 어떻게 형성하는지 확인할 수 있게 해준다.[29] 글로벌 가치사슬은 지역 경제, 사회적·제도적 역학 관계에 내재되어 있기 때문에 이러한 지역별 조건에 따라 크게 달라진다. 경제 조건에는 인건비를 비롯해 활용 가능한 기반시설, 금융 등의 기타 자원 접근성, 여성의 노동 참여, 교육 접근성 등의 노동과 기술 수준이 결정되는 사회적 분위기, 산업 성장과 발전을 촉진하거나 저해할 수 있는 세금 및 노동 규제, 보조금, 교육 및 혁신 정책 등의 제도가 포함된다. 글로벌 가치사슬은 세계의 많은 다른 부분에 영향을 미치

---

29 ISTAT and UNSD, *Handbook on Accounting for Global Value Chains*, p.7.

기 때문에 제도적 맥락의 특징을 파악하면 관련 경제적·사회적 결과에 미치는 영향을 보다 체계적으로 분석할 수 있다.[30]

포맷 글로벌 가치사슬의 제도적 맥락은 크게 포맷 IP의 국제적 권리 보호와 자국 포맷 산업에 대한 정책으로 나눠서 살펴볼 수 있다.

국경을 초월한 포맷 거래는 70년 이상 지속되어 왔으며 연간 매출이 수십억 달러에 달하는 산업이자 빠르게 성장하는 산업이다. 하지만 아직 법률이나 조약 어느 쪽에도 '포맷'의 의미를 지닌 용어는 포함되어 있지 않으며, 국가 간 포맷 거래에서 상충되는 규제를 다룬 연구도 찾기 어려워 포맷의 법적 성격은 여전히 논란의 여지가 있다.[31] IP 비즈니스에서 저작권을 인정받지 못한다면 거래 자체가 이루어질 수 없으므로 업계에서는 포맷 저작권을 보호하기 위해 다방면으로 노력해 왔다. 2000년에 결성된 FRAPA도 그러한 노력의 일환이다. 수많은 분쟁을 거치면서 전 세계 법원에서 포맷의 권리를 인정하는 사례도 늘어나고 있는데, 이때에는 주로 저작권법, 불공정경쟁법, 기밀정보 관련 법, 상표법 등을 활용한다.[32] 국가마다 적용하는 법이 달라 글로벌 포맷 거래에 어려움을 겪기도 하는데, 2017년에는 FRAPA에서 베이커 매킨지(Baker McKenzie)와 함께 전 세계 30개국의 포맷 분쟁에 대한 소송 사례를 정리한 리포트를 발간해 도움을 주기도 했다.[33]

한편 자국 포맷 산업에 대한 정책은 글로벌 가치사슬에 진입하고 경쟁우위를 창출하는 데 영향을 미친다. 대표적인 사례로 1장에서 살펴봤던 것처럼 영국의 '2003년 커뮤니케이션법'에서 방송사와 독립제작사 간 거래 조건을 명시한 시행령을 들 수 있다. 독립제작사에게 보다 많은 권리를 인정하도록 규정한 이 가

---

30   G. Gereffi and K. Fernandez-Stark, *Global value chain analysis: a primer*, pp.11~12.
31   A. Y. Ananeva, O. V. Lutkova and S. Y. Kashkin, "Conflict-of-Laws Rules Governing Copyrights in TV Format," *REVISTA GEINTEC-GESTAO INOVACAO E TECNOLOGIAS*, 11(4)(2021), p.1686.
32   J. K. Chalaby, *The format age: Television's entertainment revolution*, p.84.
33   FRAPA and Baker McKenzie, *FRAPA Legal Report 2017: An overview of the legal status of formats*(2017), p.3.

〈그림 3-5〉 *FRAPA Legal Report 2017*의 표지

자료: FRAPA

이드로 인해 영국의 독립제작사들은 자신들이 확보한 IP를 바탕으로 더 많은 수익을 창출할 수 있는 기회를 얻었다. 실제로 2009년 영국 내에서 포맷 권리를 보유한 기업의 비중은 방송사는 28%에 그친 반면 독립제작사는 72%(인디 29%, 슈퍼 인디 43%)를 기록했다. 이러한 정책은 많은 독립제작사에게 해외 수출의 동기를 부여해 2003년 이후 2015년까지 영국의 TV IP 및 수출 실적은 680% 증가했다.[34] 따라서 글로벌 가치사슬 관점에서 볼 때 자국의 포맷 산업을 육성하기 위해서는 방송 생태계를 건전하게 만들고 가치사슬의 성장을 고려하는 지원책을 마련해야 한다. 앞에서 살펴본 바와 같이 최고의 수출 인센티브는 시장주도적인 정책으로, 창의성과 혁신을 위해 위험을 감수할 수 있는 기업가적 생태계를 조성하는 것이 필요하다.[35]

이처럼 포맷 비즈니스의 경쟁력을 제고하는 데에는 포맷 IP를 보호하는 제도와 자국의 포맷 산업을 육성하는 정책이 중요하게 작용한다. 따라서 한국 포맷 산업에 대해 이 두 가지에 초점을 맞춰 분석하고 유의미한 시사점을 찾아보고자 한다.

3) 업그레이딩

글로벌 가치사슬을 분석할 때 네 가지 차원에서 접근하는 것은 환경적인 측면에서 기업을 둘러싼 정치, 경제, 지리 등의 외부 환경과 구조적 역학 관계에

---

34 한국콘텐츠진흥원, 「방송포맷 수출입 현황조사 연구」, 54~155쪽.
35 J. K. Chalaby, *The format age: Television's entertainment revolution*, pp. 19~20.

보다 집중하는 방법론이다. 물론 이 자체로도 의미 있는 분석과 인사이트를 도출할 수 있지만, 이것만으로는 가장 중요한 경제주체인 기업이 어떻게 경쟁력을 확보할 수 있을지에 대한 전략을 수립하기에 부족한 면이 있다.

업그레이딩(Upgrading)은 이러한 한계를 보완해 주는 개념으로, 글로벌 가치사슬에서 더 높은 가치로 이동하려는 기업이나 국가, 또는 지역이 글로벌 생산에 참여함으로써 얻는 수익, 부가가치, 역량 등의 혜택을 높이기 위해 수행하는 활동을 뜻한다.[36] 업그레이딩은 개별 경제주체 중심의 상향식(bottom up) 접근법으로, 하향식(top down)인 지배구조에 대응하는 개념이기도 하다.[37]

세계화로 인한 글로벌 경쟁의 결과로 어떤 기업은 경쟁력을 지닌 국제적인 기업으로 성장하고 있고 어떤 기업은 시장에서 도태되고 있다. 성장하는 기업의 경쟁우위를 결정하는 요인은 혁신인데, 혁신을 위해서는 기업에 상대적이고 동적인 우위가 필요하다. 이러한 우위를 형성해 나가는 과정을 업그레이딩이라할 수 있다.[38] 글로벌 가치사슬에서의 업그레이딩은 〈표 3-3〉과 같이 네 가지형태로 구분된다. 앞서 살펴본 네 가지 차원의 글로벌 가치사슬 분석 틀과 병행해서 활용하면 포맷 산업을 전체적으로 분석할 수 있다.

업그레이딩은 수준에 따라 계층이 구분되는데, 역량이 축적된 정도에 따라공정에서 제품으로, 그리고 기능에서 가치사슬 순으로 진화된다(그림 3-6〉 참조). 즉, 단순 조립생산(Original Equipment Assembling: OEA) 방식에서 주문자상표부착생산(Original Equipment Manufacturing: OEM)으로, 그리고 주문자개발생산(Original Development Manufacturing: ODM)을 거쳐 제조사브랜드생산(Original Brand Manufacturing: OBM)의 과정을 거치며 보다 높은 부가가치를창출하게 된다.

---

36   G. Gereffi, "The Global Economy: Organization, Governance, and Development," in N. J. Smelser and R. Swedberg(eds.), *In The handbook of economic sociology*(Princeton: Princeton University Press, 2005), p. 171.

37   G. Gereffi and K. Fernandez-Stark, *Global value chain analysis: a primer*, p. 12.

38   이준호, 「글로벌 가치사슬과 중소기업의 국제화」, 54쪽.

<표 3-3> 업그레이딩의 네 가지 형태

구분	내용
공정 업그레이딩 (process upgrading)	제품의 생산 시스템을 재구성하거나 우수한 기술을 도입해서 투입물을 산출물로 변환시키는 과정을 보다 효율적으로 수행하는 것을 의미한다
제품 업그레이딩 (product upgrading)	높은 수익을 얻을 수 있는 보다 정교하고 세련된 제품군으로 이동하는 것을 의미한다
기능 업그레이딩 (functional upgrading)	R&D나 마케팅 같은 보다 높은 부가가치를 창출하기 위해 새로운 기술이나 기능을 습득하거나 획득하는 것 또는 기존 기능을 폐기하는 것을 의미한다
사슬 업그레이딩 (chain upgrading)	특정한 기능을 수행하는 과정에서 습득한 역량을 통해 새로운 분야(주로 연관 분야)로 진입하는 것을 의미한다

자료: J. Humphrey and H. Schmitz, "How does insertion in global value chains affect upgrading in industrial clusters?" *Regional studies*, 36(9)(2002), p.1020.

<그림 3-6> 업그레이딩 계층 구분

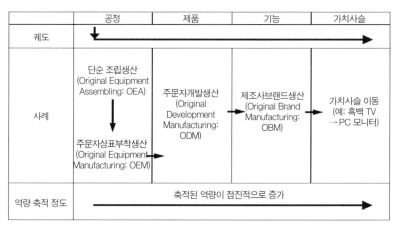

자료: R. Kaplinsky and M. Morris, *A handbook for value chain research*(Ottawa: IDRC, 2000), p.40.

　포맷 산업에서도 방송사와 제작사가 글로벌 가치사슬에서 활발히 해외로 진출하고 성장해서 높은 부가가치를 창출하고 싶다면 방송사와 제작사 모두 자신의 위치를 업그레이드해야 한다. 서구권에서는 방송콘텐츠 기업이 포맷 비즈니스 역량을 키워 자국 시장의 한계를 극복하고 국제적으로 확장해 나가 상위 사슬로 이동한 사례를 여럿 접할 수 있다. 특히 슈퍼 인디라 불리는 독립제작사들의 성장과 국제적 확장은 매우 인상적이다. 방송사와 제작사 간 거래가 국경을 넘어 계속 증가함에 따라 포맷 비즈니스의 국제적 상호의존성이 점점 더 강화되고 있으므로 방송콘텐츠 기업이 글로벌 가치사슬 내에서 전략적 의사결정의 폭을 넓힐 수 있는 업그레이딩의 필요성이 지속적으로 증가할 것이다.

이들 기업의 업그레이드 단계는 해외 포맷의 자국 현지화(reproducing foreign IP)에서 자국 포맷 개발(creating local IP), 자국 포맷 해외수출(exporting local IP)로 이어지는데, 이는 OEM → ODM → OBM에 대응된다. 업그레이딩하는 데에는 여러 수단이 존재하겠지만 보통 포맷을 수입하는 것이 가장 효과적이다. 그 과정을 통해 좋은 포맷의 구성과 아이디어 등을 배울 수 있고, 거래 과정에서 얻는 포맷 바이블, 플라잉 PD의 컨설팅, 기타 현지화 노하우 등을 통해 많은 경험을 축적할 수 있기 때문이다. 포맷 분야의 신흥국인 이스라엘 역시 포맷을 수입함으로써 역량을 키웠다고 이스라엘 포맷 업계 베테랑인 아비 아르모자가 밝힌 바 있다.[39]

따라서 한국 방송콘텐츠 기업들이 지난 10여 년간 글로벌 포맷 시장에서 경쟁력을 가지기 위해 업그레이딩 단계를 밟아온 사례를 중점적으로 분석한다면 포맷 비즈니스 역량을 높일 수 있는 요인이나 시사점을 확인할 수 있을 것이다.

2. 한국 포맷 산업의 구조변화 분석

1) 포맷이 거래되는 형태의 변화

앞서 살펴봤듯이 포맷 산업의 글로벌 가치사슬은 창작(origination), 배급(distribution), 제작(production), 구매(acquisition) 4개의 부문으로 구성된다. 그리고 사슬 내 위치나 다른 부문에 위치한 기업과의 관계에 따라 원작자

---

39 J. K. Chalaby, *The format age: Television's entertainment revolution*, pp.80, 101~102.

(originator), 배급자(distributor), 제작자(producer), 구매자(buyer) 간 다양한 조합으로 비즈니스가 진행될 수 있다.

보통 포맷 산업 초기에는 포맷 비즈니스의 형태가 다양하지 않다. 프로그램 포맷의 라이선스를 거래하는 것이 일반적이며, 해외 포맷을 수입해서 자국 버전으로 방영하거나, 포맷을 개발한 제작사나 방송사가 직접 또는 배급사를 통해 해외 제작사나 방송사에 라이선스를 판매하는 형태를 띠기도 한다. 하지만 자국 산업이 성장하고 해외와의 거래가 늘어나기 시작하면 각 가치사슬에 위치한 기업들의 역량이 강화되고 전문화되어 거래 형태가 다양해진다. 창작역량이 뛰어난 기업은 페이퍼 포맷을 거래하기도 하고, 아예 초기 아이디어부터 제공하는 계약을 맺기도 한다. 제작역량이 뛰어난 기업은 해외를 넘나들며 외주제작이나 공동제작으로 부가가치를 창출하며, 배급역량이 뛰어난 기업은 해외 각지에 포맷을 배급하며 판매 수수료나 부가수익을 얻는다.

이처럼 포맷 산업이 성장하면 거래 형태가 다양해지므로 기업은 다양한 거래 형태에 대응할 수 있어야 경쟁력을 가질 수 있을 것이다. 해외 바이어가 원하는 장르나 구성의 포맷을 개발해 낼 수 있어야 하고, 공동으로 개발하거나 제작하기를 원하는 바이어의 니즈도 맞출 수 있어야 한다. 공동제작의 경우는 투자 규모가 커지므로 이러한 리스크에 대한 과감하고도 합리적인 의사결정도 요구된다. 게다가 자체적인 배급역량이 없다면 전문적인 외부 에이전시를 활용해야 할 것이다. 따라서 이러한 내용을 바탕으로 지난 10여 년간 한국의 포맷 거래 형태가 변화해 온 양상에 대해 중점적으로 분석하고 그 맥락을 파악하고자 한다.

(1) 한국의 포맷 거래 형태 변화

일반적인 포맷 비즈니스와 마찬가지로 그간 한국의 포맷 수출 형태도 프로그램 포맷의 라이선스 거래가 가장 많았다. 2010년대 이후 2024년 4월까지 현지화된 포맷 기준으로 언스크립티드 분야의 프로그램 포맷 라이선스 거래는 186건으로, 전체 거래에서 차지하는 비중이 88.2%에 달했다.[40] 주로 밉티비나

ATF 같은 국제 방송콘텐츠 마켓에서 직접 거래하지만, 해외 에이전시에 배급을 맡기는 경우도 있다. 〈꽃보다 할배〉가 대표적인 사례로, 〈꽃보다 할배〉는 2016년 당시 스몰월드 IFT라는 미국 에이전시를 통해 한국 포맷 최초로 미국 지상파 NBC에 편성되었다.

한국 포맷은 중국에서 큰 성공을 거두면서 글로벌 시장에서 주목받기 시작했고, 이후 미국, 유럽 등으로 수출이 확장되면서 입지도 높아졌다. 특히 창작역량이 차츰 인정받기 시작하면서 2017년을 전후해서는 창작 단계에서 해외 기업과 포맷 공동개발을 진행하기 시작했다. 글로벌 기업들은 뛰어난 유통역량을 바탕으로 제3국의 좋은 아이디어를 수입해서 글로벌 배급하는 형태를 보이기도 하는데, 당시 엔데몰 샤인 그룹, ITV 스튜디오, 바니제이 그룹 같은 메이저 기업이 국내 방송사와 공동개발을 시도한 것은 한국의 창작역량에 대한 가능성을 본 것이라고 해석할 수 있다. 게다가 이 시기에는 국내 기업들도 중국의 한한령으로 인해 시장 다변화를 꾀하고 있었으므로 글로벌 기업과의 협업은 좋은 기회이기도 했다. 〈나 혼자 산다〉 같은 관찰 리얼리티 중심의 국내 시장과 달리 글로벌 시장은 게임쇼를 비롯해 다른 장르에 대한 수요가 높았기 때문이다. 한국은 이러한 수요에 대한 대비가 필요하고 글로벌 기업은 새로운 아이디어가 필요한 상황이 서로 맞아떨어졌다.

2019년 이후에는 〈복면가왕〉이 흥행하면서 한국 포맷에 대한 수요가 크게 늘어나기 시작했다. 추리에 음악을 가미한 이 포맷은 매우 창의적인 포맷으로 평가받았으며, 이로 인해 K-포맷에 대한 후광효과가 발생했다. 그 결과 한국의 새로운 포맷에 대한 수요가 발생한 것은 물론, 이미 시장에 선보였던 포맷들도 재평가를 받아 새롭게 또는 추가적으로 거래되었고 아이디어 단계에 대한 수요도 발생했다. 즉, 프로그램 포맷의 라이선스가 거래되는 것을 비롯해, 국제 공동개발이나 공동제작, 페이퍼 포맷 거래 등 전 방위적인 포맷 비즈니스가 이루

---

40 한국콘텐츠진흥원 내부자료 'K-포맷 국제 비즈니스 데이터(2011~2024)' 가운데 예능과 교양의 거래내역을 추출한 것이다(총 211건 중 라이선스 거래 186건).

어지기 시작했다.

　프로그램 포맷의 라이선스 거래를 살펴보면, 우선 시장에서 재평가를 받아 수출이 확대되거나 새롭게 수출되기 시작한 포맷이 생겨났다는 점이 눈에 띈다. 수출이 확대된 대표적인 사례는 〈너의 목소리가 보여〉이다. 이 포맷은 아시아 시장 수출에 머물러 있으나 〈복면가왕〉이 성공한 이후 미국을 비롯한 유럽 시장으로까지 진출하게 되었다. 새롭게 수출되기 시작한 포맷으로는 〈더 지니어스〉를 들 수 있다. 〈더 지니어스〉는 국내에 출시된 지 10여 년 만인 2022년 네덜란드판이 방영되었고 2024년 하반기에는 영국판 방영도 앞두고 있다. 한편 신규 포맷의 판매도 늘어나고 있는데, 최근에는 이전에 비해 미국이나 유럽 같은 서구 시장 수출이 늘어난 것이 인상적이다. 또한 글로벌 포맷 기업과 직접 배급계약을 맺는 경우도 종종 볼 수 있다. 최근 사례로는 프리맨틀과 계약한 〈DNA 싱어〉, 바니제이 그룹과 계약한 〈환승연애〉, 〈피의 게임〉이 있다. 〈DNA 싱어〉는 2023년 1월 네덜란드판이 방영되고 〈피의 게임〉은 2024년 2월 노르웨이판이 방영되는 등 실질적인 성과도 나타나고 있어 향후 K-포맷 글로벌 비즈니스의 양적·질적 성장이 기대된다.

　한국의 창작역량에 대한 평가가 높아지면서 과거에 비해 기획 단계에서 다양한 형태의 거래를 진행하는 경우가 늘어나고 있다. 페이퍼 포맷의 경우 콘셉트 트레일러나 비방용 파일럿 수준의 패키징을 갖춘 포맷은 옵션 계약이 되고 있으며, 그 이전 단계인 퍼스트 룩 딜을 통한 아이디어 수준의 거래도 이루어지고 있다. 페이퍼 포맷 옵션 계약의 대표적인 사례로는 디턴이 소니 자회사인 영국 스텔리파이 미디어(Stelify Media)와 〈마이 랭킹〉에 대해 맺은 계약을 들 수 있고, 퍼스트 룩 딜의 사례로는 디턴이 NBC 유니버설 및 폭스 얼터너티브 엔터테인먼트와, 썸씽스페셜이 바이아컴CBS 인터내셔널 스튜디오와 체결한 계약이 있다.

　해외 기업과의 공동개발 프로젝트가 늘어나고 있는 것도 눈에 띈다. CJ ENM은 미국 프로파게이트(Propagate)와 〈올인〉을, 버님-머레이 프로덕션과는

〈캐시백〉을 공동개발해 2020년에 국내 버전을 선보였는데, 〈캐시백〉은 멕시코판이 2021년 5월에 방영되었다. 독립제작사 중에서는 썸씽스페셜이 미국 독립제작사 마이 엔터테인먼트와 포맷 공동개발 계약을 체결한 바 있으며, 프리맨틀의 네덜란드 자회사 블루 서클과 공동개발한 〈더 비트박스〉는 2023년 4월에 네덜란드판이 방영되는 성과를 거두었다.

기획 단계에서 이루어지는 포맷 비즈니스는 다양한 제작사나 플랫폼의 선호에 따라 페이퍼 포맷을 개발할 수 있고 피칭 후 반응에 따라 더 개발하거나 공동개발하는 형태로 활용될 수 있어 유연하다는 장점을 지니고 있다. 따라서 최근 한국에서 이러한 거래가 늘어나고 있다는 것은 포맷 비즈니스를 확장하는 측면에서 고무적이며 창작역량에 대해 전 세계적으로 입증받았다는 점에서 의미가 있다. 다만, 기획 단계에서 이루어지는 거래는 포맷을 보호받기가 더 어렵다는 단점이 있으므로 유의해야 한다.

한편 포맷 산업의 글로벌 가치사슬 구조에서 RTL, ITV, 소니 픽처스 텔레비전, 워너브라더스 인터내셔널 텔레비전 프로덕션 같은 글로벌 기업은 창작 단계에서부터 현지 제작이나 방영 단계까지 수직통합에 가까운 형태의 비즈니스를 추진해 수익을 극대화하기도 한다.[41] 우리나라의 경우 중국 시장에서는 공동제작을 통해 현지 제작까지 관여해 높은 수익 창출을 경험한 바 있다. 지금도 SBS는 동남아 시장에서 〈짝〉, 〈집사부일체〉 등의 포맷을 현지 공동제작 형태로 거래하고 있으며, CJ ENM도 〈러브 앳 퍼스트송〉을 페이퍼 포맷으로 개발해 베트남 자회사를 통해 현지 제작까지 참여했다. 이런 하이 리스크 하이 리턴의 비즈니스 형태는 기획 및 제작 역량이 뛰어나야 하고 많은 자본이 동반되어야 하므로 기업의 규모나 경영진의 의사결정 프로세스에 추진 여부가 달려 있다고 할 수 있다. 국가마다 현지 산업 체계와 규제 등의 이슈가 다르기 때문에 시도하기 쉬운 형태는 아니지만 수익을 극대화하기 위해 역량을 축적하고 꾸준

---

41 J. K. Chalaby, *The format age: Television's entertainment revolution*, p.75.

<표 3-4> 2019년 이후 수출된 주요 신규 포맷(현지 버전 첫 방송 및 편성 기준)

국내 방송사	포맷명	수출지역	수출국가	첫 방송 연도	해외 방영 채널
KBS	불후의 명곡	북미	미국	2020	CW
MBC	피의 게임	유럽	노르웨이	2024	TV2
SBS	팬 워즈	아시아	태국	2020	Workpoint
	DNA 싱어	유럽	네덜란드	2023	RTL4
CJ ENM	300	아시아	중국	2019	Tencent TV
		유럽	독일	2020	Sat.1
	대탈출	아시아	중국	2019	Mango TV
		유럽	러시아	2023	CTC
	더 지니어스	유럽	네덜란드	2022	NPO
		유럽	영국	2024(편성)	ITV
	환승연애	아시아	일본	2023	Amazon
	캐시백	중남미	멕시코	2022	TV azteca
TV조선	미스트롯	아시아	중국	2019	IQIYI
MBN	드루와	중동	사우디아라비아	2021	SBC
		중남미	브라질	2022	sbt
		유럽	독일	2023	RTL2
썸씽스페셜	더 비트박스	유럽	네덜란드	2023	RTL4

자료: 한국콘텐츠진흥원, 내부자료 'K-포맷 국제 비즈니스 데이터(2011~2024)'.

히 도전해 볼 필요가 있다.

(2) OTT의 등장으로 인한 포맷 거래 형태 변화

넷플릭스의 등장 이후 급격하게 성장한 OTT 시장은 2018년에만 해도 글로벌 방송 시장 규모에서 차지하는 비중이 10.6%에 불과했으나 2022년에는 21.9%를 차지했고 2027년에는 28.7%까지 높아질 것으로 예측된다.[42] 실제로 디즈니플러스(Disney+), 애플 TV플러스(Apple TV+), 파라마운트플러스(Paramount+), 피콕(Peacock) 등 글로벌 시장에서 신규 사업자들이 생겨나고 있고, 각 나라의 자국 시장에도 로컬 OTT가 늘어나고 있어 OTT 시장의 중요성은 더욱 커질 것

---

42 한국콘텐츠진흥원, 『2023 방송영상 산업백서』, 170쪽.

<그림 3-7> 피콕의 <더 트레이터스> 미국판(왼쪽)와 비아플레이의 <드래곤즈 덴> 네덜란드판 (오른쪽)

자료: Peacock; Viaplay

이다. 하지만 OTT의 성장이 포맷 거래에 긍정적인 영향을 미칠지에 대해서는 의견이 분분하다. 최대 수요처인 넷플릭스나 디즈니플러스 같은 글로벌 OTT는 대부분 유료 구독 서비스를 통한 록인(lock-in) 효과를 노리고 오리지널 콘텐츠에 많이 투자하지만[43] 반대급부로 IP를 독점하려는 경향이 있기 때문이다. 게다가 인기 IP를 보유한 OTT는 자사 IP 활용을 중심으로 콘텐츠를 제작하려는 경향도 나타나 포맷 수급에는 다소 소극적이다.

그래도 레거시 미디어와 달리 OTT는 플랫폼마다 비즈니스 모델이나 방향성에서 차이가 조금 더 두드러지기 때문에 포맷 거래가 어려워질 것이라고 단정 짓기는 어렵다. 넷플릭스는 아직 포맷 형태로 거래하기 어려운 플랫폼이지만 포맷 형태로 거래할 수 있는 OTT도 존재하기 때문이다. 대표적인 사례로 아마존 프라임 비디오를 들 수 있다. 콘텐츠를 소비하는 고객을 유치하는 것이 핵심 비즈니스인 일반적인 OTT와 달리, 아마존 프라임 비디오는 아마존 고객을 유지하고 추가 고객을 유치하기 위한 부가서비스 개념으로 OTT를 운영하기 때문에 다양한 형태로 콘텐츠를 수급할 수 있다. 따라서 포맷 비즈니스에도 열려 있는데, 실제로 <복면가왕> 일본판은 아마존 프라임 비디오에서 서비스되었다. 이 외에도 영국 올스리미디어의 <더 트레이터스> 미국판은 피콕에서, 일본 포

---

43 김용대, 『OTT 동영상서비스 실태조사 기획 및 구성에 관한 연구』(한국방송통신전파진흥원, 2020), 14쪽.

〈그림 3-8〉 비즈니스 형태별 현지화된 한국의 포맷 현황(2011~2024년)(단위: 건)

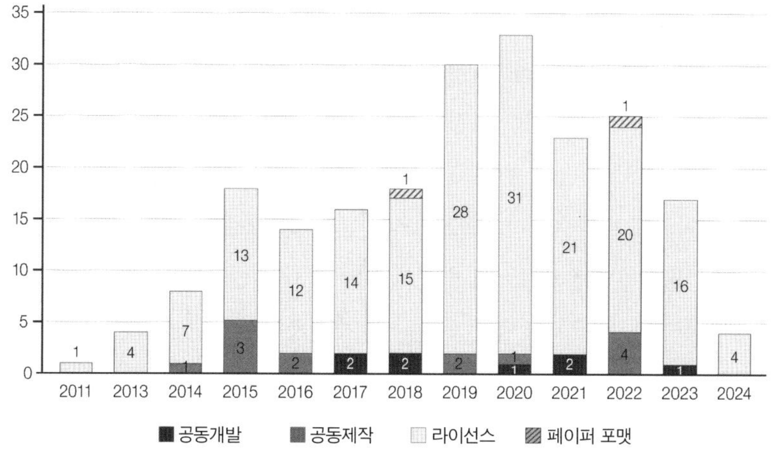

■ 공동개발　■ 공동제작　□ 라이선스　▨ 페이퍼 포맷

자료: 한국콘텐츠진흥원 내부자료 'K-포맷 국제 비즈니스 데이터(2011~2024)'.

맷인 〈드래곤즈 덴〉은 북유럽 OTT인 비아플레이(Viaplay)에서 네덜란드판
이 서비스되는 등 OTT가 포맷을 수입해서 현지판을 제작하고 서비스하는 사례
를 종종 찾아볼 수 있다. 이처럼 프로그램 포맷은 OTT와도 라이선스 거래가 이
루어지고 있는 만큼 앞으로 OTT가 포맷 비즈니스에 미칠 영향은 조금 더 지켜
봐야 할 것 같다.

　지금까지 입출력 구조의 차원에서 살펴본 한국 포맷 산업의 두드러진 변화는
포맷 거래 형태가 다변화된 것이라 할 수 있다. 가장 일반적인 거래 형태인 프로
그램 포맷의 라이선스 거래를 비롯해 시간이 지남에 따라 페이퍼 포맷 거래, 공
동개발, 공동제작 등 다양한 형태의 거래 방식이 확인되기 때문이다. 실제로
2016년까지는 라이선스와 공동제작 형태의 거래만 존재했지만, 2017년부터는
공동개발이나 페이퍼 포맷 거래도 나타나고 있다(〈그림 3-8〉 참조). 이는 국내
방송콘텐츠 기업들이 시장이나 수요 변화에 따라 발생하는 다양한 거래 형태에
대응하면서 이에 적합한 비즈니스 역량을 키워왔기 때문이라 할 수 있다.

　〈그림 3-8〉의 수치는 포맷이 현지에서 방영되는 실적을 기준으로 집계된

자료라 라이선스를 제외한 다른 거래 형태의 실적 비중이 높지는 않지만, 현지화가 진행 중인 공동개발이나 페이퍼 포맷 계약 건이 다수 파악되고 있으므로 향후에는 보다 뚜렷한 변화가 관찰될 것으로 예상된다. 또한 최근 국내 제작사나 방송사가 퍼스트 룩 딜을 체결하거나 글로벌 배급사를 통해 라이선스 거래를 하는 경우도 늘어나는 등 더욱 세분화된 포맷 비즈니스 형태와 성과를 확인할 수 있어 귀추가 주목된다. 포맷 비즈니스 형태가 세분화되는 것은 우리나라의 창작역량이 국제적으로 인정을 받고 있기 때문이다. 한국 포맷에 대한 수요가 증가하는 한, 기획 단계의 퍼스트 룩 딜이나 페이퍼 포맷 거래는 물론, 해외 배급역량과 네트워크를 갖춘 글로벌 배급사와 협력하는 형태의 거래도 계속 늘어날 것으로 보인다.

2) 국내외 포맷 산업 지배구조의 변화

앞에서 언급한 것처럼 포맷 산업에서 방송사와 제작사 간 지배구조를 결정하는 세 가지 요인은 IP 퀄리티(흥행성, 독창성 등), 방송사의 구매력, 제작사 수 대비 방송사 수의 비율이다. 콘텐츠 산업에서 콘텐츠 자체가 가장 중요한 것은 당연한 사실이므로, 산업의 구조적 측면에서는 방송사의 영향이 크다는 것을 이러한 요인으로 유추할 수 있다. 이는 크게 공급자 주도형과 구매자 주도형으로 구분되는 글로벌 가치사슬의 지배구조에서 포맷 산업이 구매자 주도형에 해당한다는 것을 의미하는 것이기도 하다. 따라서 지배구조에서는 구매자인 방송사와 공급자인 제작사 간의 관계 변화를 살펴보는 것도 중요하다.

자국 내에서는 공급자가 제작사이고 구매자는 방송사일 것이다. 한편 글로벌 포맷 비즈니스에서는 공급자가 자국 제작사와 방송사이고 구매자는 해외 제작사와 방송사일 것이다. 포맷 글로벌 가치사슬은 구매자 주도형이기 때문에 시장환경에 따라 변화하는 구매자의 상황은 지배구조에 큰 영향을 미친다. 특히 최근에는 OTT라는 새로운 구매자가 생겨나면서 공급자와 구매자 간 경쟁상황에 변화가 생기고 있으며, 넷플릭스 같은 높은 구매력을 갖춘 글로벌 OTT의 등장도 여기에 영향을 미치고 있다. 공급자 입장에서는 퀄리티가 높은 포맷을 보유하고 이를 지속적으로 만들어내는 능력이 있다면 경쟁우위를 지니는 환경이 조성되고 있는 것이므로 인수합병 같은 과감한 전략도 취할 수 있을 것이다. 이러한 내용을 바탕으로 그간 한국 포맷 산업이 변화해 온 양상을 공급자와 구매자 간 관계 변화에 초점을 맞춰 분석해 보고자 한다.

(1) 국내 지배구조의 변화

전 세계 어느 나라이건 간에 방송 시장에서는 방송사 수보다 프로그램을 공급하는 제작사의 수가 더 많을 수밖에 없다. 우리나라도 마찬가지이다. 2022년 기준 국내 방송사는 총 401개, 제작사는 753개로, 방송사 대비 제작사 수의 비율은 1 대 1.9이다. 게다가 2013년부터 최근 10년간 방송사 수와 독립제작사 수의 연평균 증감률을 보면 방송사는 0.6% 감소하고 독립제작사는 4.6% 증가해 둘 사이의 불균형이 과거보다 다소 심화되었다.[44] 방송사가 프로그램을 구매할 수 있는 예산은 한정되어 있으므로 제작사가 많아질수록 편성을 따내기 위한 경쟁이 치열해지고 제작사의 협상력이 감소할 수밖에 없다. 이러한 국내 방송 산업 환경은 방송사가 포맷 권리를 획득하는 데서 우위를 점하도록 만들었다. 시장 구조가 이렇다 하더라도 관행적으로 또는 제도적으로 방송사가 포맷 권리를 제작사와 합리적으로 나누는 나라도 있지만 한국은 그렇지 않다. 이는 그동안 한국의 포맷 비즈니스가 방송사 중심으로 이루어진 원인이기도 하다.

하지만 최근 새로운 구매자인 OTT가 변수로 등장했다. 국내에 서비스되는 OTT의 수는 아직 방송사 수에 포함되지 않고 있는데, 2016년 서비스를 개시한 넷플릭스를 필두로 2010년대 후반부터는 웨이브, 티빙, KT시즌, 쿠팡플레이, 왓챠, 카카오TV 등 다수의 국내 OTT도 서비스를 시작했다. 또한 디즈니플러

---

44   정보통신정책연구원, 『2023 방송산업 실태조사 보고서』(2023), 55쪽; 한국콘텐츠진흥원, 『2023 방송영상 산업백서』, 128쪽.

<표 3-5> 주요 OTT의 K-콘텐츠 투자계획

모기업	OTT 서비스	투자액
SK텔레콤, 지상파 3사	웨이브	1조 원(~2025년)
CJ ENM, JTBC	티빙	4000억 원(2023년)
KT	KT시즌	4000억~5000억 원(~2023년)
카카오엔터테인먼트	카카오TV	3000억 원(2023년)
쿠팡	쿠팡플레이	1000억 원(2021년)
넷플릭스	넷플릭스	5500억 원(2021년)
월트디즈니	디즈니플러스	2021년 하반기 한국 진출
애플	애플TV플러스	한국 진출 준비
워너미디어	HBO 맥스	한국 진출 준비
아마존	아마존프라임	한국 진출 준비

자료: 오상현, "넷플릭스 이익 4배 늘었는데…토종 OTT 줄줄이 적자", ≪머니투데이≫, 2021년 4월 19일 자.

스, 애플TV플러스 같은 글로벌 OTT도 한국 시장에 진입해 치열한 경쟁을 벌이고 있으며 구독자를 유치하기 위해 대규모 자체 콘텐츠를 제작하는 투자계획을 잇달아 내놓았다(<표 3-5> 참조).[45]

지금은 카카오TV가 서비스를 종료하고 KT시즌이 티빙에 합병되는 등 국내 OTT가 조정기를 거치고 있지만, 방송사만 있던 시대에 비해 프로그램 수요처가 늘어난 것은 사실이다. 이처럼 방송사 외에도 프로그램 구매력을 가진 플랫폼의 수가 늘어남으로써 방송사와 제작사 간의 힘의 불균형이 과거에 비해 완화될 가능성이 있다. 특히 언스크립티드 분야는 스크립티드 분야에 비해 불균형이 심했는데, 언스크립티드 분야의 제작사를 대상으로 한 실태조사에 따르면 저작권 협상력에서 제작사가 우위에 있다고 응답한 비율은 2018년 4.2%에서 2020년 6.4%로 다소 개선된 결과가 나오기도 했다.[46] 2022년 채널S는 오리지널 신규 예능 콘텐츠 기획안 공모전을 실시하면서 창작주체가 채널S와 저작권

45 오상현, "넷플릭스 이익 4배 늘었는데…토종 OTT 줄줄이 적자", ≪머니투데이≫, 2021년 4월 19일 자.
46 정보통신정책연구원, 『2019년도 방송시장경쟁상황평가 보고서』(2020), 467쪽; 정보통신정책연구원, 『2021년도 방송시장경쟁상황평가 보고서』(2022), 433쪽.

을 공동으로 소유할 수 있다는 조건을 내걸기도 했다. 이처럼 제작사가 프로그램이나 포맷에 대한 권리를 확보할 수 있는 환경이 점차 조성되고 있으므로 국내 포맷 산업의 저변을 확대하는 데 도움이 될 것이다.

한편 막대한 자본력을 가진 글로벌 OTT가 국내 방송 시장에 진출하면서 국내 방송사의 지위와 역할에도 변화가 일어나고 있다. 외주제작물의 편성 비중은 높아지는 반면, 주 수입원인 광고 매출은 전반적으로 답보상태를 보이면서 2022년에는 전년 대비 2.2% 하락하는 등[47] 방송사에서 제작비를 충분히 마련하기 어려운 상황이다. 그래서 최근에는 방송사가 글로벌 OTT의 프로그램을 제작하는 외주제작사로서의 역할을 하는 사례도 나타나고 있다. 넷플릭스 오리지널 예능을 예로 들면 〈먹보와 털보〉와 〈피지컬: 100〉에는 MBC가, 〈솔로지옥〉에는 JTBC가 제작에 참여했다.[48] 이러한 현상은 비단 방송사의 예산 때문만은 아니다. 방송이라는 미디어는 OTT에 비해 제약이 많으므로 이것은 새로운 기회를 추구하는 방송사 PD들의 니즈가 반영된 현상이기도 했다.

다음은 〈피지컬: 100〉을 연출할 당시 MBC 소속이던 장호기 PD가 ≪씨네21≫과 가진 인터뷰 내용이다.[49]

― 명함을 보니 'OTT&팩추얼프로그램개발팀' 소속이다. 〈PD 수첩〉을 만들 때부터 사내에서 OTT 프로그램을 제작해야 한다고 이야기해 왔다고. 왜 OTT였나?

△ 우리 집에 TV가 없다. 이제는 사람들이 TV 없이 OTT 플랫폼을 통해 콘텐츠를 소비한다. 지상파도 다양한 플랫폼에 콘텐츠를 납품할 수 있어야 하고 그런 역량을 계속 증명해야 한다고 생각했다. 다들 이런 생각에는 동의했지만 당장 어떻게

---

47 정보통신정책연구원, 『2023 방송산업 실태조사 보고서』, 131쪽; 한국콘텐츠진흥원, 『2023 방송영상 산업백서』, 99쪽.
48 최지윤, "[초점] K-예능 100억 시대…OTT 타고 세계로", ≪뉴시스≫, 2022년 1월 16일 자.
49 김수영, "[인터뷰] '피지컬: 100' 장호기 PD, "완벽한 피지컬이란 화두에 스토리를 더했다"", ≪씨네21≫, 2023년 3월 30일 자.

〈그림 3-9〉 〈피지컬: 100〉(왼쪽)과 〈솔로지옥〉(오른쪽)

자료: Netflix

할 건데, 라는 질문에서 막혀 있던 상황이었다. 애초 〈피지컬: 100〉은 지상파에서는 어려운 기획이었다. 규모나 제작비 문제뿐 아니라 노출이나 자극적인 요소가 많고 언어적인 표현 방식에도 제한이 있다. 하지만 사람들은 그런 걸 원하잖나. 그래서 아예 OTT에 걸맞은 기획을 해보자 싶었다. 할 수 있는 곳에서 프로그램을 만들고 지상파 플랫폼과 이익을 셰어하는 방식으로 가면 윈윈할 수 있지 않을까 생각했다.

〈피지컬: 100〉과 〈솔로지옥〉은 넷플릭스를 통해 전 세계 시청자들에게 소구되었고 큰 인기를 얻어 후속 시즌도 제작되었다. 시즌3까지 방영된 〈솔로지옥〉은 시즌4도 편성이 확정되었고, 〈피지컬: 100〉은 시즌2까지 방영되며 한국 예능 최초로 넷플릭스 글로벌 상위 10위 비영어 TV쇼 부문 1위를 달성하는 성과를 거두었다.[50] 〈오징어 게임〉 같은 K-드라마에 이어 드라마보다 문화적 할인이 더 높다고 평가받는 예능이 리메이크 없이 해외 시청자들에게 어필하는 현상은 언스크립티드 분야의 포맷 비즈니스에서 한국에 기회가 될 것으로 보인다.

현지화를 통해 문화적 할인을 완화하는 것이 포맷 비즈니스의 장점이므로 완

---

50 김소연, "[단독] '피지컬: 100' 시즌3 제작 확정…"이번엔 글로벌이다"", ≪한경닷컴≫, 2024년 5월 3일 자.

성 프로그램 자체로 현지에서 소구되면 오히려 포맷 비즈니스가 더 위축될 것이라고 생각할 수 있다. 그럴 가능성도 배제할 수는 없지만 일반적으로 현지 시청자들은 자국 콘텐츠를 더 선호하는 경향이 강하기 때문에 완성 프로그램이 현지에서 성공을 거두면 현지판에 대한 수요가 발생해 포맷 비즈니스로 연계될 가능성이 더 높다. 〈런닝맨〉이 대표적인 사례이다. 언스크립티드 분야에서 완성 프로그램의 해외 수출도 빈번해진다면 국내 방송콘텐츠 기업들이 포맷 비즈니스를 하기에 용이한 환경이 조성될 것이다. 완성 프로그램 수출로 수익성을 개선할 수 있으므로 포맷 비즈니스에 투자할 여력이 생겨 선순환 구조가 만들어질 수 있기 때문이다.

하나의 포맷이 해외에서 리메이크되려면 피칭 자료 제작, 판매를 위한 출장 등에 비용이 소요되고 시간도 오래 걸린다. 또한 현지판이 제작될 확률도 낮기 때문에 선뜻 투자하기가 쉽지 않다. IP 비즈니스의 특성상 성공하면 큰 수익을 거둘 수 있지만 실패에 대한 리스크도 존재하는데 언스크립티드 분야에서 완성 프로그램의 수출이 확대되면 이러한 리스크 헤지(risk hedge)[51]가 가능하므로 포맷 비즈니스로의 참여가 확대될 수 있다. 단, 이는 국내 방송콘텐츠 기업이 IP를 가진다는 것을 전제로 해야 한다. 한 예로 CJ ENM은 자사가 IP를 가진 〈서진이네〉를 아마존 프라임 비디오에 수출했는데 이 같은 사례가 나오고 있는 것은 고무적이다.

이처럼 OTT가 시장에 새로운 플레이어로 등장하고 급격하게 성장하면서 국내 방송사와 제작사 간의 지배구조에 변화가 일어나고 있다. 긍정적인 부분은 예전에 비해 제작사나 창작자가 작품에 대한 권리를 확보할 수 있는 기회가 많아진 것이다. 이는 창작에 대한 동기부여를 높여 산업의 양적 팽창과 질적 성장을 꾀할 수 있기 때문이다. 하지만 넷플릭스 같은 글로벌 OTT가 IP를 독점하는 문제점도 공존하고 있어 OTT의 영향력에 대해서는 신중히 접근해야 한다.

---

51 투자자나 기업이 특정한 위험으로부터 자산을 보호하기 위해 조치를 취하는 것을 뜻한다.

(2) 해외 지배구조의 변화

최근 포맷을 포함한 K-콘텐츠가 전 세계적으로 흥행함에 따라 우리나라 IP의 퀄리티에 대한 신뢰가 상당히 높아졌다. IP 퀄리티는 포맷 글로벌 가치사슬에서 지배구조를 결정하는 첫째 요인으로 꼽힌다. 그렇다 보니 현 상황에 영향을 받아 해외 기업과 국내 기업 간의 지배구조에도 변화가 나타나고 있다. 과거에는 비즈니스 파트너가 중국, 동남아 등 아시아 기업 중심이거나 인지도가 다소 떨어지는 서구권 기업 정도였으나, 지금은 글로벌 기업과 거래를 하는 것은 물론 해당 기업의 고위 임원급과 직접 미팅을 하기도 한다. 글로벌 시장에서 한국 포맷의 위상이 높아진 것은 프리맨틀의 글로벌 엔터테인먼트(Global Entertainment) 총괄인 롭 클락(Rob Clark)이 한 인터뷰에서 한국을 포맷 업계의 새로운 '더 빅 플레이어(The Big Player)'로 꼽은 것이나,[52] 워너브라더스 인터내셔널 텔레비전 프로덕션의 부사장이었던 애덤 스테인먼(Adam Steinman)이 한국 포맷을 적극적으로 찾고 있다고 언급한 사례 등에서 확인할 수 있다.[53] 이러한 변화를 통해 포맷 거래에서 한국의 협상력이 높아지고 있으며 과거에 비해 좋은 조건으로 계약을 체결할 수 있는 여건이 조성되고 있다.

한편 글로벌 시장에 본격적으로 진출하고 역량을 강화하기 위한 전략적 움직임도 나타나고 있다. 대표적으로 CJ ENM은 과거부터 대기업의 자본력을 바탕으로 미디어 산업 투자에 적극적인 행보를 보여왔다. 글로벌 방송콘텐츠 기업들은 포맷 라이선스 거래부터 시작해 기획개발 및 제작의 해외 시장 확장 등의 단계를 거쳐 성장하면서 시장 지배력을 높여왔다. 그 과정에서 현지 기업과 제휴하거나 인수합병하는 등의 전략적 선택도 취했다. 실제로 독립제작사로 시작해 글로벌 기업으로 성장한 올스리미디어 같은 기업은 다수의 해외 현지 제작사를 보유하고 있다.[54] CJ ENM도 이들의 행보를 벤치마킹하고 있는데, 2009년에는 홍콩

---

52 Clive Whittingham, "Korea advice: Fremantle's Clark on format trends to tap," *C21 Media*, March 7, 2022.

53 Na-ra Song, "KOCCA releases an interview video with a U.S. media company," *The Korea Post*, April 10, 2022.

〈그림 3-10〉 워너브라더스 인터내셔널 텔레비전 프로덕션의 전 부사장 애덤 스테인먼

자료: 한국콘텐츠진흥원

에 tvN 아시아를 설립했고, 2016년에는 태국의 트루 비전스(True Visions)와 합작법인 트루 CJ 크리에이션(True CJ Creation)을 설립했으며, 베트남 블루 그룹(Blue Group)을 인수한 CJ 블루(CJ Blue)를 출범하는 등 해외 현지 진출을 본격화했다.[55] 근래에는 미국의 대형 스튜디오인 엔데버 콘텐트(Endeavor Content)[지금은 사명이 피프스 시즌(Fifth Season)으로 바뀌었다]를 역대 문화산업 최대 투자액인 9200억 원에 인수해 글로벌 시장을 공략하기 위한 공격적인 행보를 보이고 있다.[56]

최근 글로벌 포맷 시장에서는 한국의 포맷 창작역량이 일종의 브랜드 파워를 형성해 향후 포맷 비즈니스를 지속하고 성장하는 데 좋은 발판이 될 것으로 보인다. 한국 포맷이 글로벌 경쟁력을 보여주는 지금이 좋은 기회일 수 있으므로 보다 많은 국내 방송콘텐츠 기업이 포맷 개발을 비롯한 다양한 영역에 투자해서 역량을 강화하고 포맷 비즈니스에 참여한다면 새로운 수익 창출이나 수익 다각화를 통해 기업의 성장을 도모할 수 있을 것이다. 그리고 이것은 곧 한국 포맷 산업을 발전시키는 길이기도 하다.

---

54 J. K. Chalaby, *The format age: Television's entertainment revolution*, p.114.
55 유재혁, "CJ E&M, 베트남·태국에 현지법인…동남아 시장 공략 박차", ≪한국경제≫, 2016년 10월 16일 자.
56 김동준, "CJ ENM, 美 프리미엄 스튜디오 '엔데버 콘텐트' 인수", ≪뉴데일리경제≫, 2021년 11월 19일 자.

글로벌 포맷 시장의 지배구조는 OTT의 등장과 성장으로 야기된 미디어 시장의 변화와 맞물려 최근 더욱 두드러진 변화를 보이고 있다. 특히 한국은 〈복면가왕〉과 〈너의 목소리가 보여〉의 성공으로 한국 포맷에 대한 수요가 증가함에 따라 더욱 도약할 수 있는 가능성을 보여주고 있다. 구매자 주도형인 포맷 산업의 글로벌 가치사슬에서 OTT 같은 구매자가 늘어나면서 공급자의 기회가 늘어나고 있고 이에 따라 포맷의 중요성이 더욱 높아지고 있으므로 공급자로서의 역량을 인정받는 지금 상황은 한국에 좋은 기회라 할 수 있다.

3) 포맷이 수출되는 지리적 범위의 변화

글로벌 가치사슬의 지리적 범위를 분석해 보면 해당 산업의 교역 특성과 무역의 흐름을 알 수 있다.[57] 이는 포맷 산업에서도 마찬가지여서, 시간의 흐름에 따른 포맷 거래량이나 포맷 거래가 나타나는 지역의 변화를 관찰하면 포맷 비즈니스가 어떻게 변화해 왔는지를 파악할 수 있다. 가령 거래 지역이 바뀌거나 확장되었다면 해당 지역의 시장과 트렌드에 대한 리서치, 현지 사업자에 대한 정보 파악 같은 활동이 영향을 미쳤을 것이다. 또한 포맷 거래량이 늘어나고 수출액도 크게 증가했다면 포맷 세일즈를 위한 유통과 마케팅에 많은 투자를 했거나 수익성을 높이기 위한 비즈니스 노하우를 축적했을 수 있다. 이러한 관점을 바탕으로 한국의 해외 포맷 비즈니스가 변화해 온 양상을 분석하기 위해 지난 10여 년간 한국 포맷 수출입액 자료를 중심으로 살펴보고자 한다.

한국 포맷 수출입액 자료는 2009년부터 국내 지상파와 PP의 수출액과 수입액을 집계해 온 것으로, 그 현황은 〈표 3-6〉과 같다. 참고로 이 수치는 스크립티드 포맷 및 언스크립티드 포맷 전체의 수출액과 수입액이다. 이 두 분야를 구분한 자료는 2019년부터 집계되기 시작했으므로 전체 기간에 대해서는 언

---

57   G. Gereffi and K. Fernandez-Stark, *Global value chain analysis: a primer*, p.8.

〈표 3-6〉국내 방송사의 포맷 수출입액 현황(2009~2022년)(단위: 100만 달러)

구분		2009	2010	2011	2012	2013	2014	2015	2016	2017	2018	2019	2020	2021	2022
수출	지상파	0.65	0.42	1.08	1.30	3.10	7.29	35.82	51.20	5.17	3.20	6.92	7.10	9.97	14.61
	PP	0	0.59	0	0	0.33	1.36	3.33	3.73	3.73	6.66	6.73	5.79	4.94	19.01
	합계	0.65	1.01	1.08	1.30	3.43	8.65	39.15	54.93	8.09	9.86	13.65	12.89	14.91	33.62
수입	지상파	0	0	0	0	0	0	0	0	0	0	0	0	0.15	0
	PP	0.08	0.27	0	0	0.04	0	0.53	0.93	0.20	0.06	0.32	0.19	0.49	0.55
	합계	0.08	0.27	0	0	0.04	0	0.53	0.93	0.20	0.06	0.32	0.19	0.64	0.55

자료: 방송통신위원회, 방송통계포털(https://mediastat.or.kr)에서 제공하는 2009~2022년 포맷 수출액 자료.

스크립티드 포맷에 대한 자료만 다루기 어렵다. 참고로 언스크립티드 포맷 수출액이 차지하는 비중은 2019년 53.0%. 2020년 81.4%, 2021년 82.5%, 2022년 47.5%이다.

2009년부터 2022년까지 14년간 국내 방송사의 포맷 수출액을 살펴보면 한국의 포맷 수출이 얼마나 극적인 변화를 겪었는지 알 수 있다. 2009년 65만 달러에 불과했던 포맷 수출액은 2010년에 100만 달러를 돌파했는데, 중국 시장에 포맷 수출이 본격화되면서 급격히 증가해 2015년에는 3900만 달러, 2016년에는 역대 최고액인 5500만 달러를 기록했다. 7년 만에 84.5배가 증가한 것으로, 이는 한국에 본격적인 포맷 수출의 시대가 도래했다고 평가할 수 있을 만한 실적이다. 하지만 지나치게 높은 중국 의존도 때문에 우려하는 시선도 있었는데, 실제로 대중 수출액 비중은 2015년 94.7%, 2016년 90.3%에 달했다. 정치적으로 불안정성이 높고 보호무역 성향이 짙은 중국은 결국 2016년에 해외 포맷 수입 규제를 강화하고 한한령을 내려 한국 포맷 수출에 큰 타격을 입혔다.

이 여파로 2017년 포맷 수출액은 전년 대비 84%가 급락해 한국 포맷 산업이 큰 위기를 겪게 되었다. 하지만 때마침 2016년 〈꽃보다 할배〉 미국판이 성공을 거두면서 K-포맷 수출이 아시아를 넘어 서구 시장으로까지 확대될 수 있다는 가능성이 확인되었고, 국내 기업들도 유럽, 미국 등지에 포맷을 수출하기 위해 많은 노력을 기울였다. 그 결과 〈판타스틱 듀오〉가 스페인에 수출되는 등의 성과가 나타나기 시작했다. 특히 한국 언스크립티드 포맷 중 세 번째로 미국에 진출한 〈복면가왕〉이 2019년 미국판 방영과 함께 전 세계 50여 개국에 수출되는 등의 엄청난 성공을 거두면서 K-포맷 수출이 확대되는 데 결정적인 역할을 했다.

한편 〈복면가왕〉은 포맷 수출의 지역적 확장으로 외부효과가 발생한 대표적인 사례이기도 하다. 〈복면가왕〉은 미국 마켓이나 바이어에게 마케팅을 해서 포맷을 판매한 것이 아니라 미국판을 제작한 스마트도그 미디어의 대표 크레이그 플레스티스가 미국 LA의 한 태국 음식점에서 식당 TV에서 방영되던 〈복면가왕〉 태국판을 보고 구매한 것이기 때문이다. 이에 대해 국내의 한 전문가는 비록 이것이 우연이라고 하더라도 포맷의 현지화 버전이 늘어나면 이런 우연의 접점을 늘릴 수 있으므로 의미가 크며 마켓을 통해서도 이런 기회를 늘리기 위한 마케팅이 필요하다고 분석했다. 더불어 〈복면가왕〉 태국판은 가면을 전신 코스튬화해 현지화에 성공한 케이스라면서 포맷 수출 시 현지화의 중요성에 대해서도 강조했다.[58]

한국 포맷을 수출하는 지역의 변화는 현지화 건수를 기준으로 집계한 자료를 통해서도 확연히 드러난다. 언스크립티드 분야의 경우 2014년까지 아시아 지역 일변도였던 한국의 포맷 수출 시장이 2015년 튀르키예와 러시아에 진출하면서 시장 확장의 가능성을 보이기 시작했고, 한한령이 시작된 2016년부터는 북미, 중남미, 유럽, 중동, 아프리카, 오세아니아 등 전 세계 다양한 지역으로 확장되었음을 확인할 수 있다(〈그림 3-11〉 참조). 이는 도합 80여 개국에 수출된 K-포맷 쌍두마차 〈복면가왕〉과 〈너의 목소리가 보여〉의 영향이긴 하지만, 2017년 이후 아시아 외 지역에 포맷을 현지화한 건수 94건 가운데 이 두 포맷을 제외한 수치도 35.1%인 33건에 달하므로 비교적 다양한 한국 포맷이 여러 지

---

58 손태영·김치호, 「방송포맷 거래에 나타나는 휴리스틱 및 네트워크 효과의 함의와 한국 포맷 수출 전략 연구: 〈복면가왕〉과 〈너의 목소리가 보여〉 중심으로」, ≪인문콘텐츠≫, 제61호 (2021), 32쪽.

〈그림 3-11〉 한국 언스크립티드 포맷의 지역별 수출 현황(2011~2024년)(단위: 건)

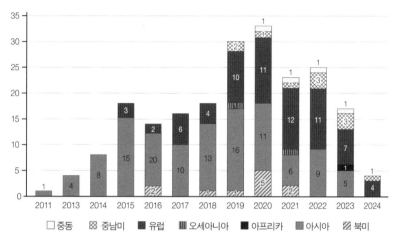

자료: 한국콘텐츠진흥원 내부자료 'K-포맷 국제 비즈니스 데이터(2011~2024)'.

역으로 수출되고 있다고 볼 수 있다.

　한국 포맷 수출 시장의 다변화는 지역별 수출액을 통해서도 확인할 수 있다. 중국 시장이 활황기에 접어들었던 2015년과 최근인 2022년의 지역별 포맷 수출액을 비교해 보면, 2015년에는 아시아 지역의 포맷 수출액 비중이 98.2%로 압도적이지만, 2022년에는 아시아 지역의 비중이 48.8%로 크게 감소했다. 대신 2022년에는 미주 지역의 비중이 5.0%, 유럽이 25.2%를 기록했으며, 오세아니아나 아프리카 같은 새로운 시장을 개척하는 등 과거와는 확연히 다른 모습을 보여준다. 특히 메이저 시장이라 불리는 미주와 유럽의 비중이 높아진 점은 상당히 고무적이다(〈표 3-7〉 참조).

　이러한 변화의 흐름 속에 이제 한국은 글로벌 포맷 시장에서 수출 강국으로 인정받고 있다. 실제로 K7 미디어에서 집계한 바에 따르면 한국은 2020년 포맷 수출국 3위에 올랐고, 올해의 국가(Territory of the Year)로 선정되기도 했다(〈그림 3-12〉 참조).[59]

　하지만 이 같은 호재에도 불구하고 한국의 포맷 수출액 규모를 면밀히 들여

〈표 3-7〉 국내 방송사의 포맷 수출지역 변화 비교

수출지역	2015년		2022년	
	수출액(1000달러)	비중(%)	수출액(1000달러)	비중(%)
아시아	38,441	98.2	16,396	48.8
미주	84	0.2	1,691	5.0
유럽	510	1.3	8,487	25.2
오세아니아	0	0.0	503	1.5
아프리카	0	0.0	11	0.1
기타	109	0.3	6,530	19.4
합계	39,144	100.0	33,618	100.0

자료: 방송통신위원회, 방송통계포털(https://mediastat.or.kr)에서 제공하는 2015, 2022년 포맷 수출액 자료.

〈그림 3-12〉 2020년 글로벌 시장에서 국가별 포맷 수출 비중

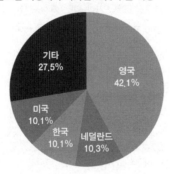

자료: K7 Media, *TRACKING THE GIANTS: The Top 100 Travelling Unscripted Formats 2020-2021*, p.7.

다보면 실속 있는 비즈니스를 하고 있는지 의문이 든다. 〈복면가왕〉과 〈너의 목소리가 보여〉가 전 세계적으로 흥행한 이후 높아진 한국의 위상이나 해외 수요에 비해 수출액 증가세는 그렇게 두드러지지 않기 때문이다. 그나마 2022년 포맷 수출액은 직전 2년에 비해 2배 넘게 오른 약 3400만 달러를 기록해 앞으로가 기대되긴 하지만, 포맷 수출액이 약 2억 8900만 달러(2억 3100만 파운드)인 포맷 최강국 영국에 비해서는 아직 턱없이 낮은 수준이다. 게다가 전체 방송콘

---

59   K7 Media, *TRACKING THE GIANTS: The Top 100 Travelling Unscripted Formats 2020-2021*, pp.6~7.

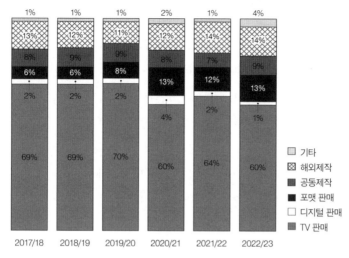

〈그림 3-13〉 2022년 영국의 부문별 TV 수출 비중

자료: PACT

텐츠 수출액 대비 포맷 수출액 비중도 영국에 비해 아주 낮은 편이다. 한국은 전체 방송콘텐츠 수출액 대비 포맷 수출액 비중이 2020년 1.9%, 2021년 2.1%, 2022년 3.5%로 2% 내외를 맴돌다가 2022년 포맷 수출액이 많이 늘면서 3%대를 돌파한 반면, 영국은 2020년 포맷 수출액 비중이 10%를 돌파한 이후 12~13%를 유지하고 있는데, 이는 한국보다 약 5배 높은 수치이다.[60]

여기서 주목할 것은 전체 수출액 대비 포맷 수출액의 비중이다. 최근 한국 포맷 수출액이 크게 늘고는 있지만 그에 비해 포맷 수출 비중의 증가 폭은 그다지 크지 않다. 이는 포맷 수출의 수익성이 제대로 개선되지 않고 있다는 것을 의미한다. 따라서 향후 포맷 비즈니스의 수익성을 제고하기 위한 노력이 필요하다. 일반적으로 포맷을 수출하면 현지 제작비의 4~10% 정도의 라이선스 수익만 얻을 수 있다. 전 세계로 수출하기 위해 글로벌 기업에 배급을 맡길 경우에는 수수

---

60 PACT, *UK TV Exports Report 2022-23*(2023), p.8.

료는 물론 수익도 이들과 나누어야 하기 때문에 수익성은 더욱 떨어질 수밖에 없다. 우리나라 대표 포맷인 〈복면가왕〉은 이런 수익모델로 인해 수십 개국에 수출되고도 수익을 극대화하지 못하고 있다. 포맷 비즈니스가 매력적인 이유는 단순 라이선스 수익 외에 현지 광고나 부가사업 등 하나의 포맷으로 다양한 추가적인 수익을 얻을 수 있기 때문이다. 따라서 한국 포맷 산업이 한 단계 더 도약하려면 포맷 거래 형태별로 계약에 대한 선진 노하우를 습득해 수익성을 높이는 것이 매우 중요하다.

포맷 수출에는 국내와 해외 간에 선호하는 장르의 수요에서 차이가 있고 수출국 및 인접국과의 관계 등 영향을 미치는 요인이 다양하다. 그런 만큼 앞으로도 연구하고 노력해야 할 부분이 많다. 장르의 경우 최근 국내 기업들의 글로벌 지향형 포맷 개발이 예전에 비해 활발해서 앞으로가 기대되는 상황이다. 또한 거점 지역을 중심으로 주변 지역에 연쇄적으로 포맷이 판매되는 현상을 마케팅 측면에서 주목하고 활용 방법을 고민해야 할 것이다. 특히 유럽에서는 한 지역에 포맷이 판매되면 주변 지역에도 판매되는 인접효과가 두드러지게 나타난다. 예를 들어 우크라이나나 카자흐스탄 같은 과거 구소련 연방국들은 러시아에서 검증된 포맷을 사고 싶어 하고, 폴란드, 스위스, 오스트리아, 체코, 슬로바키아 같은 나라는 독일의 영향을 받는다.[61]

한편 한국은 과거부터 지금까지 여전히 해외 포맷을 수입하는 데 인색한 국가인 것으로 나타났다. 2010년 한때 수입액이 수출액 대비 26.3%를 기록한 적도 있으나 그 외에는 대부분 1~2% 내외에 그쳤고 2015년 이후로는 수입한 국가도 7개국뿐이다(〈그림 3-14〉 참조).[62] 국제적으로 거래가 확산될수록 일방적인 통상정책은 글로벌 가치사슬에서 기존의 총수출, 중간재 수출, 부가가치 수출 구조에 부정적인 영향을 미치므로 개선할 필요가 있다.[63] 포맷을 수입하는

---

61   손태영·김치호, 「방송포맷 거래에 나타나는 휴리스틱 및 네트워크 효과의 함의와 한국 포맷 수출 전략 연구: 〈복면가왕〉과 〈너의 목소리가 보여〉 중심으로」, 29쪽.
62   방송통신위원회, 방송통계포털(https://mediastat.or.kr)에서 제공하는 2015~2022년 국가별 포맷 수입액 데이터.

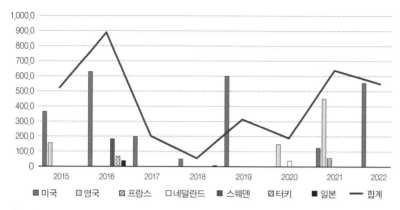

〈그림 3-14〉 한국의 국가별 포맷 수입 현황(2015~2022년)(단위: 1000달러)

자료: 방송통계포털

것은 장기적으로 무역을 증대시키는 효과도 있지만 선진 포맷의 비즈니스 노하우를 습득하는 데에도 도움이 된다는 점을 고려할 때 향후 개선 방향을 고민해야 할 것이다. 그런 의미에서 2022년에 해외 포맷인 〈레고 마스터즈(Lego Masters)〉와 〈미스터리 듀엣(Mystery Duets)〉을 수입해 MBC와 MBN에서 〈블록버스터〉와 〈미스터리 듀엣〉이라는 제목으로 한국판을 방영했던 시도는 의미가 있다.

지리적 범위의 틀에서 보자면 한국 포맷 산업은 특히 수출 측면에서 큰 변화가 나타났다. 2010년대 중반까지 아시아 위주였고 특히 극단적이라 할 만큼 중국 의존도가 높았으나 불과 5년 사이에 중국 의존도가 절반 가까이 감소한 점이 가장 눈에 띈다. 더욱이 문화적 파급력에서 우리보다 우위였던 북미나 유럽 지역으로의 수출 비중이 크게 증가한 것은 국내 방송콘텐츠 기업들이 포맷 수출 터닝포인트를 만들기 위해 얼마나 치열하게 고민하고 노력했는지를 보여준다. 지나친 수출 일변도에 따른 무역 상호주의에 대한 고민은 남아 있지만, 서구권

---

63   조문희 외, 『일방적 통상정책의 국제적 확산과 무역구조의 변화에 관한 연구』(대외경제정책연구원, 2020), 2쪽.

을 포함해 다양한 지역으로 수출이 확대된 것은 향후 K-포맷이 전 세계적으로 확장할 수 있는 가능성을 보여주었다.

4) 포맷 IP 보호와 산업 육성을 위한 제도 및 정책의 변화

글로벌 가치사슬은 세계의 다양한 영역에 영향을 미치므로 제도적 맥락을 살펴보면 글로벌 가치사슬에서 제도가 경제와 사회에 미치는 영향을 보다 체계적으로 분석할 수 있다. 국제 포맷 비즈니스 또한 각 지역의 경제적, 사회적, 제도적 역학관계와 연결되어 있기 때문에 제도나 정책에 따라 영향을 크게 받는다.[64] 특히 가장 중요한 것은 포맷 IP를 보호하는 제도와 정책이다. 일반적으로 포맷은 저작권법으로 보호되기 어려우므로 국가별로 포맷 보호에 유리한 판례가 있는지, 포맷 보호를 위한 정책적 지원이 있는지가 중요하다. 또한 이러한 제도와 정책을 파악해야 사업자들도 자사 포맷 IP를 보호하기 위한 자구책을 마련할 수 있다. 포맷 산업을 육성하기 위한 정책이 있는지도 주요 고려사항이다. 기획·제작·유통에 걸친 지원정책은 해당 지역의 기업이 성장하는 데 도움을 주기도 하고, 해외 기업이 해당 지역의 기업과 포맷 비즈니스를 보다 원활하게 진행하는 데 도움을 주기도 한다. 여기서는 이러한 점들을 고려해 한국 포맷 산업을 중심으로 포맷 IP 보호 제도 및 포맷 산업 육성 정책에 대해 분석하고자 한다.

(1) 포맷 IP 보호 제도

저작권법 학계의 통설적인 입장은 포맷이 단순한 아이디어를 넘어서는 정도의 구체화된 특징을 가지지만 그 특징이 저작권으로 보호되는 정도의 표현물로 보기에는 명확하지 않아 저작물이 아니거나 아이디어와 표현의 중간영역에 해당한다는 것이다. 해외 판례를 보더라도 아이디어와 표현으로 나누는 이분법에

---

64   ISTAT and UNSD, *Handbook on Accounting for Global Value Chains*, p.7.

따라 포맷은 콘셉트, 즉 아이디어에 속하므로 저작물로 인정하기 어렵다고 보는 시각이 다수이다.[65] 하지만 절대 인정을 받지 못하는 것은 아니며 표현의 구체성을 얼마나 잘 갖추고 이를 얼마나 잘 입증하느냐에 따라 결과가 달라질 수 있다. 이런 점에서 포맷 구성 요소의 집합을 기록한 어문저작물인 포맷 바이블은 입증 자료가 될 수 있다.[66] 국내의 경우 2017년 대법원에서는 포맷을 구성하는 개별 요소 각각의 창작성 외에 이러한 개별 요소들의 선택·배열에도 창작성이 있는지 살펴봐야 한다면서 〈짝〉을 저작물로 일부 인정하기도 했다.[67]

저작권법으로는 포맷을 보호하기 어렵다 보니 다른 법적인 방안도 다양하게 강구되고 있다. FRAPA에서는 베이커 매킨지와 함께 저작권(copyright), 부정경쟁방지(unfair competition), 상표(trademarks), 기밀정보(confidential information)나 계약(contracts) 등 기타 수단의 법적 기준을 바탕으로 30개 국가의 포맷 분쟁 사례를 분석하기도 했다.[68] 한국은 한동안 중국의 표절 의혹 이슈로 어려움을 겪었고 이러한 문제는 지금도 계속되고 있지만, 소송에서 승소하더라도 배상금을 제대로 받지 못하는 〈복면가왕〉 사례 등으로 인해 최근에는 적극적으로 대응하지 않고 있다.

더욱이 이제는 다른 해외 시장에서 표절 시비가 발생하고 있는데, KBS의 〈주문을 잊은 음식점〉은 레드애로(RedArrow)의 〈더 레스토랑 댓 메이크스 미스테이크(The Restaurant That Makes Mistakes)〉와, CJ ENM의 〈너의 목소리가 보여〉는 글로벌 에이전시(Global Agency)의 〈이즈 댓 리얼리 유어 보이스(Is That Really Your Voice)〉와 표절 시비가 일었다. 이는 우연의 일치로 소재나 형식이 같거나 우리나라 포맷을 표절한 의혹이 제기된 사례들인데, 한국

---

65 민경재, 「방송 프로그램 포맷에 대한 법률적 보호방안에 관한 연구」, 《법학논총》, 제39호 (2019), 407쪽.
66 김기영, 「방송포맷의 저작권 보호 방안」, 《문화미디어엔터테인먼트법》, 제10권 제2호(2016), 153쪽.
67 이헌, 「방송 포맷의 저작권법에 의한 보호」, 《사법》, 제1권 제43호(2018), 438쪽.
68 FRAPA and Baker McKenzie, *FRAPA Legal Report 2017: An overview of the legal status of formats*, p. 7.

포맷의 해외 진출이 늘어날수록 국제적 분쟁의 소지도 많아질 것이기에 여기에 대한 대비도 필요하다.

포맷 표절 분쟁이 발생할 때 가장 중요한 쟁점 중 하나는 그 포맷을 누가 먼저 고안했느냐 하는 것이다. 여기에 대해서는 포맷 등록시스템이 대안이 될 수 있다. FRAPA에서는 FRS(Format Registration System)라는 등록시스템을 운영하고 있으며, 최근 국내에서도 민간 기업이나 단체에서 자체 등록시스템을 구축하려는 시도를 하고 있다. 포맷 등록시스템의 경우 공신력이 있어야 하기 때문에 등록시스템이 제대로 효력을 발휘하기 위해서는 세계지적재산권기구(WIPO)의 글로벌 브랜드 데이터베이스(Global Brand Database)처럼 국제기구나 기관에서 시스템을 만들고 운영해야 할 것이다.

(2) 한국의 포맷 산업 육성 정책

한국의 문화산업은 정부의 계획적인 육성 정책에 따라 성장해 왔다. 1980년대의 '문화발전 10개년 계획'을 시작으로 1990년대의 '문화창달 5개년 계획', '문화산업진흥 5개년 계획' 등이 대표적이다.[69] 포맷 산업도 마찬가지여서 '방송법'[70]과 '문화산업진흥기본법',[71] '콘텐츠산업진흥법'[72]을 근거로 2009년부터 지금까지 한국콘텐츠진흥원을 통해 지원 사업 형태로 정책적 지원을 하고 있다. 2009년에는 시범사업이던 국제포맷공동제작과 포맷바이블제작 지원 사업에 각각 5억 원씩 총 10억 원의 예산이 편성되었는데, 2020년에 이르러서는 예산이 약 3.7배가 오른 37억 2000만 원까지 증액되었다(<표 3-8> 참조). 지금은 사업이 개편되어 단일 사업으로는 존재하지 않기 때문에 정확한 예산액을 명시

69　유진룡, 「한국의 문화콘텐츠산업정책과 혁신체제에 관한 연구」(한양대학교 박사학위 논문, 2005), 64쪽.
70　'방송법' 제92조(방송발전지원), 제94조(방송전문인력 양성 등), 제96조(방송프로그램 유통 등 지원), 제97조(방송의 국제협력). 자료: 국가법령정보센터.
71　'문화산업진흥기본법' 제10조(제작자의 제작지원), 제11조(독립제작사의 제작지원), 제16조(전문인력양성), 제20조(전문인력양성). 자료: 국가법령정보센터.
72　'콘텐츠산업진흥법' 제17조(국제협력 및 해외진출 지원). 자료: 국가법령정보센터.

<표 3-8> 방송영상콘텐츠 포맷에 대한 육성 지원 예산(2009~2021년)(단위: 억 원)

구분	2009	2010	2011	2012	2013	2014	2015	2016	2017	2018	2019	2020~
예산	10	5	5	12.8	12.85	12.85	13.85	12.35	17.2	17.2	27.2	37.2

자료: 한국콘텐츠진흥원

<그림 3-15> 방송영상콘텐츠 포맷에 대한 육성 지원 사업의 구조

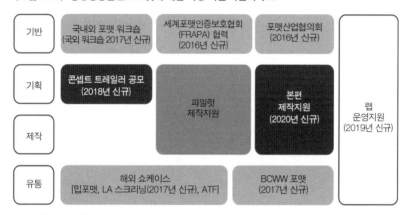

자료: 한국콘텐츠진흥원

하기는 어렵지만, 현재까지 비슷한 수준을 유지하고 있다.

정부는 한국 포맷 산업을 육성하기 위해 가치사슬 전 단계에 걸쳐 효과적인 지원을 제공하는 것을 목표로 국내외 산업환경 변화에 대응해서 꾸준히 사업을 개선하고 예산을 증액했으며, 추가로 필요한 사업들을 신설해 왔다. 그 결과 2020년에 이르러 기반, 기획, 제작, 유통 등 각 가치사슬에 적합하고 업계에 필요한 사업들로 어느 정도 체계적인 구조를 갖추게 되었다(<그림 3-15> 참조).

정부는 기획과 제작을 아우르는 '포맷 파일럿 제작지원', 유통에 특화된 '해외 쇼케이스', 선진 노하우 습득용 기반과정인 '국내 포맷 워크숍'(과거에는 EMC 같은 해외 연수)을 중심으로 사업을 추진해 왔으며, 국내 포맷 산업의 중요한 전환기인 한한령을 전후해서는 업계와 논의하면서 새로운 사업들을 추가해 나갔다.

우선 2016년에는 포맷 IP 보호와 산업 현안에 대한 업계 공동대응 네트워크가 필요해짐에 따라 FRAPA와 협업해 국내 기업들의 멤버십을 지원하기 시작했고, 국내 14개 방송사와 제작사가 참여한 포맷산업협의회를 출범시키기도 했다. FRAPA 멤버십은 국내 기업 약 20여 개사를 지원하고 있으며, FRAPA와 협업해 BCWW[73]에서 포맷 IP 보호를 주제로 한 세미나를 공동으로 개최하기도 한다. 중국이 한국의 포맷을 표절하는 문제에 업계가 공동대응하기 위해 출범한 포맷산업협의회는 이후 국내 포맷 플레이어들이 네트워킹하는 장이 되었으며 서로의 정보와 노하우를 공유함으로써 공동으로 성장해 나갈 수 있는 발판이 되고 있다.

2017년에는 포맷 비즈니스 시장을 다변화하기 위한 사업들이 신설되었다. 미주 시장에 진출하기 위해 LA 스크리닝에서 포맷 K-쇼케이스를 시작했고, 밉포맷을 벤치마킹한 포맷 전문마켓 'BCWW 포맷(BCWW FORMATS)'을 론칭했다. 또한 포맷 선진국인 영국과의 교류를 위해 '한영 포맷 공동개발 워크숍'을 런던에서 개최하는 등 이 시기에는 유통 사업을 강화해 K-포맷 브랜드를 공고히 하고 해외 네트워크 확장과 교류를 통해 국내 기업의 역량을 제고하는 데 중점을 두었다.

2018년부터는 한국의 강점인 창작역량에 초점을 맞추고 글로벌 스탠더드를 습득하는 한편 국내와 해외 간 장르 수요의 미스매칭을 완화하기 위한 기획개발 지원을 강화하기 시작했다. '콘셉트 트레일러 공모'와 '방송포맷 랩 운영지원'이 대표적인 사업으로, 이는 페이퍼 포맷 단계에서도 포맷 비즈니스를 시도할 수 있는 토대가 되었다. 이후에는 포맷 파일럿 예산을 증액하고 중소 제작사의 포맷 IP 확보를 위한 '포맷 본편 제작지원' 사업도 신설해 국내 포맷 산업의 저변을 확대하는 데 기여했다.

국내 포맷 산업의 저변을 확대하는 것은 업계와 정부가 오랜 시간 고민해 온

---

73 방송콘텐츠산업의 활성화 및 콘텐츠 유통마켓 성장으로 글로벌 경쟁력을 지닌 문화콘텐츠 기업을 육성하고 우수 콘텐츠 수출을 촉진하기 위해 국내에서 개최하는 국제방송영상마켓으로, 2001년부터 시작해 지금에 이르고 있다.

〈그림 3-16〉 한국방송영상제작사협회(KIPA)의 포맷 랩(왼쪽)과 포맷티스트의 포맷 랩(오른쪽)

자료: 한국콘텐츠진흥원

〈그림 3-17〉 한영 포맷 공동개발 워크숍

자료: 한국콘텐츠진흥원

문제이지만, 포맷 IP 문제나 유통역량의 한계로 인해 제작사의 참여가 늘어나지 않아 어려움을 겪고 있다. 하지만 OTT로 인한 산업환경의 변화로 제반 여건도 조금씩 변화하면서 독립제작사들도 포맷 비즈니스에 참여하는 방안을 고민하고 있는 상황이다. 특히 최근 포맷 IP에서는 제작비 분담에 따른 수익분배가 가능해지고 있어 언스크립티드 분야의 펀드를 조성하라는 업계의 요구가 늘어나고 있다. 그리고 중소 제작사의 경우 포맷 수출이 중요한 것은 알지만 재정이나 인력 규모의 현실적인 문제로 인해 포맷 수출을 내부적으로 추진하기 어려운 상황이다. 따라서 외부 에이전시나 정부지원을 통한 해외 바이어 매칭이 현실적인 대안으로 언급된다.

　　IP 라이선싱 비즈니스의 성격을 지닌 포맷 비즈니스의 근간은 결국 포맷 IP로, 이 문제를 해결하는 것이 가장 중요하다. OTT 시대가 도래하면서 콘텐츠의 중요성이 다시 강조되자 창작 주체의 정당한 권리보호에 대한 논의가 부각되고 있다. 이러한 논의의 도화선이 된 것은 〈오징어 게임〉이 세계적으로 흥행한 이면에 불거진 불공정한 창작자 수익분배 문제였다. 프랑스 등 몇몇 국가는 작품이 수익이 나면 창작자에게 수익을 일부 분배하는 제도나 방법이 있다는 사실이 알려지면서 창작 주체의 권리보호는 더욱 이슈가 되고 있다.

국내 포맷 산업의 저변을 확대하기에는 인력이 부족하다는 업계의 목소리도 있다. 포맷 비즈니스를 하기 위해서는 포맷의 기획, 개발, 유통 등 가치사슬 전반에 대한 이해가 필요하며 해외 프로듀서나 바이어와 소통하고 협업할 수 있는 능력도 필요하다. 이처럼 고숙련 인력이 필요한 산업인 만큼 인력양성 체계를 개편하는 논의가 이루어져야 하고 정부의 지원도 뒷받침되어야 한다.

그간 한국 포맷 산업을 육성하기 위해 한국콘텐츠진흥원이 추진해 온 정책적 지원은 산업 성장에 큰 역할을 했다고 평가받는다. 꾸준한 해외 마케팅으로 K-포맷의 브랜딩과 수출 활성화에 기여했고, 독립제작사가 만든 〈어머님이 누구니〉 같은 포맷의 수출 길을 열었으며, 〈북유럽〉처럼 제작사가 IP를 가지고 포맷을 여러 플랫폼에 판매할 수 있는 여건도 형성했다. 특히 한한령 이후 글로벌 시장을 타깃으로 정책을 전환해 〈DNA 싱어〉, 〈더 비트박스〉, 〈배틀 인 더 박스〉 등 북미와 유럽 지역으로 수출하는 사례를 만들어낸 것도 인상적이다.

그중에서도 〈배틀 인 더 박스〉는 정부가 단계별로 다각적으로 지원한 대표적인 성공사례이다. 독립제작사 앤미디어가 기획한 이 포맷은 2019년 한국콘텐츠진흥원의 기획안 공모에 〈대소룸〉이라는 제목으로 선정된 이후 한영 포맷 공동개발 워크숍에 참여해 개발을 거친 뒤 썸씽스페셜에서 배급을 시작했다. BCWW 2020에서 폭스 얼터너티브 엔터테인먼트와 공동개발 계약을 체결하면서 가능성을 확인했으나 현지판 제작은 무산되는 아쉬움을 겪었다. 하지만 2021년 신설된 포맷 본편 제작지원을 받아 제작사인 앤미디어가 IP를 확보하고 제작해 MBN에서 1개 시즌을 방영했다. 이후 배급사인 썸씽스페셜이 시즌 방영 기록과 결과물을 가지고 포맷 패키징을 보강해 다시 수출을 시도했고, 결국

자료: MBN; UKTV

영국 BBC 계열의 UKTV에 편성되어 2024년 7월 16일부터 총 8개의 에피소드
로 구성된 시즌1이 방영되었다. 〈배틀 인 더 박스〉는 독일, 네덜란드, 핀란드
등 전 세계 20여 개국과 옵션 계약이 체결되어 있어 영국판이 흥행할 경우 이들
나라에도 연쇄적으로 수출될 것으로 보인다.

K7 미디어는 한국 포맷이 성공하기까지의 과정에 대해 다음과 같이 평가한
다.[74]

한국 포맷의 성공을 논할 때에는 이 지점에 도달하기 위해 노력해 온 적극적인
산업기관인 KOCCA를 빼놓을 수 없다. KOCCA는 글로벌 커넥션을 구축 및 강화
하고 자국 산업을 지원 및 홍보하며 강력하고 지속 가능한 한국 포맷 수출 기반을
마련하는 등 이 여정에서 매우 중요한 역할을 해왔다. KOCCA가 해온 역할은 과
소평가하기 어렵다. 국지적인 성공을 산업 전반의 글로벌 플레이어로 바꾸는 마법
의 요소를 원한다면 KOCCA 같은 역할을 하는 기관이 필요하다.

제도적 맥락이라는 틀에서 봤을 때 한국의 포맷 IP 보호 현황과 산업 지원정
책은 어려움과 가능성이 공존하고 있다. 우선 포맷 IP를 보호하는 일은 포맷의

---

74 K7 Media, *TRACKING THE GIANTS: The Top 100 Travelling Unscripted Formats 2020-2021*, p.8.

특성과 저작권법 간의 미스매치로 인해 다른 나라와 마찬가지로 한국도 어려움을 겪고 있다. 여기에 대한 확실한 대책이 없기 때문에 다른 법 조항을 활용하거나 포맷 등록 등의 우회적인 방법을 택하고 있는데, 그나마 국내에서 포맷을 저작물로 일부 인정하는 판결이 나와 국내에서의 표절 분쟁은 일보 전진된 상태이다. 지원정책의 경우 한국콘텐츠진흥원에서 2009년부터 가치사슬 전 단계에 대한 사업을 구성해서 지원해 오고 있으며, 의미 있는 성과도 거둔 것으로 보인다. 다만 합리적 IP 분배에 대한 제도적 정비가 미흡한 점이나 정부가 시장에 개입해 지원해야 하는 선에 대해서는 고민이 필요하다.

3. 한국 방송콘텐츠 기업의 대응 양상

1) 한국 방송콘텐츠 기업의 업그레이딩

포맷은 방송콘텐츠 분야의 IP 비즈니스 영역으로, 포맷의 장점은 프랜차이즈 속성을 지니고 있고 문화할인율이 낮다는 것이다. 브랜드 파워를 가지는 IP를 개발하고 그 IP의 라이선싱을 확장함으로써 수익을 극대화할 수 있는 것은 물론, 현지화를 통해 문화할인율을 낮춰 내수시장을 넘어 해외 시장까지 확장할 수 있기 때문이다. 엔데몰, 프리맨틀 같은 대표적인 슈퍼 인디가 그래왔듯 글로벌 가치사슬에서 이러한 장점을 실현하려면 참여하는 기업이 자신의 위치를 업그레이드해야 한다. 현재 한국 포맷은 〈복면가왕〉이라는 유례없는 히트작의 등장으로 과거에 비해 글로벌 시장에서의 입지가 높아진 상황이지만, 우리나라 방송콘텐츠 기업들이 이러한 상황을 적절하게 활용할 수 있는 역량을 갖추었는지에 대해서는 진단이 필요하다.

일단 국내 방송 산업계는 아직 전반적으로 포맷 비즈니스의 중요성에 대한 인식이 부족한 편이다. 방송사에서는 포맷 비즈니스에 대해 내부적으로 갑론을

박이 있기도 하다. SBS와 CJ ENM은 포맷 비즈니스의 중요성을 인식하고 일찍이 전담 조직을 둘 정도로 적극적이었지만, 나머지 방송사들은 포맷 비즈니스에 적극적인 모습은 보이지 않고 있다. 하나의 포맷이 수출되어 실질적인 수익이 발생하는 현지판이 방영되기까지 확률도 낮고 시간도 오래 걸리기 때문이다. 게다가 국내 방송 프로그램의 전체 수출액에서 포맷 수출이 차지하는 비중은 2~3% 내외에 그치는 등 당장 높은 수익을 기대하기는 어려워 투자 대비 효과에 대한 의견이 갈리는 것으로 보인다. 하지만 IP 비즈니스의 가장 큰 매력은 성공하면 한계비용이 낮아지고 다양한 부가사업을 통해 수익을 극대화할 수 있다는 점이다.[75] 따라서 경영진이 장기적 관점에서 포맷 비즈니스에 관심을 가지고 수익 다각화 및 극대화를 위해 조직 내 역량을 축적하고 프로세스를 개선해 나간다면 향후 좋은 성과를 낼 수 있을 것이다.

독립제작사의 경우에는 포맷에 대한 권리 확보 문제로 인해 포맷 비즈니스를 고려하거나 포맷 비즈니스를 우선순위에 두기가 어려운 상황이다. 국내에서는 제작사가 포맷 IP를 확보하는 것이 쉽지 않다 보니, IP 소유를 전제로 하는 포맷 비즈니스에 참여할 기회가 애초에 거의 없었다. 물론 방송사와 마찬가지로 독립제작사 역시 포맷 비즈니스를 잘하기 위해 시간과 비용을 투자할 여력이 부족한 것 또한 하나의 이유이다. 방송사보다 자금력에서 열세인 독립제작사 입장에서는 당연한 일이다. 그래도 영국의 독립제작사가 성장한 사례처럼 포맷 비즈니스의 미래 가능성을 보고 일부 제작사가 포맷 비즈니스를 시도해 왔지만, 권리를 보유한 IP가 부재하다는 근본적인 문제가 해결되지 않아 포맷 비즈니스에 관심을 가지고 참여하는 제작사가 눈에 띄게 늘어나지는 않고 있다.

앞에서 논의한 내용을 조금 더 세부적으로 들여다보면, 우선 국내에서는 전반적으로 포맷을 비즈니스의 관점에서 바라보고 사전에 사업구조를 짜야 한다는 인식이 부족한 편이다. 가령, 기획 단계에서는 타이틀 로고, 세트 디자인 등

75　김숙·장민지, 「모두 IP의 시대: 콘텐츠 IP활용 방법과 전략」, ≪코카포커스≫, 17-02호(한국콘텐츠진흥원, 2017), 11쪽.

브랜드 아이덴티티를 가지고 포맷으로서 가치를 가질 수 있는 유니크한 구성이나 표현장치를 고려하는 것은 물론, 이것을 수익으로 연결할 수 있는 사업전략을 포함시켜야 한다.[76] 그리고 제작 단계에서는 바이블 등 포맷 패키지를 위한 자료들을 체계적으로 아카이빙해야 하고, 유통 단계에서는 트레일러 영상 등 효과적인 마케팅을 위한 투자가 필요하며,[77] 판매 단계에서는 좋은 조건의 계약을 위한 노하우 등이 필요하다. 최근 세계 시장에 유통되고 있는 포맷을 수입한 경험을 지닌 한 업계 관계자에 따르면, 글로벌 기업은 포맷 비즈니스 전략과 구조가 세부적으로 잘 짜여 있다고 한다. 예컨대 라이선스 피는 일단 10~12%의 높은 가격으로 설정해서 협상을 시작하고, 별도 컨설팅 비용이 책정되어 있는 것은 물론 국내 및 해외 유통 권리가 세분화되어 있으며, 간접광고나 협찬광고 수익을 배분하는 세컨드 라이트 피(second right fee) 같은 부가수익에 대해서도 다양한 조건이 있다. 따라서 향후 수익을 극대화할 수 있는 사업구조를 설계하고 담당 업무별로 조율해서 효과적으로 사업을 진행하려면 포맷을 기획할 때부터 구체적인 사업 전략을 짜야 한다는 인식이 전제되어야 할 것이다. 물론 신규 프로그램 개발에서 가장 중요한 것은 흥행 가능성이겠지만, 사전에 포맷 비즈니스에 대해 구체적으로 인식하고 있다면 이를 제한하지 않는 범위에서 조율이 가능할 것이다.

한편 포맷 비즈니스의 근간은 결국 소구력이 높은 우수한 IP를 개발해 내는 것이다. 좋은 포맷을 꾸준히 기획하고 제작하려면 우수한 창작인력과 제작인력이 필요하다. 이를 위해서는 좋은 창작자와 제작자를 내부적으로 키워내거나 영입하는 방법도 있고, 우수한 외부 인력과 협업하는 방법도 있다. CJ ENM처럼 자본력이 받쳐주는 기업은 나영석 같은 스타 PD를 영입하기도 하지만, 중소 제작사는 외부 인력과 협업 체계를 구축하거나 가성비를 고려해서 개발 장르를

---

76 한국국제문화교류진흥원 편집부, 『코로나19 이후의 한류』(서울: 한국국제문화교류진흥원, 2021), 298쪽.
77 황진우, 「한국 방송포맷의 차세대 경쟁력 증진을 위한 글로벌 스탠더드 포맷 패키지에 관한 연구」, 101, 104쪽.

전략적으로 선택해야 한다. 최근에는 스타 PD를 비롯한 역량 있는 PD들이 독립해서 제작사를 차리거나 제작사로 옮기는 경우도 늘어나고 있다. 〈무한도전〉의 김태호 PD는 테오라는 제작사를 설립하고 CJ ENM 정종연 PD와 이태경 PD 등 역량 있는 PD들을 영입했다. 〈미스트롯〉의 TV조선 서혜진 PD도 크레아 스튜디오를 차리고 독립했으며, 〈피지컬: 100〉의 MBC 장호기 PD는 갤럭시코퍼레이션으로 이적했다.

독립제작사가 양적·질적으로 성장하는 것은 한국 포맷 산업의 저변 확대와 지속 가능성을 위해 매우 중요한 사안이므로 역량 있는 PD들이 제작사로 이적하는 것은 바람직한 현상으로 보인다. 포맷 비즈니스는 가치사슬 전반에 걸쳐 역량을 지녀야 하는 분야라서 진입장벽이 높은 편이기 때문에 앞으로 이들의 역량을 끌어올려야 한다. 한국에서는 해외 포맷을 수입하는 것이 아직 일반화되지 않아서 선진 노하우를 습득하기가 어려우며 독립제작사는 규모나 자본력에서 열세여서 역량 개발에 투자할 여력이 많지 않다. 따라서 독립제작사의 역량을 높이기 위한 방안을 정부지원까지 포함해 강구해야 한다.

유연성도 중요한 포맷 비즈니스 역량 중 하나이다. 포맷 비즈니스에서는 라이선스를 판매하는 것이 일반적이지만 거래 상대방의 니즈에 따라 페이퍼 포맷을 판매하기도 하고 여러 회사와 공동으로 포맷을 개발하기도 한다. 따라서 각거래 형태에 맞게 조정해서 대응한다면 보다 원활하게 비즈니스가 이루어질 수 있을 것이다. 유연한 대응은 현지 시청자의 특성이나 문화 등을 고려해야 하는 현지화에서도 중요한 역량으로 부각되고 있는데, 한국은 특유의 역동적인 제작 환경으로 인해 현지화 작업에 대한 유연성이 높은 편이다.[78]

〈복면가왕〉의 영국판 제작사인 밴디쿠트(Bandicoot)의 대표 데릭 매클린 (Derek McLean)은 한국과의 협업에 대해 다음과 같이 말했다.

---

78 같은 글, 117쪽.

한국 파트너들은 우리가 원하는 방식으로 포맷을 해석할 수 있도록 훨씬 더 많은 여지를 주고 우리의 국내 시장에 맞게 그리고 각각의 다른 국가에 맞게 현지화할 수 있게 해줘요. 즉, 한국 파트너들이 포맷의 성공을 위해 현지화에 있어 유연하게 대처해 준 것이 〈더 마스크드 싱어〉나 〈더 마스크드 댄서〉가 이처럼 큰 성공을 거둘 수 있었던 이유라고 생각합니다.[79]

한편 포맷 비즈니스는 기본적인 수익모델이 라이선싱 수수료인 포맷 피이지만 경영진의 의사결정에 따라 새로운 수익모델을 발굴할 수도 있다. 모든 나라의 방송 시장 구조가 동일한 것은 아니기 때문에 해당 지역에 대해 충분히 조사하고 이를 기반으로 합리적이고 과감한 의사결정을 내린다면 수익을 다각화하거나 극대화하는 성과를 창출할 수도 있다. 과거 중국 시장에서 공동제작이라는 형태를 통해 큰 수익을 올릴 수 있었던 것도 이러한 노력과 결단의 결과였다. 우리나라 전체 방송콘텐츠 수출액에서 포맷 수출액이 차지하는 비중이 2~3%에 불과하다는 점을 잊어서는 안 될 것이다.

지금까지 국내 방송콘텐츠 기업이 포맷 비즈니스 성과를 높이려면 어떤 역량을 갖춰야 하고 이 역량을 어떻게 향상시켜야 하는지에 대해 한국 포맷 산업의 최근 흐름과 결부시켜 짚어보았다. 비즈니스의 가장 중요한 주체는 결국 기업이므로 한국의 포맷 비즈니스가 활성화되려면 결국 더욱 많은 기업이 이 비즈니스에 참여하고 역량을 쌓아나가는 것이 중요하다. 마침 이러한 행보를 보여주는 국내 방송콘텐츠 기업들이 있어 이들의 사례를 구체적으로 살펴보고자 한다. 국내 포맷 분야의 대표적인 기업이라 할 수 있는 방송사 CJ ENM, SBS, MBC와 중소 독립제작사 디턴, 썸씽스페셜이 그 주인공으로, 포맷 비즈니스에 대한 이들의 전략적 행보를 통해 한국 포맷 산업의 현주소를 파악하고 앞으로의 성장 동력에 대해 가늠해 보고자 한다.

---

79 Ruth Lawes, "The secret to the success of South Korean formats," *C21 Media*, August 2, 2022.

2) 국내 주요 방송콘텐츠 기업의 업그레이딩 사례[80]

(1) CJ ENM

CJ ENM은 국내에서 포맷에 대한 관심이 높지 않았던 시기부터 해외 포맷을 수입해 국내용으로 현지화된 프로그램을 제작해 왔다. 이를 통해 포맷 산업의 중요성을 타 방송사에 비해 일찍 인식하고 포맷 개발을 위한 노하우와 글로벌 네트워크를 축적해 왔다. 2011년에 방송사 중 가장 먼저 '콘텐츠 이노베이션팀' 이라는 포맷 전담부서를 신설해 글로벌 시장 조사, 포맷 바이블 제작, 현지화 컨설팅, 포맷 트레일러 제작 등 패키징 업무를 담당했다. 이 부서는 지금은 '글로벌콘텐츠개발팀'이라는 이름으로 운영되고 있다. 〈꽃보다 할배〉를 기획 단계부터 제작팀과 협업하고 유통 부서에는 포맷 패키지를 제공해 판매를 돕는 역할을 하면서 선진적인 수출용 포맷화 체계를 구축하는 기반을 닦았다.

그렇게 글로벌콘텐츠개발팀은 제작 부서와 유통 부서 사이에서 시장 조사, 포맷 패키징 등의 역할을 주로 하고 있다. 이 외에도 신규 기획의 레퍼런스를 체크하기도 하고, 영국 ITV 스튜디오와 진행한 〈더 라인 업〉 같은 국제 공동개발을 진행하기도 하며, 〈러브 앳 퍼스트 송〉 같은 페이퍼 포맷을 기획해서 수출하기도 한다. 출범한 지 10년이 넘은 이 부서는 그동안 쌓은 노하우를 바탕으로 높은 수준의 포맷 패키징 역량을 보유하고 있다. 최근 한국 포맷이 세계적으로 인기가 높아진 이후에는 신규 포맷 방영을 시작한 지 얼마 지나지 않아 포맷 자료를 요구하는 해외 바이어들 때문에 프로그램 방영이 끝나기도 전에 포맷 패키지를 완성해 내기도 한다. 해외 시장, 특히 미국에 직접 진출해 포맷을 기획하고 제작할 수 있는 역량도 확보하고 있는데, 2020년에 미국 제작사들과 공동 개발한 〈캐시백〉과 〈올인〉이 그러한 사례이다.

이 부서는 역할 및 중요성과는 별개로 조직 내 정체성을 아직 정립해 나가는

---

80 각 기업 관계자의 인터뷰는 2022년에 진행한 것으로 부서명칭 등이 현재와는 다를 수 있다.

<그림 3-19> CJ ENM의 로고(왼쪽)와 일본판 <러브캐처>(오른쪽)

자료: CJ ENM

과정이며 포맷 비즈니스를 보다 효과적으로 추진하기 위한 실험을 지금도 계속해서 추진하고 있다. CJ ENM의 한 관계자는 다음과 같이 말한다.

> 저희가 지금은 IP사업본부 소속인데 그전에는 글로벌 사업 총괄 조직이나 제작 조직에 있기도 했고 IP 운용 조직에도 있었어요. 개발이라는 게 제작과 유통의 중간 단계이다 보니 회사에서도 조직편재를 바꿔가며 어디가 가장 효율적인지 찾고 있는 단계 같아요. 그리고 개발, 제작, 유통이 함께 국내나 해외 관련 여러 요소를 고려해서 콘텐츠 벨류업(value up)을 하기 위한 논의도 진행할 예정입니다. 당연히 포맷의 해외 판매도 고려 요소 중 하나이구요. 글로벌 시장을 타깃으로 한 포맷 파일럿을 편성하는 방안도 생각해 보고 있는데, 아무래도 국내는 연예인 관찰 예능이 중심이다 보니까요.

한편 CJ ENM은 유통에서도 포맷 판매를 전담하는 부서가 있다. 바로 해외콘텐츠사업팀으로, 이 부서는 전 세계에 언스크립티드 포맷과 스크립티드 포맷을 판매하고 있으며, 아시아를 제외한 신시장 콘텐츠 세일즈를 진행하고 있다. 해외콘텐츠사업팀은 수년간 쌓아온 포맷 판매와 관련된 협상 및 계약 노하우, 글로벌 바이어 네트워크를 보유하고 있으며, 글로벌콘텐츠개발팀과의 유기적인 협력을 통해 <너의 목소리가 보여> 같은 사례처럼 포맷 수출의 시너지를 내고 있다. 최근에도 네덜란드판 방영과 영국판 편성이 확정된 <더 지니어스>

를 비롯해, 〈대탈출〉을 러시아에, 〈놀라운 토요일〉을 베트남에 수출하는 등 활발한 포맷 세일즈 활동을 펼치고 있다. 해외콘텐츠사업팀은 해외 OTT에도 수출을 성사시키고 있는데, 〈환승연애〉와 〈러브캐처〉는 2023년 일본 아마존 프라임 비디오와 아베마 TV(ABEMA TV)에 현지판이 방영되었다. 이러한 성과에 힘입어 CJ ENM은 국제 방송 산업 전문매체 리얼스크린(Real Screen)이 2024년 6월에 발표한 '글로벌 톱10 포맷 수출기업'에 선정되기도 했다.[81]

(2) SBS

SBS는 지상파로서는 최초로 포맷 전담부서인 '크리에이티브 오아시스 랩'을 2013년에 신설한 방송사로, 중국 시장 호황기 때에는 과감한 투자와 포맷 공동 제작으로 높은 수익을 창출하는 등 새로운 비즈니스 전략에 적극적인 모습을 보이기도 했다. 2018년 12월에 포맷티스트(FormatEast)라는 포맷 전문 자회사를 설립한 것도 이러한 전략의 일환으로, 포맷 전담부서인 글로벌제작사업팀의 멤버들을 주축으로 겸직 형태로 운영되고 있다. 포맷티스트의 한 관계자에 따르면 〈미운 우리 새끼〉, 〈동상이몽〉 같은 연예인 관찰 리얼리티에 집중된 국내 예능 트렌드로 인해 해외에 수출할 포맷 라이브러리가 고갈되어 가는 위기감이 포맷티스트의 출발점이었다고 한다. 그리고 중국 시장이 막혀 있는 상황에서도 한국의 창작역량에 대한 중국의 수요는 계속 존재해 개별 작가들이 포맷 개발을 외주용역하고 있었으므로 중국과 제대로 된 새로운 비즈니스를 시도하기 위한 목적도 있었다고 한다.

국내는 관찰 예능이 트렌드이고 저희도 그렇다 보니 언제부턴가 해외에 팔 만한 포맷이 없더군요. 그래서 해외 수요가 있는 포맷을 개발해 SBS를 포함한 다양한 채널에 파는 포맷 전문회사를 해봐야겠다 싶었어요. 포맷 전문회사라는 것이

---

81 김형수, "'글로벌 픽 K콘텐츠'…CJ ENM, 리얼스크린 선정 '글로벌 10대 포맷 수출기업'", ≪더구루≫, 2024년 6월 5일 자.

<그림 3-20> SBS 로고(왼쪽)와 포맷티스트 로고(오른쪽)

자료: SBS

결국 맨 파워, 네트워크 파워, 아이디어 파워가 핵심이라 우리라고 못할 게 뭐가 있
나 싶더라구요. 미국이나 유럽을 봐도 소규모 핵심 인력을 중심으로 포맷 개발하
고 라이선스 팔고 하니까요. 중국도 그 이유 중 하나이죠. 중국에서 한국 작가들에
게 용역 주는 그런 거 말고 회사 대 회사로 포맷 비즈니스를 해보고 싶었거든요.

포맷티스트가 기존 국내 방송사들과 차별화되는 점은 SBS의 자회사이지만
SBS에만 편성할 포맷을 개발하는 곳이 아니라는 것과 창작자와 권리 및 수익을
나누고 국내 방송사에 판매할 때도 포맷 피를 책정한다는 것이다. 이것은 국내
시장에서부터 선진적인 포맷 비즈니스 모델을 도입하려는 의미 있는 시도로 보
인다. 실제로 출범 초기에 론칭한 〈이사야사〉 포맷은 TV조선에서 방영했고,
2020년에는 〈로또싱어〉 포맷을 MBN에서 방영했다. 특히 〈로또싱어〉는
디턴 박원우 대표가 기획한 포맷으로 포맷티스트는 공동개발 및 배급을 담당했
으며 수익분배 계약에 따라 박원우 대표에게 포맷 피도 지급했다.[82]

포맷티스트는 2019년에 신설된 한국콘텐츠진흥원의 방송포맷 랩 운영지원
사업에 선정된 이후 역량 있는 창작자들을 선발해 새로운 비즈니스 모델을 실험
하면서 역량을 키우고 있다. 2020년 포맷 랩에서 개발된 〈DNA 싱어〉는 한국
에서 〈DNA싱어-판타스틱패밀리〉로 SBS에서 방영된 이후 프리맨틀을 통해
네덜란드 방송사 RTL4에 편성되었고 2023년 1월 〈DNA싱어(DNA Singers)〉
라는 제목으로 네덜란드판이 방송되는 등 굵직한 성과를 내고 있다. 다음은 포

---

82 봉채영, "진격의 K-포맷, 전세계 65개국 200여 건 리메이크 성과", ≪데일리한국≫, 2017년 1월
    9일 자.

맷티스트 관계자의 말이다.

해외에 통할 만한 포맷을 기획하려고 A급 창작자들에게 글로벌 비즈니스 스탠더드를 알려주고 IP 지분을 확보하게 해주면서 함께 진행하고 있죠. 방송사에서 이렇게 하는 게 쉬운 건 아닌데 내부를 잘 설득해서 하고 있고, 국내 방송사나 OTT에도 포맷 라이선스를 팔고서 창작자가 지분만큼 수익을 셰어하는 그런 모델을 만들어가고 있어요. 이제 3년차인데 그 사이에 벌써 해외 메이저 기업에도 포맷을 2개나 팔았죠. 최근 프리맨틀과 계약한 <DNA 싱어>는 SBS에 정규편성도 되었고, 해외에서 잘되면 이 포맷을 기획한 작가는 높은 수익을 셰어받게 되어 있어요.

한편 SBS는 2023년 12월 예능본부를 자회사 '스튜디오 프리즘'으로 출범시켜 스튜디오 체제로 전환했다. 글로벌제작사업팀도 스튜디오 프리즘으로 소속을 옮겨 포맷 수출과 국제 공동제작을 담당하게 되었다. 이로써 스튜디오 프리즘은 페이퍼 포맷 개발과 국제 공동개발을 담당하는 포맷티스트와 함께 SBS 포맷 비즈니스를 이끄는 쌍두마차로서 그 역할이 확대되고 강화되었다.

(3) MBC

MBC는 <나는 가수다>, <아빠! 어디가> 등 한국 포맷을 중국 시장에 진출시켜 성공을 거둔 선구자이자 이후 포맷 비즈니스에 꾸준히 관심을 가져온 방송사이다. 포맷 전담부서는 별도로 없었지만 편성콘텐츠부에서 시장 조사나 포맷 패키징 등을 진행해 왔다. 한한령 이후에는 포맷 비즈니스 다변화의 일환으로 NBC 유니버설과 <문제는 없다>라는 포맷을 공동개발해 파일럿으로 방영하기도 했다. 이처럼 MBC는 편성 파트를 중심으로 시장 조사, 패키징, 포맷 개발 등 포맷 관련 R&D 기능을 유지하고 발전시켜 왔다. <복면가왕> 포맷이 전 세계적으로 흥행한 이후에는 지속적이고 효과적인 포맷 비즈니스를 위해 내부

〈그림 3-21〉 MBC 로고(왼쪽)와 태국판 〈진짜 사나이〉, 〈미래일기〉(오른쪽)

자료: MBC

체계를 정비하는 데 고심해 왔으며, 최근에는 IP전략파트가 신설되어 포맷 비즈니스를 담당하고 있다. MBC의 한 관계자는 다음과 같이 말했다.

MBC는 포맷 전담부서는 따로 없고, 일전에 TF를 한번 꾸렸던 적은 있었죠. 지금은 콘텐츠전략부 산하 미디어 R&D팀의 일부 업무로 포맷 관련 리서치나 패키징이 포함되어 있어요. 그 팀이 중간에서 제작본부에는 포맷 관련 리서치 자료를 제공해 주고 유통부서에는 포맷을 패키징해서 넘겨주는 브리지 역할을 하고 있어요. MBC의 IP사업을 전반적으로 다루는 IP전략부라는 곳도 새로 생겨 이곳에서 일부 업무를 담당하고 있어요. 유통부서는 지역별 세일즈 담당이 해당 지역의 포맷 판매를 담당하는 형태인데, 유럽 담당이 전반적인 포맷 세일즈를 관리하고 있고 최근에 1명 더 충원되었어요.

MBC는 한국콘텐츠진흥원의 방송포맷 랩 운영지원 사업에도 참여해 새로운 포맷을 개발하기 위해 창작자와 협업하고 있으며, 포맷 R&D, 포맷 패키징 스킬업 등 내부 포맷 비즈니스 역량을 높이기 위해 노력하고 있다. 그 결과 정규편성 및 해외 옵션 계약작인 〈오! 나의 파트너〉나 디스커버리와 공동제작하고 시즌제로 안착한 〈빈집살래〉 같은 포맷을 개발하는 성과를 내기도 했다. MBC는 해외 포맷을 수입해 글로벌 포맷 기업의 비즈니스 노하우를 습득하려는 노력도 기울였다. 포맷을 수입해서 자국에서 현지화하는 작업은 포맷 비즈니스 역량을 높이기에 좋은 방법인데, 15개국에서 리메이크된 〈레고 마스터즈〉를 수입해 국내판으로 현지화 작업을 진행해 〈블록버스터〉라는 제목으로 2022년 방영했다. 이때 글로벌 포맷 기업인 바니제이 그룹과 포맷 계약 및 현지화를 진행하면서 다양한 계약 조건이나 협상 스킬, IP 관리 방법 등에 대해 배우고 내부 역량화하는 작업을 했다.

한편 최근 〈피의 게임〉 노르웨이판이 TV2에서 방영되고 OTT인 TV2 플레이(TV2 Play)에서는 〈피의 게임〉이 사상 최고 시청률을 기록하면서 시즌2가 확정되는 등 MBC가 포스트 〈복면가왕〉 시대를 대비해서 기울인 노력이 조금씩 결실을 맺고 있는 것으로 보인다. 〈세치혀〉나 〈심야괴담회〉 같은 새로운 미디어 환경에 어울리는 참신하고 실험적인 포맷을 개발한 것도 이러한 노력의 일환으로, 이 포맷들은 유럽을 중심으로 현지화가 논의되고 있어 향후 귀추가 주목된다.

(4) 디턴

디턴(dIturn)은 〈복면가왕〉의 크리에이터로 유명한 박원우 작가가 포맷 비즈니스를 전문적으로 추진하기 위해 2018년 6월에 설립한 회사이다. 박원우 작가는 2015년 창작자는 언스크립티드 분야에서 포맷 권리를 가질 수 없는 환경을 개선하기 위해 동료 작가들과 감자(GAMJA)라는 팀을 결성하기도 했다. 중국 시장의 호황과 뛰어난 기획력을 바탕으로 활발히 활동했으며, 당시 국내 언스크립티드 분야에는 없었던 기획료를 창작자가 받을 수 있는 발판을 마련하기도 했다. 그럼에도 여전히 창작자가 포맷에 대한 권리를 가지기 어려운 상황이 지속되자 개인이 아닌 기업으로서 제대로 된 포맷 비즈니스를 해보고자 디턴을 설립했다. 디턴은 〈복면가왕〉의 흥행으로 쌓은 높은 평판과 창작역량을 바탕으로 페이퍼 포맷 중심의 비즈니스를 적극적으로 추진하고 있으며, NBC 유니버설이나 폭스 얼터너티브 엔터테인먼트 같은 글로벌 기업과 퍼스트 룩 딜을 맺는 성과도 거두고 있다. 디턴의 한 관계자는 다음과 같이 밝혔다.

폭스와 퍼스트 룩을 처음 할 때는 6개월 동안 보여준 기획안이 10개도 안 되었는데, 루즈하고 실적도 안 나고 해서 이번 계약에서는 매달 10개 정도씩 보여주는 방식으로 바꿔봤어요. 이전보다 양은 늘어난 대신 아이디어 수준으로만 보여주는데, 그쪽에서도 로그라인 수준으로 다양한 아이디어를 보는 걸 더 선호하더라구요. 그래서 이번에는 옵션 계약도 하나 체결했어요. 효율성 면이나 해외 기업과 협업해서 글로벌로 진출하는 데는 이런 방법이 괜찮은 것 같아요. 다는 아니지만 저희가 IP를 일정 부분 확보하는 것이 가능하기도 하구요.

또한 디턴은 포맷 IP를 확보하고 거래 성사 확률을 높이기 위해 파일럿 제작에도 적극적이다. 한국콘텐츠진흥원의 제작지원을 통해 글로벌 시장을 타깃으로 한 비방용 파일럿을 제작해 옵션 계약을 성사시키기도 했다. 소니의 영국 자회사인 스텔리파이 미디어(Stellify Media)와는 〈마이랭킹(My Ranking)〉을, 바니제이 그룹과는 〈댄싱 인 더 박스(Dancing In the Box)〉를 계약한 것이 대표적이다. 이처럼 디턴은 기획 단계부터 글로벌 기업과 협업하고 포맷 거래까지 진행하면서 비즈니스 경험을 꾸준히 축적해 나가고 있다.

초반에 했던 NBC 유니버설과 폭스와의 거래가 좋은 경험이 되었죠. 계약서 양식이나 조건에 대한 글로벌 스탠더드를 배웠고, 이후 만난 유럽 회사들의 계약서가 비슷비슷해서 많은 도움이 되었어요. 다만, 지역별로 일을 진행하는 방식이나 방송사가 원하는 조건이 조금씩 달라서 여전히 어렵지만, 내부적으로 계약에 대해서는 잘 정리해서 쌓아두려구요. 비즈니스를 하다 보면 저희가 가지고 있는 IP나 아이디어, 바이블도 아카이빙을 잘 해야겠다 싶더라구요. 그리고 직원들도 해외 회사와 미팅할 때는 가급적 같이 참여하게 해서 경험을 쌓게 해주고 있구요.

이러한 노력이 결실을 맺어 2022년 9월에는 디턴에서 개발한 〈싱 오어 싱크〉라는 페이퍼 포맷이 태국 채널3에 방영되기도 했다. 해외에 판매된 페이퍼

〈그림 3-22〉 디턴 로고(왼쪽)와 태국판 〈싱 오어 싱크〉(오른쪽)

자료: 디턴

포맷이 현지에서 제작되고 방영된 것은 국내 제작사 최초의 사례로, 현지 제작
사 및 방송사와 권리도 합리적으로 배분해 향후 수익 배분도 받을 예정이다.
〈마이 보이프렌드 이즈 베러〉는 CJ ENM이 합작과 배급을 맡아 2023년 태국
워크포인트(Workpoint)와 브라질 글로보(Globo)에서 현지판이 방영되었고
2024년에는 베트남 OTT인 FPT 플레이(FPT Play)에 편성되었다.

한편 디턴은 포맷 기획개발에 특화된 기업이지만 글로벌 기업들과 거래하면
서 얻게 된 해외 네트워크를 바탕으로 포맷 배급도 일부 진행하고 있다. 디턴은
NBC 유니버설이 MBN 〈드루와〉의 글로벌 배급을 진행할 수 있도록 가교역
할을 했는데, 그 결과 〈드루와〉는 사우디아라비아와 브라질, 독일까지도 수
출되었다. 이 같은 다양한 노력과 성과에 힘입어 박원우 대표는 C21 미디어,
FRAPA, 엔터테인먼트 마스터 클래스 등 권위 있는 여러 단체가 함께 주최하는
국제 포맷 시상식(The International Format Awards)에서 2022년에 대상을 수
상하기도 했다.

(5) 썸씽스페셜

방송사 중심의 포맷 산업이 형성되어 있는 우리나라에 포맷 비즈니스를 전문
으로 하는 썸씽스페셜(Something Special)이라는 독립제작사가 등장했다. 썸씽
스페셜은 CJ ENM 포맷 전담부서 팀장, SBS 포맷티스트 임원 출신의 두 포맷

전문가가 의기투합해서 출범한 회사로, 포맷 비즈니스와 글로벌 콘텐츠 프로듀싱에 주력하고 있다. 포맷 전담부서가 있는 방송사에서 십수년간 몸담았던 만큼 포맷 비즈니스에 대한 높은 이해도와 전문성, 폭넓은 해외 네트워크를 바탕으로 설립 이후 활발한 활동을 펼치고 있다. 특히 독창적인 포맷을 개발하기 위해 리서치에 많은 투자를 하고 있으며, 이를 기반으로 역량 있는 외부 창작자들과 협업해 글로벌 시장을 타깃으로 한 새로운 포맷을 개발 및 제작하고 있다.

국내 방송사나 제작사의 포맷 배급을 대행하는 것도 썸씽스페셜의 주요 사업 중 하나이다. 한국은 포맷 개발역량에 비해 판매역량이 약한 편이라서 중소 제작사나 일부 방송사는 해외 판매에 많은 어려움을 겪는다. 따라서 썸씽스페셜이 보유한 전문성과 해외 네트워크가 이들에게 도움이 될 수 있는데, 국내에서는 포맷의 배급을 대행하는 것이 아직 일반적이지 않다 보니 사업 추진에 어려움을 겪기도 한다. 그래도 2024년 2월 MBN과 포맷 배급을 포함한 포맷 비즈니스 전반에 대한 MOU를 체결하며 진전된 모습을 보이고 있다. 썸씽스페셜 관계자는 다음과 같이 말한다.

국내에 포맷 전문 배급사가 없어 저희에게 대행 문의가 많이 옵니다. 지금 몇몇 제작사와 방송사 포맷을 계약해서 배급을 하고 있는데요, 조건에 대한 인식의 차이가 좀 있어요. 해외는 대행료를 35% 정도로 책정합니다. 트레일러나 피치덱 등 패키징에 비용이 들어가고 세일즈에 드는 인건비도 있어서 이 정도가 일반적이에요. 하지만 이 비율을 수용하기 어려워하는 클라이언트들이 종종 있더라구요. 그리고 패키징을 위한 소스 협조가 어렵기도 합니다. 피칭 머티리얼을 잘 만들려면 세부 시청률 데이터나 세트 도면 같은 자료가 필요한데 클라이언트 내부 사정으로 받기 어려운 경우가 있더라구요.

한편 썸씽스페셜은 아직 출범 초기의 중소기업이다 보니 한국콘텐츠진흥원의 방송포맷 랩 운영지원, 포맷 파일럿 제작지원, 국내외 마켓 참가지원 등 정부

〈그림 3-23〉 썸씽스페셜 로고(왼쪽)와 〈스틸 얼라이브〉(오른쪽)

자료: 썸씽스페셜

지원 사업을 적절하게 활용하면서 성과를 내고 있다. 포맷 랩에서 개발한 페이
퍼 포맷은 ITV 스튜디오, 프리맨틀 같은 해외 기업과 파트너십을 맺고 공동개발
을 진행하고 있는데, 이 가운데 〈스틸 얼라이브(Still Alive)〉는 유럽 대형 미디
어 그룹 미디어완(Mediawan)에서 스페인판 제작을 결정해 개발 중이다. 이 포
맷은 독일, 이탈리아 등 유럽 몇몇 국가와 옵션 계약도 체결한 상태이다. 배급 대
행에서도 성과를 내고 있는데, 대표적인 사례인 앤미디어의 〈배틀 인 더 박스〉
는 BCWW 2020에서 폭스 얼터너티브 엔터테인먼트에 판매된 바 있다. 한편
미국판 제작이 무산된 후 지속적으로 세일즈를 추진한 결과 독일의 트레저 TV
(Tresor TV)를 포함해 다양한 국가와 옵션 계약을 맺었고, 영국에서는 UKTV 편
성이 확정되어 2024년 7월 16일 방영되었다.

이들 5개의 국내 방송콘텐츠 기업의 사례를 통해 각 기업은 저마다 조금씩 다
른 전략을 취하며 자사의 역량을 업그레이딩하고 있음을 확인할 수 있다. 이들
의 업그레이딩에 대한 내용을 요약하면 다음과 같다.

일단 공통적으로 보자면, 모든 기업이 질적인 부분에서 차이는 있지만 업그
레이딩 단계상으로는 OBM에 진입한 것으로 보인다. 2000년을 전후해 MBC,
SBS 등 지상파에서 포맷을 수입하기 시작했고, CJ ENM 또한 신생 방송사로서
적극적인 포맷 수입으로 차별화를 꾀하면서 포맷 개발 수준을 높였으며 2010

년대 들어 중국 등 해외 시장으로 진출하기 시작했다. 디턴과 썸씽스페셜은 몇 년 전에 생긴 신생 기업이지만 포맷 비즈니스 역량이 어느 정도 축적된 인력들로 구성되어 포맷을 수입하는 것보다 자체 포맷을 개발하고 해외에 수출까지 진행하는 데 중점을 두고 있다.

개별적으로 보자면, CJ ENM의 경우 과거 적극적인 포맷 수입 경험이 포맷 비즈니스 노하우로 축적되었고, 다채널 보유에 따른 풍부한 포맷 물량, 대기업의 자본력, 포맷 비즈니스에 대한 조직 내 높은 이해도, 포맷 전담부서 운영 등이 뒷받침되면서 글로벌 시장에서도 인정받는 기업으로 성장하고 있다. 판매할 포맷 물량이 많아서 라이선스 거래가 중심이지만 모든 포맷 거래 형태에 대응할 수 있는 높은 수준의 역량을 갖추고 있어 라이선스 거래 외에도 공동개발 및 공동제작, 페이퍼 포맷 등 바이어 맞춤형 비즈니스가 가능하다.

SBS는 포맷 수입 경험과 전담부서 운영 등을 통해 포맷 비즈니스 역량을 쌓아왔다. 특히 중국판을 공동제작해 큰 수익을 본 〈런닝맨〉 이후 라이선스 거래보다 하이 리스크 하이 리턴 형태의 국제 공동제작을 선호하는 경향을 보이고 있다. 국내에서 해외 수요가 낮은 관찰 예능이 대세가 된 이후에는 자회사 포맷티스트를 신설해 글로벌향 포맷을 개발하는 적극적인 행보도 보이고 있다. 이후 포맷티스트는 페이퍼 포맷에 집중하고, 최근 스튜디오 프리즘으로 소속을 옮긴 글로벌제작사업팀은 국제 공동제작에 집중하는 투트랙 전략을 취하고 있다.

〈복면가왕〉으로 글로벌 시장에서 단숨에 높은 인지도를 쌓은 MBC의 경우는 포맷 수입 경험과 일부 부서의 포맷 업무 담당, 중국과의 공동제작 경험 등을 토대로 역량을 높여왔다. 최근에는 IP전략파트를 신설해 포맷 담당조직을 정비하기도 했다. 〈복면가왕〉의 후광효과를 활용한 라이선스 거래가 중심이지만, 타 지상파에 비해 포맷 개발 역량에 경쟁력을 지니고 있어 글로벌향 포맷 개발도 병행하는 전략을 취하고 있다. 실제로 최근 유럽 시장에서 신규로 개발한 포맷들이 성과를 거두고 있다.

디턴과 썸씽스페셜은 국내에는 드문 포맷 비즈니스 중심의 독립제작사라는

〈표 3-9〉 한국 언스크립티드 포맷 분야의 주요 방송콘텐츠 기업 비교

	CJ ENM	SBS	MBC	디턴	썸씽스페셜
기업형태	대기업/방송사	대기업/방송사	중견기업/방송사	중소기업/독립제작사	중소기업/독립제작사
전담부서	글로벌콘텐츠개발팀, 해외콘텐츠사업팀	포맷티스트(자회사), 스튜디오 프리즘 글로벌제작팀(자회사)	IP전략파트(해외유통은 글로벌사업부 담당)	해당 없음 (회사 주력사업이 포맷 비즈니스)	해당 없음 (회사 주력사업이 포맷 비즈니스)
주요 비즈니스 모델	페이퍼 포맷, 라이선스, 공동개발	페이퍼 포맷, 공동개발, 공동제작	라이선스, 공동개발	페이퍼 포맷, 공동개발	페이퍼 포맷, 공동개발, 배급대행
업그레이딩 과정	OEM → ODM → OBM	OEM → ODM → OBM	OEM → ODM → OBM	ODM → OBM	ODM → OBM
전략적 특징	라이선스 중심이지만 높은 역량을 바탕으로 모든 거래형태에 대응할 수 있어 맞춤형 전략 가능	포맷티스트는 글로벌향 포맷 개발, 스튜디오프리즘은 국제 공동제작 중심의 투트랙 전략	〈복면가왕〉 후광효과를 활용해 라이선스 중심이지만 글로벌향 포맷 개발도 병행하는 전략	2021년 국제포맷상 대상 수상자인 대표를 필두로 글로벌향 포맷 개발 중심 전략	CJ ENM, SBS 출신인 임원진의 노하우를 활용한 글로벌향 포맷 개발 중심에 배급대행을 병행하는 전략
주요 성과	〈너목보〉를 27개국 이상에 수출, 언스크립티드 포맷을 30여 개 수출, 2020년 '올해의 배급사'에 선정(K7 미디어)	〈DNA 싱어〉 네덜란드 현지화 및 시즌2 편성, 동남아 공동제작 다수, 〈런닝맨〉 중국 대성공	〈복면가왕〉을 50개국 이상에 수출, 2019년 '올해의 포맷' 선정(K7 미디어), 중국 진출의 선구자	글로벌 기업과 퍼스트 룩 딜 체결, 태국에 페이퍼 포맷 현지화(〈싱 오어 싱크〉), 〈마이 보이프렌드 이즈 베러〉를 태국과 브라질에 현지화	프리맨틀 등과 파트너십 체결, 〈더 비트박스〉 네덜란드 현지화, 〈배틀 인 더 박스〉 배급 대행 및 영국판 UKTV 편성 성사

존재만으로도 의의가 있는 기업으로, 방송사에 비해 영세한 기업규모의 특성상 포맷 개발에 중점을 두고 있다. 다만, 디턴은 오랜 작가 경력과 〈복면가왕〉으로 검증된 창작자인 박원우 대표를 필두로 내부화된 창작역량 중심의 글로벌향 포맷 개발을 중심으로 하는 반면, 썸씽스페셜은 CJ ENM과 SBS 포맷 전담부서 출신인 임원진이 보유한 포맷 패키징 및 유통 노하우와 바이어 네트워크를 활용한 배급 대행에도 무게를 두고 이를 포맷 개발과 병행하는 전략을 취한다는 점에서 차이가 있다.

4. 한국 포맷 산업의 현재와 미래

한국의 포맷 산업은 지난 10여 년간 많은 변화를 겪어왔다. 2010년대 중반 중국 시장에서의 성공으로 짧은 호황기를 맞았고, 불과 2~3년 만에 규제와 한한령으로 인해 급격한 하락도 겪었다. 하지만 업계와 정부가 높은 중국 의존도에 위기의식을 느끼고 포맷 비즈니스 시장을 다변화하고 비즈니스 방식에도 변화를 주기 시작하면서 전환기를 맞이했다. 그러던 중 〈복면가왕〉 포맷이 전세계 50여 개국에 수출되는 유례없는 성공을 거두면서 글로벌 포맷 시장에 K-포맷 신드롬을 가져왔다. 이듬해에는 〈너의 목소리가 보여〉까지 연타석으로 세계적인 흥행을 기록하자 해외에서 K-포맷의 위상은 그 어느 때보다 높아졌다. 이러한 영향으로 인해 지금은 페이퍼 포맷부터 국제 공동개발이나 공동제작 등 다양한 형태의 포맷 비즈니스가 이루어지고 있으며, 〈피의 게임〉 등 새로운 포맷이 바니제이 그룹 같은 글로벌 기업과 계약을 맺고 현지판도 방영되면서 한국 포맷의 흥행을 이어나갈 준비를 하고 있다. 게다가 그동안 한국 포맷 비즈니스에 없었던 디턴이나 썸씽스페셜 같은 독립제작사도 새로운 플레이어로 대두되면서 한국 포맷 산업의 양적·질적 성장을 기대케 하고 있다.

지금까지 한국 포맷 산업의 변화와 국내 방송콘텐츠 기업의 대응 양상에 대해 보다 심층적으로 접근하기 위해 글로벌 가치사슬 이론을 활용해서 다각도로 살펴보았다. 그리고 이를 통해 글로벌 시장에서 한국 포맷 산업의 경쟁력은 어떠한지, 부족한 부분은 무엇이며 앞으로 어떻게 보완해야 하는지, 미래에 지속 가능하기 위해서는 어떠한 전략을 세워야 하는지 등에 대해 분석했다.

긍정적인 점은, 우선 한국은 포맷의 창작역량에서 세계적인 경쟁력을 입증했고 그 결과 후방산업에서도 성장할 수 있는 가능성이 열렸다는 것이다. 한국의 포맷은 이미 경쟁우위를 점하고 있던 아시아권을 넘어서 이제는 미국, 유럽 등 선진 시장에서도 많은 러브콜을 받고 있다. 〈복면가왕〉의 후광효과가 크긴 하지만, 이미 그전부터 서구 시장에 조금씩 진출하고 있었고, 시장 다변화를 위한 국내 방송콘텐츠 기업들의 글로벌향 포맷 개발 노력도 더해져 갈수록 경쟁력이 높아지고 있다. 내수시장의 치열한 경쟁환경도 좋은 포맷이 지속적으로 나올 수 있는 토대이다. 그 결과 일반적인 라이선스 거래 외에 국제 공동개발이나 공동제작을 하는 것은 물론, 글로벌 기업들이 한국의 아이디어를 선점하기 위해 퍼스트 룩이나 페이퍼 포맷 단계에서도 계약을 맺고 있다. 이와 더불어 포맷 수출지역도 아시아를 넘어 북미, 유럽, 중동, 중남미, 오세아니아 등 전 세계로 확대되고 있다.

국내 방송콘텐츠 기업들의 포맷 비즈니스 역량이 높아지고 독립제작사가 포맷 비즈니스에 참여하게 된 점도 고무적이다. 주요 방송사는 저마다의 방식으로 역량을 높여왔고 글로벌 포맷 시장에서 유의미한 성과도 내고 있다. 초창기부터 포맷 전담부서를 신설할 정도로 적극적이었던 CJ ENM은 잘 구축된 부서 간 협업 체계를 바탕으로 전반적으로 높은 수준의 포맷 비즈니스 역량을 구축하고 있으며, 〈너의 목소리가 보여〉를 비롯해 우리나라에서 가장 많은 포맷을 수출하고 있다. 마찬가지로 예전부터 포맷 전담부서를 운영해 온 SBS는 포맷티스트라는 포맷 전문 자회사를 신설해 페이퍼 포맷 중심의 사업을 추진하고 있으며, 해외 수출을 하는 것은 물론 국내 거래에 포맷 피 개념을 도입하는 등 선진 비즈니스 모델을 정착시켜 가고 있다. 최근 SBS 본사의 예능본부가 스튜디오 프리즘으로 분사했는데, 스튜디오 프리즘은 라이선스와 국제 공동제작에 중점을 두고 포맷티스트와 투트랙으로 포맷 비즈니스를 전개하고 있다. 단일 포맷으로 우리나라 역대 최다 수출을 자랑하는 〈복면가왕〉 포맷을 보유한 MBC도 포맷 비즈니스 역량을 키우기 위해 내부 TF를 조직하고 국제 공동개발, 페이퍼 포맷 개발 등의 노력을 기울이고 있다. 최근에는 해외 포맷을 수입해 선진 노하우를 습득하기도 했으며, IP전략파트도 신설해 변화를 예고하고 있다. 한편 디턴과 썸씽스페셜은 국내에서는 흔치 않게 독립제작사 영역에서 포맷 비즈니스에 참여하고 있는데, 디턴은 창작역량에서, 썸씽스페셜은 사업역량 및 유통·마케팅 역량에서 강점을 보이면서 한국 포맷 산업의 새로운 축으로서 존재감을 높여가고 있다.

정부의 정책적 지원이 기업들의 노력과 맞물려 한국의 포맷 산업 경쟁력을 높이고 있다는 것도 주목할 만하다. 정부는 2009년부터 국가 예산을 투입해 포맷 산업의 가치사슬 전 단계에 걸쳐 지원을 해오고 있으며, 국내 방송콘텐츠 기업들의 포맷 비즈니스 역량을 높이는 데 기여하고 있다. 새로운 포맷을 개발 및 제작할 기회를 부여하고 있으며, 해외 마켓에서의 쇼케이스나 피칭을 통해 판로 개척에도 도움을 주고 있다. 또한 국내외 워크숍이나 해외 연수 같은 프로그램을 통해 인력들의 역량을 향상하기 위한 지원도 추진하고 있는데, 해외에서도 한국 정부의 이러한 지원이 K-포맷이 국제 시장에서 경쟁력을 가지게 된 동력 중 하나라고 인정하고 있다.

이처럼 한국 포맷 산업의 글로벌 경쟁력에서 긍정적인 신호가 많이 나타나고 있지만, 현재 미디어 산업의 대표적인 변수인 OTT가 포맷 산업에 미칠 영향도 고려할 필요가 있다. OTT 산업이 확대되면 국내외에 거래할 수 있는 바이어가 늘어난다는 점에서는 긍정적으로 평가할 수 있지만, 글로벌 OTT의 대명사인 넷플릭스 같은 경우 오리지널 콘텐츠에 대해 IP를 모두 가지려는 경향이 있어 위협요인이 되기도 한다. 다만, OTT마다 거래 방식에 차이가 존재하고 작품마다 적용 방식이 다르기도 하므로 앞으로 OTT가 글로벌 포맷 시장과 국내 포맷 산업에 어떤 영향을 미칠지는 지켜봐야 할 것이다. 그래도 한국의 창작역량이 세계적으로 인정받고 있기 때문에 IP 보호 문제만 진전된다면 한국의 포맷 산업은 전망이 밝다고 할 수 있다.

보완이 필요한 부분도 눈에 띈다. 우선, 한국 포맷의 최근 수출 실적을 보면 실속 있다고 보기 어려운 수치를 기록하고 있어 실적에 대한 개선이 필요하다. 〈복면가왕〉과 〈너의 목소리가 보여〉가 수십 개국에 수출된다고는 하지만 아직 포맷 수출액은 2022년 기준 국내 방송콘텐츠 전체 수출액의 3.5%에 불과하다. 이는 포맷 수출액이 자국 방송콘텐츠 수출액의 13%를 차지하는 영국 같은 포맷 선진국에 비해 아주 낮은 수치이다. 영국은 포맷 수출액만 해도 우리의

8.5배나 된다. 포맷 비즈니스는 현지 제작비의 4~10% 정도의 로열티만 받는 라이선스 거래 외에도 현지 광고, 부가사업권 등 계약 조건에 따라 수익에 큰 차이가 날 수 있으므로 이와 관련된 노하우를 습득하고 협상력을 키우는 것이 관건이 될 것이다.

또한 한국 포맷 산업이 더욱 경쟁력을 가지려면 포맷 비즈니스에 참여하는 기업의 수가 늘어나야 한다. 지난 10여 년간의 언스크립티드 포맷 거래를 보면 211건 중 KBS, MBC, SBS, CJ ENM, JTBC 5개사의 실적이 193건으로 전체의 91.5%를 차지할 정도로 편중이 심하다.[83] OTT 등으로 인해 국내외 방송 시장의 경쟁이 치열해진 현실을 고려할 때, 수익 다각화 및 극대화 측면에서 다른 방송사들이 포맷 비즈니스를 적극적으로 시도해 보는 것은 의미가 있을 것이다. 국내 독립제작사의 포맷 비즈니스 참여가 부진한 것도 문제이다. 그동안은 독립제작사가 포맷 IP를 가지는 것이 거의 불가능한 상황이었지만 지금은 산업환경의 변화로 기회가 생기고 있으므로 독립제작사는 보다 적극적으로 포맷 비즈니스에 참여할 필요가 있다. IP의 경우 공정한 산업 생태계를 조성할 수 있도록 정부에서도 제도를 포함해 다방면으로 개선책을 고려해야 할 것이다.

포맷 비즈니스에 기업의 참여를 확대하는 문제는 경영진의 인식과도 관련이 있다. 국내에서는 포맷 비즈니스의 수익성이 광고 등에 비해 낮다는 인식이 아직 팽배하다. 하지만 낮은 한계비용과 네트워크 효과를 고려하면 포맷 비즈니스도 장기적으로는 높은 수익을 거둘 수 있다. 이것은 글로벌 기업으로 성장한 엔데몰, 바니제이 그룹 같은 슈퍼 인디로 입증된다. 그리고 포맷 비즈니스로 수익성을 높이기 위해서는 역량강화를 위한 투자가 필요한데, 포맷 비즈니스는 진입장벽이 높은 분야라서 경영진의 적극적인 리더십 없이는 제대로 된 역량을 갖추기 어려운 측면도 있다. 따라서 이러한 인식을 개선하기 위한 노력도 필요

---

83 한국콘텐츠진흥원 내부자료 'K-포맷 국제 비즈니스 데이터(2011~2024)' 가운데 예능과 교양의 각 사 거래내역에서 추출했다(총 211건 중 KBS, MBC, SBS, CJ ENM, JTBC가 193건이고, 거래내역이 존재하는 기업은 총 13개사이다).

할 것이다.

2010년대 중반에 글로벌 포맷 시장에서 가장 주목받은 신흥국은 '글로벌 신데렐라'라 불리던 이스라엘이었다. 이스라엘이 글로벌 포맷 시장에서 부상한 것은 산업 규모가 작은 국가도 성공할 수 있다는 것을 보여준다는 점, 그리고 서구 국가와 일부 슈퍼 포맷의 집중화 경향이 나타나던 글로벌 시장에서 분산화 혁명(decentring of innovation)의 계기를 마련했다는 점에서 큰 의의를 가진다.[84] 이제는 넥스트 이스라엘이라고 불리는 한국 차례이다. 한국 포맷이 세계 시장에서 통한다는 것은 충분히 검증되었으므로 이제 이러한 성공을 지속해 나가기 위해 노력해야 한다.

지금까지 살펴본 장점은 살리고 단점을 보완한다면 K-포맷은 앞으로 해외 시장에서 지속적으로 좋은 성과를 거둘 수 있을 것이다. 이를 위해서는 포맷 산업의 주체인 국내 방송콘텐츠 기업의 역할이 아주 중요하며, 이들이 더욱 적극적으로 포맷 비즈니스에 참여해 역량을 강화해 나가야 할 것이다. 물론 여기에 더해 민간의 힘으로만 감당하기 어려운 영역에서는 정부가 든든히 뒤를 받쳐주어야 할 것이다. 다가오는 미래에 K-포맷이 더 넥스트 빅 씽(The Next Big Thing)으로 글로벌 포맷 시장에서 자리매김할 수 있기를 기대해 본다.

---

84 S. Shahaf, "Decentring Innovation: The Israeli Television Industry and the Format-driven Transnational Turin in Content Development," in K. Aveyard(ed.), *New Patterns in Global Television Formats*(Bristol: Intellect Books, 2016), p. 248.

나가며

이 책의 시작은 2023년에 나온 나의 박사학위 논문 「한국 방송콘텐츠 기업의 언스크립티드 포맷 비즈니스 역량강화 요인 연구」였다. 박사학위 논문을 쓰기 시작할 당시 나는 한국콘텐츠진흥원에서 포맷 분야를 오랜 기간 담당하면서 학업도 병행해 왔고 2019년부터는 '방송포맷 분야 전문직위'라는 타이틀도 부여받았던 터라 어떤 형태로든 우리나라 포맷 산업의 발전에 기여하고 싶었다. 그래서 한국 포맷 산업을 전체적으로 들여다보고 국내 방송콘텐츠 기업이 글로벌 포맷 비즈니스에서 경쟁력을 가지려면 어떠한 역량을 갖추어야 할지에 대해 연구하고 논문을 남겼다. 그렇게 논문으로 끝낼 수도 있었으나 일말의 아쉬움이 남았다. 논문 형식에서는 담을 수 없는 내용을 추가해 보다 많은 사람이 포맷 산업에 쉽게 접근할 수 있도록 하고 싶었다. 또한 현장에서 한국 포맷 산업의 흥망성쇠를 직접 겪은 경험을 토대로 포맷 산업에 대해 피부에 와 닿게 전달하고 싶기도 했다. 그래서 이 책을 쓰게 되었다.

2013년에 대학원 석사과정을 시작할 때만 해도 졸업논문은 당시 담당하고 있던 스토리 사업과 관련된 내용, 즉 웹툰이나 웹소설 같은 원천 스토리 IP를 주제로 삼아 쓰려고 했다. 하지만 2014년 갑작스러운 지방 이전으로 장기간 휴학을 하게 되었고, 2017년에 다시 복학했을 때는 내가 회사에서 한창 포맷과 친해지기 위해 고군분투하고 있었기 때문에 석사논문 주제가 자연스레 포맷으로 바

꿰었다. 기왕에 업무로서 하고 있는 일이니 한번 제대로 공부하며 알아보자는 심산이었다. 그렇게 포맷 연구자의 길로 들어서 결국 박사과정까지 포맷을 주제로 논문을 쓰게 되었고, 2023년 2월 박사학위를 받으면서 일과 학업을 병행해 온 대장정을 마무리했다.

책을 쓰는 과정은 논문을 쓸 때와는 또 다른 어려움이 있었다. 처음에는 이 책 한 권만 보면 포맷 산업과 비즈니스에 대해 알 수 있고 글로벌 포맷 산업의 변화와 트렌드를 파악할 수 있으며 한국 포맷 산업의 과거와 현재, 미래까지 한눈에 들여다 볼 수 있게 하고 싶었다. 즉, '한국 포맷 산업의 바이블'처럼 만들고 싶었는데, 욕심이 과해서였는지 집필 속도가 매우 더디었다. 자료도 새로 찾아야 했고, 책을 쓰는 동안 새로 생긴 포맷 산업의 변화와 성과도 따라잡아야 했으며, 팩트도 제대로 체크해야 했기 때문이다. 그래도 집필하는 동안 새롭게 수출된 포맷 사례를 접할 때면 내가 잘된 양 기분이 좋았다. 비록 〈복면가왕〉과 〈너의 목소리가 보여〉를 이을 만한 대박 사례는 아직 나오고 있지 않지만, 미국이나 유럽에 진출하는 포맷이 꾸준히 등장하고 있고 남미 같은 신흥 시장에도 한국의 포맷이 수출되는 것을 보면서 K-포맷의 미래가 기대해 볼 만하겠다 싶었다. 특히 독립제작사가 포맷을 수출하는 사례가 한국에서도 나오기 시작한 것은 공공의 영역에서 일하는 입장에서 매우 뿌듯했다.

어쩔 수 없는 K-직장인이라 집필하는 동안 회사 TF에도 차출되었고 금년에는 처음으로 팀장도 맡게 되어 업무로 인해 책을 쓰는 게 더욱 쉽지 않았다. 이처럼 쓸 것도 많고 일도 많은 어려움으로 인해 예정보다 집필 기간이 길어졌지만, 그래도 많은 분들의 도움으로 무사히 원고를 마무리 지을 수 있었다. 욕심을 부린 만큼 모쪼록 이 책이 국내 포맷 업계 종사자들과 이 분야에 진입하고자 하는 사람들에게 조금이나마 도움이 되기를 간절히 바란다.

이 책이 나오기까지 정말 많은 분들의 도움이 있었다. 먼저 논문을 쓸 때부터 큰 도움 주시고 원고 감수까지 해주신 디턴 박원우 대표님, CJ ENM 민다현 부장님, 썸씽스페셜 김인순 부사장님, MBC 김영혜 피디님께 온 마음을 다해 감사

를 표한다. 그리고 이 책의 근간이 된 나의 박사학위 논문을 지도해 주시고 추천
사까지 기꺼이 써주신 한양대 김치호 교수님께도 감사드린다. 애초에 방송문화
진흥회의 저술 지원을 받지 못했다면 이 책은 없었을 것이다. 국내 포맷 업계에
기여할 수 있도록 내게 기회를 준 방송문화진흥회에도 감사드린다. 끝으로, 출
판사 연결에 큰 도움을 주신 KBS 유건식 박사님을 비롯해 대중적이지 않은 '포
맷'을 주제로 한 학술서적임에도 이 책이 세상에 나올 수 있게 도와준 한울엠플
러스 김종수 대표님과 윤순현 부장님, 초보 작가의 원고를 손보느라 고생하신
신순남 팀장님 이하 관계자분들께도 고마운 마음을 전한다. 그 외 지면 관계상
언급하지 못한 분들께는 미안함과 감사함을 동시에 전하며 긴 여정의 마침표를
찍는다.

참고문헌

국내 문헌

단행본

곽준식. 2019. 『브랜드, 행동경제학을 만나다』. 고양: 갈매나무.

김윤지. 2023. 『한류 외전』. 서울: 어크로스.

도모노, 노리오(Norio Tomono). 2019. 『행동경제학: 경제를 움직이는 인간 심리의 모든 것』. 이명희 옮김. 서울: 지형.

모란, 앨버트(Albert Moran). 2012. 『텔레비전 포맷의 세계』. 정윤경 옮김. 서울: 커뮤니케이션북스.

박재복. 2015. 『글로벌 시대의 방송콘텐츠 비즈니스』. 서울: W미디어.

유건식. 2018. 『한국 방송콘텐츠의 미래를 열다』. 파주: 푸른사상.

유럽방송연합(European Broadcasting Union). 2010. 『TV 포맷 거래 가이드북』. 한국콘텐츠진흥원 옮김. 서울: 한국콘텐츠진흥원.

한국국제문화교류진흥원 편집부. 2021. 『코로나19 이후의 한류』. 서울: 한국국제문화교류진흥원.

한창완 외. 2021. 『아이피, 모든 이야기의 시작』. 서울: 커뮤니케이션북스.

홍순철 외. 2010. 『텔레비전 프로그램 포맷 창작론』. 파주: 한울아카데미.

학위 논문

김민정. 2013. 「경험재의 네트워크 효과」. 고려대학교 석사학위 논문.

민다현. 2018. 「국내 TV 포맷 수출 활성화 방안에 대한 연구: <너의 목소리가 보여> 사례를 중심으로」. 중앙대학교 신문방송대학원 석사학위 논문.

서혜진. 2017. 「미디어 조직의 다차원 창의 프로세스 연구: SBS <런닝맨> 제작 사례를 중심으로」. 이화여자대학교 박사학위 논문.

성재열. 2015. 「글로벌 가치사슬에서 중견기업의 추격전략에 관한 연구」. 가톨릭대학교 대학원 박사학위 논문.

손태영. 2013. 「한국 방송콘텐츠 기업의 언스크립티드 포맷 비즈니스 역량강화 요인 연구」. 한양대학교 박사학위 논문.

_____. 2019. 「방송 산업 내 페이퍼 포맷(Paper Format) 비즈니스 유효성 연구: 이스라엘과 한국의 성공 사례 비교분석을 통해」. 서강대학교 언론대학원 석사학위 논문.

정지현. 2017. 「글로벌 가치사슬에서 후발기업의 역량축적에 관한 연구」. 가톨릭대학교 대학원 박사학위 논문.

유진룡. 2005. 「한국의 문화콘텐츠산업정책과 혁신체제에 관한 연구」. 한양대학교 박사학위 논문.

황진우. 2017. 「한국 방송포맷의 차세대 경쟁력 증진을 위한 글로벌 스탠더드 포맷 패키지에 관한 연구」. 중앙대학교 신문방송대학원 석사학위 논문.

학술 논문

김기영. 2016. 「방송포맷의 저작권 보호 방안」. ≪문화미디어엔터테인먼트법≫, 제10권 제2호, 141~160쪽.

김숙·장민지. 2017. 「모두 IP의 시대: 콘텐츠 IP활용 방법과 전략」. ≪코카포커스≫, 17-02호, 1~22쪽.

김은주. 2013. 「국제공동제작영화의 지원 정책과 현황 연구」, ≪영화연구≫ 제55호, 127~150쪽.

민경재. 2019. 「방송 프로그램 포맷에 대한 법률적 보호방안에 관한 연구」. ≪법학논총≫, 제39호, 393~419쪽.

배진아. 2008. 「방송 시장의 포맷 거래에 관한 연구」. ≪방송과 커뮤니케이션≫, 9(2), 6~36쪽.

배진아·박주연. 2010. 「TV 포맷의 유형화 탐색」. ≪방송과 커뮤니케이션≫, 11(1), 121~153쪽.

손태영·김치호. 2021. 「방송포맷 거래에 나타나는 휴리스틱 및 네트워크 효과의 함의와 한국 포맷 수출 전략 연구: 〈복면가왕〉과〈너의 목소리가 보여〉 중심으로」. ≪인문콘텐츠≫, 제61호, 9~44 쪽.

왕쉬에·김연식. 2017. 「중국 한류 예능프로그램의 발전역사에 관한 연구: 2000년대 이후의 성과를 중심 으로」. ≪사회과학 담론과 정책≫, 10(2), 149~171쪽.

유정숙. 2019. 「터키에서 한류의 시작과 발전 양상 연구~한국 드라마를 중심으로」. ≪우리어문연구≫, 제65호, 181~210쪽.

은혜정. 2008. 「국제적 유통상품으로서의 TV 포맷의 최근 경향과 한국 포맷의 해외진출 가능성에 대한 연구」. ≪한국방송학보≫, 22(6), 327~360쪽.

이문행. 2016. 「한국 예능 프로그램 포맷의 중국 시장 진출 특성」. ≪한국콘텐츠학회논문지≫, 제16권 제11호, 537~548쪽.

이준호. 2007. 「글로벌 가치사슬과 중소기업의 국제화」. ≪과학기술정책≫, 통권 163호, 50~63쪽.

이헌. 2018. 「방송 포맷의 저작권법에 의한 보호」. ≪사법≫, 제1권 제43호, 403~444쪽.

정윤경. 2016. 「국내 텔레비전 포맷 프로그램의 유통에 관한 연구: 완성 프로그램과의 비교를 중심으로」. ≪한국언론학보≫, 제60권 제3호, 91~116쪽.

주재원. 2014. 「방송포맷산업에 대한 연대기적 고찰: 영국 방송포맷산업의 사회역사적 배경을 중심으 로」. ≪디지털융복합연구≫, 제12권 제6호, 559~568쪽.

홍종윤·정영주·오형일. 2017. 「2000년대 이후 한국 방송 산업의 신규 매체 및 채널 도입 정책에 관한 통 시적 접근: 경쟁 정책 관점의 부재에 관하여」. ≪언론정보연구≫, 54권 3호, 173~219쪽.

보고서
김규찬. 2017. 『문화산업 정책 패러다임 변화 연구』. 한국문화관광연구원.

김용대. 2020. 『OTT 동영상서비스 실태조사 기획 및 구성에 관한 연구』. 한국방송통신전파진흥원.

김인철·김영민·박양신. 2016. 『글로벌 가치사슬의 확대와 산업정책적 대응』. 중소기업연구원.

김종기·서동혁·주대영·최동원·김재덕. 2014. 『ICT산업의 글로벌 가치사슬 구조 변화와 발전과제』. 산업 연구원.

김주권. 2016. 『한국 중소기업의 글로벌 가치사슬 진입전략 및 정책적 시사점 연구』. 대외경제정책연구 원.

노수연·정지현·강준구·오종혁·김홍원·이한나. 2015. 『중국의 문화콘텐츠 발전현황과 지역별 협력방안』. 대외경제정책연구원.

문화체육관광부. 2016. 『방송포맷산업 현황, 전망 및 육성 방안 연구』.

박재천·이두영·박순형. 2015. 『FTA 후속대응 및 해외 방송시장 진출방안 연구』. 방송통신위원회.

방송통신위원회. 2018. 『방송콘텐츠 포맷 표절 대응메뉴얼』.

백지연. 2016. 『신문출판방송총국, 방송 프로그램 포맷 수입을 연간 한 편으로 제한』. 한국저작권위원 회.

이성민, 이윤경. 2016. 『콘텐츠 지식재산활용산업 활성화 방안 연구』. 한국문화관광연구원.

정보통신정책연구원. 2017. 『2017 방송산업 실태조사 보고서』.

_____. 2020. 『2019년도 방송시장경쟁상황평가 보고서』.

_____. 2022. 『2021년도 방송시장경쟁상황평가 보고서』.

_____. 2023. 『2023 방송산업 실태조사 보고서』.

정윤경·은혜정. 2018. 『방송포맷 수출입 현황 및 육성방안 수립 연구』. 한국콘텐츠진흥원,

조문희·배찬권·이규엽·강준구·김지현. 2020. 『일방적 통상정책의 국제적 확산과 무역구조의 변화에 관 한 연구』. 대외경제정책연구원.

한국저작권위원회. 2014. 『방송프로그램 포맷의 보호방안 연구』.

한국콘텐츠진흥원. 2011. 『2011년 방송콘텐츠 포맷산업 실태조사』.

_____. 2013. 『중국 콘텐츠 산업동향(21호)-심층이슈』.

_____. 2014. 『일본 콘텐츠 산업동향(4호)』.

_____. 2014. 『한국드라마 미국시장 소비자 조사』.

_____. 2015. 『방송포맷 수출입 현황조사 연구』.
_____. 2022. 『OTT환경에서의 방송영상콘텐츠 기획개발 지원정책 개선방안 연구』.
_____. 2022. 『한국 방송포맷(K-포맷) 글로벌 경쟁력 강화를 위한 비즈니스 전략방안 연구』.
_____. 2024. 『2023 방송영상 산업백서』.

잡지
강인한. 2015. "터키버전으로 리메이크 되어 시청자들의 인기를 끌고 있는 한국드라마들". ≪통신원리포트≫. 한국국제문화교류진흥원.
김기륜. 2019. "K-포맷 비즈니스의 길: 30개국에 콘텐츠 포맷 수출 〈복면가왕〉에서 배워야 할 것들". ≪월간조선≫. 12월호. 조선뉴스프레스.
브라운, 케리 루이스(Keri Lewis Brown). 2020. "전 세계를 강타한 K 포맷, 글로벌 성공 비결". ≪방송트렌드&인사이트≫. 22호. 김일중 옮김. 한국콘텐츠진흥원.
이동훈. 2013. "〈굿닥터〉 그리고 〈파친코〉: 미국 드라마의 기획부터 제작까지". ≪한류NOW≫. 56호. 한국국제문화교류진흥원.
이현주. 2018. "BCWW FORMATS 2018 콘퍼런스 취재기". ≪방송트렌드&인사이트≫. 16호. 한국콘텐츠진흥원.
지인해. 2023. "통계로 본 한류 스토리". ≪한류NOW≫. 56호. 한국국제문화교류진흥원.
황진우. 2023. "글로벌 포맷 개발의 모든 것". ≪한류NOW≫. 56호. 한국국제문화교류진흥원.

기사·기고
김동준. 2021. 11. 19. "CJ ENM, 美 프리미엄 스튜디오 '엔데버 콘텐트' 인수". ≪뉴데일리경제≫.
김민우. 2014. 3. 18. "가상 아이돌 보려고 10만명 '우르르'…70억 매출 대박난 백화점". ≪머니투데이≫.
김소연. 2024. 5. 3. "[단독] '피지컬: 100' 시즌3 제작 확정…'이번엔 글로벌이다'". ≪한경닷컴≫.
김수영. 2023. 3. 30. "[인터뷰] '피지컬: 100' 장호기 PD, "완벽한 피지컬이란 화두에 스토리를 더했다"". ≪씨네21≫.
김유지. 2018. 9. 5. "美'복면가왕'제작자 "거물 캐스팅, 가가 디자이너 참여"(인터뷰)". ≪이데일리≫.
김형수. 2024. 6. 5. "'글로벌 픽 K콘텐츠'…CJ ENM, 리얼스크린 선정 '글로벌 10대 포맷 수출기업'". ≪더구루≫.
김효원. 2016. 11. 3. "'1박2일' 문은애, '진짜사나이' 신명진도 中진출, 예능 빨간불". ≪스포츠서울≫.
박종진. 2022. 12. 14. "웹툰·웹소설 기반 영상콘텐츠 40편 '훌쩍'". ≪전자신문≫.
부소정. 2019. 9. 20. "XtvN 음악 예능 '노래에 반하다', 목소리로 사랑을 이루다". ≪데일리한국≫.
봉채영. 2017. 1. 9. "진격의 K-포맷, 전세계 65개국 200여 건 리메이크 성과". ≪데일리한국≫.
서병기. 2020. 11. 19. "'복면가왕' 전세계 31개국에서 현지화 방영…'슈퍼IP'로 도약". ≪헤럴드경제≫.
신영은. 2019. 12. 24. "태국판 '보이스' 현지 OTT 조회수 역대 1위 기염…태국 사로잡은 K-콘텐츠". ≪매일경제≫.
안진용. 2023. 6. 14. "'너의 목소리가 보여', 멕시코 포맷 추가 판매…28개국 수출". ≪문화일보≫.
오동현. 2024. 6. 19. "넷마블 '나혼 자만 레벨업' 한 달 매출만 1000억원 추정". ≪뉴시스≫.
오상헌. 2021. 4. 19. "넷플릭스 이익 4배 늘었는데…토종 OTT 줄줄이 적자. ≪머니투데이≫.
원태영. 2023. 8. 25. "게임사들이 'OSMU'에 집중하는 이유[이코노Y]". ≪이코노미스트≫.
유재혁. 2016. 10. 16. "CJ E&M, 베트남·태국에 현지법인…동남아 시장 공략 박차". ≪한국경제≫.
윤기백. 2013. 10. 27. "'나인' 美 포맷 판매… 미국서 리메이크 된다". ≪스포츠월드≫.
윤선영. 2023. 11. 28. ""슈퍼 IP 나오도록 지속 지원… 韓경제 새 활력되도록 최선 다할 것"". ≪디지털타임스≫.
윤용섭. 2018. 4. 30. "명품 스토리 인정 한국 드라마 '해외 리메이크 열풍'". ≪영남일보≫.
윤경진. 2018. 1. 31. "페북과 유튜브가 암호화폐 겁내는 이유…콘텐츠 유통장사의 끝장?". ≪아주경제≫.
이승미. 2021. 11. 10. "[SC초점]'사랑의불시착'→'W'…'오겜' 대박 영향, 한국드라마 美리메이크 잇따라". ≪스포츠조선≫.
이진균. 2023. 5. 23. "상품으로서 미디어 콘텐츠". ≪홍대신문≫.

조민정. 2016. 2. 28. "인력 유출이냐 시장 확대냐…PD들 중국 진출 가속". ≪연합뉴스≫.
조용철. 2018. 11. 7. "한국 드라마·영화 15편, 日서 드라마로 리메이크 방영". ≪파이낸셜뉴스≫.
조유빈. 2022. 4. 13. "왜 세계는 'K리메이크'에 나섰나". ≪시사저널≫.
지동현. 2024. 4. 14. "차정숙→김비서…해외서 리메이크 된 'K드라마' 잇따라 흥행 돌풍". ≪스포츠월드≫.
최보란. 2019. 2. 10. "[Y기획①] "제작자 딸이 발견"…'복면가왕' 미국판 제작 비하인드". ≪YTN star≫.
최이정. 2024. 2. 15. "윤계상 '유괴의 날', 영국서 리메이크 되다…포브스 선정 '베스트 한드'". ≪조선비즈≫.
최지윤. 2022. 1. 16. "[초점] K-예능 100억 시대…OTT 타고 세계로". ≪뉴시스≫.
하채림. 2017. 1. 7. "'상류사회' '욕망의 불꽃'…터키서 '한드' 각색 활발". ≪연합뉴스≫.
홍승한. 2016. 10. 12. "[SS현장]베일 벗은 '소사이어티 게임', 새로운 예능의 장 열까". ≪스포츠서울≫.

기타 자료
법제처. 국가법령정보센터(https://www.law.go.kr)
방송통신위원회. 방송통계포털(https://mediastat.or.kr)
한국콘텐츠진흥원. 2015. BCWW 2015 'K-FORMAT IN BCWW 컨퍼런스' 세션 자료.
_____. 2016. 북경사무소 내부자료 '한국 포맷 중국 진출 현황', '중국 내 한국 포맷 표절 의혹 현황'.
_____. 2018. BCWW 2018 '새로운 뉴미디어 환경과 방송포맷' 크레이그 플레스티스 기조강연 세션 자료.
_____. 2024. 내부자료 'K-포맷 국제 비즈니스 데이터(2011~2024)'.

해외 문헌

단행본
Basin, K. 2018. *The Business of Television*. London: Routledge.
Chalaby, J. K. 2016. *The format age: Television's entertainment revolution*. Cambridge: Polity Press.
Doyle, G. 2013. *Understanding media economics*. Thousand Oaks: Sage.
Gereffi, G. and Fernandez-Stark, K. 2011. *Global value chain analysis: a primer*. Durham: Duke CGGC.
Kaplinsky, R. and M. Morris. 2000. *A handbook for value chain research*. Ottawa: IDRC.
Lees, N. 2010. *Greenlit: Developing Factual/reality TV Ideas from Concept to Pitch*. London: Bloomsbury Publishing.
Moran, A. and J. Malbon. 2006. *Understanding the global TV format*. Bristol: Intellect Books.
Porter, M, E. 1985. *Competitive Advantage: creating and sustaining superior performance*. Los Angeles: The Free Press.

학술 논문
Ananeva, A. Y., O. V. Lutkova and S. Y. Kashkin. 2021. "Conflict-of-Laws Rules Governing Copyrights in TV Format." *REVISTA GEINTEC-GESTAO INOVACAO E TECNOLOGIAS*, 11(4), pp. 1685~1693.
Chalaby, J. K. 2011. "The making of an entertainment revolution: How the TV format trade became a global industry." *European Journal of Communication*, 26(4), pp. 293~309.
_____. 2012. "At the origin of a global industry: The TV format trade as an Anglo-American invention." *Media, Culture & Society*, 34(1), pp. 36~52.
_____. 2012. "Producing TV content in a globalized intellectual property market: The emergence of the international production model." *Journal of Media Business Studies*, 9(3), pp. 19~39.
_____. 2015. "Drama without drama: The late rise of scripted TV formats." *Television & New Media*, 17(1), pp. 3~20.
_____. 2017. "Can a GVC-oriented policy mitigate the inequalities of the world media system?

Strategies for economic upgrading in the TV format global value chain." *International Journal of Digital Television*, 8(1), pp.9~28.

Esser, A. 2013. "The format business: Franchising television content." *International Journal of Digital Television*, 4(2), pp.141~158.

Fung, A. 2015. "The globalization of TV formats." in K. Oakley and J. O'Connor(eds.). *Cultural Industries*. London: Routledge.

Gereffi, G. 1994. "The organization of buyer-driven global commodity chains: How US retailers shape overseas production networks." in G. Gereffi and M. Korzeniewicz(eds.). *Commodity Chains and Global Capitalism*. New York: Praeger.

_____. 1999. "International trade and industrial upgrading in the apparel commodity chain." *Journal of international economics*, 48(1), pp.37~70.

_____. 2005. "The Global Economy: Organization, Governance, and Development." in N. J. Smelser and R. Swedberg(eds.). *In The handbook of economic sociology*. Princeton: Princeton University Press.

Gereffi, G. Humphrey, J. and T. Sturgeon. 2005. "The governance of global value chains." *Review of international political economy*, 12(1), pp.78~104.

Hopkins, T. K. and I. Wallerstein. 1986. "Commodity chains in the world-economy prior to 1800." *Review(Fernand Braudel Center)*, 10(1), pp.157~170.

Humphrey, J and H. Schmitz. 2002. "How does insertion in global value chains affect upgrading in industrial clusters?." *Regional studies*, 36(9), pp.1017~1027.

Klement, U. 2007. "Protecting Television Show Formats under Copyright Law: New Developments in Common Law and Civil Law Countries." *European Intellectual Property Review*, 29(2), p.52.

Kogut, B. 1985. "Designing global strategies: Comparative and competitive value-added chains." *Sloan Management Review (pre~1986)*, 26(4), pp.15~28.

Moran, A. 2013. "Global television formats: Genesis and growth." *Critical Studies in Television*, 8(2), pp.1~19.

Nylund, M. 2016. "Television format as a transnational production model." in K. Aveyard(ed.). *New Patterns in Global Television Formats*. Bristol: Intellect Books.

Shahaf, S. 2016. "Decentring Innovation: The Israeli Television Industry and the Format-driven Transnational Turin in Content Development." in K. Aveyard(ed.). *New Patterns in Global Television Formats*. Bristol: Intellect Books.

보고서

British Television Distributors's Association 2008. *Rights of Passage: British Television in Global Market*.

Elfi Jäger. 2009. *FRAPA Report 2009: TV Formats to the world*.

FRAPA and Baker McKenzie. 2017 *FRAPA Legal Report 2017: An overview of the legal status of formats*.

GRI, UNGC and WBCSD. 2016. *SDGs Compass: The guide for business action on the SDGs*.

ISTAT and UNSD. 2018. *Handbook on Accounting for Global Value Chains*, UN Trade Statistics.

ITV. 2022. *ITV plc Annual Report and Accounts for the year ended 31 December 2021*.

K7 Media. 2018. *TRACKING THE GIANTS: The Top 100 Travelling Unscripted Formats 2017-2018*.

_____. 2019. *TRACKING THE GIANTS: The Top 100 Travelling Unscripted Formats 2018-2019*.

_____. 2020. *TRACKING THE GIANTS: The Top 100 Travelling Scripted Formats 2019-2020*.

_____. 2023. *TRACKING THE GIANTS: The Top 100 Travelling Scripted Formats 2022-2023*.

_____. 2023. *TRACKING THE GIANTS: The Top 100 Travelling Unscripted Formats 2022-2023*.

OECD. 2008. *Enhancing the Role of SMEs in Global Value Chains*, OECD Publishing

Oliver and Ohlbaum. 2018. *The impact of Terms of Trade on the UK's television content production sector.*

PACT. 2013. *A decade of success.*

_____. 2023. *UK TV Exports Report 2022-23.*

The Wit. 2016. *The Definitive Guide How to Create a Hit Format in 10 Lessons.*

Vitrina. 2023. *High Demand Content Trends: Formats Jan 2021-Nov 2023.*

기사

Andreeva, Nellie. 2019.9.6. "NBC Nabs 'TriBeCa' Drama Echoing College Admission Scandal From 'Supergirl' Showrunners & Berlanti Prods." *Deadline.*

Armoza, Avi. 2018.6.19. "Armoza's aims." *C21 Media.*

Brzoznowski, Kristin. 2023.10.23. "Ampere Analysis: Banijay Tops Global Format Commissions." *Worldscreen.*

Cluff, Madigan and Michael Cluff. 2013.7.16. "Europe's most valuable formats." *TBI.*

Gurin, Phil. 2022.5.30. "Darwin's Theory as applied to the world of formats and co-productions." *K7 Media.*

Hallman, Carly. 2019.8.10. "The 25 Highest-Grossing Media Franchises of All Time", *Titlemax.*

Kanter, Jake. 2020.7.1. "Banijay Group's $2.2BN Endemol Shine Group Takeover Approved By European Commission." *Deadline.*

Lawes, Ruth. 2022.8.2. "The secret to the success of South Korean formats." *C21 Media.*

Middleton, Richard. 2020.7.3. "Endemol Shine Group's CEO Sophie Turner Laing to exit as Banijay completes $2.2bn deal." *TBI.*

Newby, Julian. 2024.1.11. "TV Trends For 2024." *MIPBLOG.*

Otterson, Joe. 2021.11.4. "'Masked Singer' Creator Wonwoo Park Signs First-Look Deal With Fox Alternative Entertainment." *Variety.*

Ramachandran, Naman. 2022.3.17. "Fremantle Owner RTL Group Posts $1.6 Billion Profits for 2021." *Variety.*

Song, Na-ra. 2022.4.10. "KOCCA releases an interview video with a U.S. media company." *The Korea Post.*

Spencer, Rossi, Carlotta. 2021.6.1. "Success on paper." *C21 Media.*

Stalcup, Jamie. 2022.2.14. "Avi Armoza's Outlook on the Format Business." *World Screen.*

_____. 2024.1.6. "BBC Launches The Traitors Online Game." *World Screen.*

Whittingham, Clive. 2022.3.7. "Korea advice: Fremantle's Clark on format trends to tap." *C21 Media.*

기타 자료

Banijay Group, Fremantle, ITV Studios, BBC Studios, All3Media, Sony Pictures Television 각 사 IR 자료.

Farley, Ed. 2023.4.11. "CELEBRITY APPEALS AND FIRST-LOOK DEALS: A NEW STUDIO SYSTEM?" (https://impactnottingham.com/2023/04/celebrity-appeals-and-first-look-deals-a-new-studio-system/)

Gurin, Phil. "What is a format?". (https://frapa.org)

Titlemax, The 25 Highest-Grossing Media Franchises of All Time, 2019. (https://www.titlemax.com/discovery-center/the-25-highest-grossing-media-franchises-of-all-time/)

Tv Series Finale. (https://tvseriesfinale.com)

지은이
손태영

한국콘텐츠진흥원 공채 3기로 입사했으며, 방송산업팀과 방송유통팀에서 포맷 비즈니스를 비롯한 드라마, 예능, 다큐멘터리, OTT특화콘텐츠 제작지원, 방송콘텐츠 유통 및 수출 지원 등의 업무를 담당했다. 이 같은 방송 분야 전문성을 바탕으로 2019년 한국콘텐츠진흥원 스페셜리스트 양성 트랙인 '전문직위제' 1기에 선발되었으며, 미디어 산업 발전에 기여한 바를 인정받아 문화체육관광부 장관 표창을 2회 수여 받았다. 2023년에는 혁신·IP전략TF팀에서 기관의 새로운 아젠다인 '콘텐츠 IP'에 대한 지원 전략을 고민했으며, 현재는 신설 조직인 콘텐츠IP전략팀의 팀장을 맡아 콘텐츠 IP산업 육성 전략을 수립하고 있다.

성균관대학교에서 영상학을 전공했고, 서강대학교 언론대학원 디지털미디어 전공을 거쳐 2023년 한양대학교 문화콘텐츠학과에서 박사학위를 받았다. 현업의 경험을 토대로 박사학위 논문 「한국 방송콘텐츠 기업의 언스크립티드 포맷 비즈니스 역량강화 요인 연구」를 비롯해 한국 포맷 비즈니스와 드라마 산업을 주제로 여러 편의 논문을 발표했다. 현재 담당하고 있는 업무인 '콘텐츠 IP'를 주제로 새로운 연구를 준비하고 있으며 앞으로도 현장형 연구자로서의 길을 가고자 한다.

한울아카데미 2543

K-포맷 바이블
글로벌 미디어 시장의 새 강자 K-포맷의 모든 것

지은이 **손태영** | 펴낸이 **김종수** | 펴낸곳 **한울엠플러스(주)** | 편집 **신순남**

초판 1쇄 인쇄 **2024년 9월 25일** | 초판 1쇄 발행 **2024년 10월 2일**

주소 **10881 경기도 파주시 광인사길 153 한울시소빌딩 3층** | 전화 **031-955-0655** | 팩스 **031-955-0656**
홈페이지 **www.hanulmplus.kr** | 등록번호 **제406-2015-000143호**

Printed in Korea.
ISBN 978-89-460-7543-6 93070(양장)
       978-89-460-8333-2 93070(무선)

※ 책값은 겉표지에 표시되어 있습니다.

※ 이 책은 방송문화진흥회의 지원으로 출간되었습니다.